高等院校文化产业基础教材

WENHUA CHANYE

丛书主编 王育济 韩 英

文化产业管理学

张友臣 编著

海峡出版发行集团 THE STRAITS PUBLISHING & DISTRIBUTING GROUP | 福建人民出版社 FUJIAN PEOPLE'S PUBLISHING HOUSE

序

2004年1月，教育部新设“文化产业管理”本科专业，山东大学历史文化学院成为全国首批承担这一专业的四个院系之一，并于当年实现了本科招生。次年春，山东大学文化产业管理学系成立。

任何一门学科的基础与范式，都只能建立在对研究史的总结之上，这是学科建设的第一块基石。山东大学已故史学名师郑鹤声先生有言：历史系每成立一个教研组，其首要工作必是整理学界相关著述之索引。基于这种办学传统，山东大学文化产业管理学系成立伊始，即会同历史系、档案系、考古系等，着手基础资料库的建设，并渐次启动《中国文化产业学术年鉴》1979—2008年各卷的编纂工作。《中国文化产业学术年鉴》按学术编年史的框架，通过“年度学术论著选编”“评价集成与结论”“研究总目索引”等形式，对改革开放30年来中国文化产业研究的学术历程进行了系统的梳理。《中国文化产业学术年鉴》的编纂工作历时7年，出版后获得学术界、文化界的广泛好评，被认为是“涵盖了近30年相关领域中最完整的学术信息和最丰富的理论内容，既包括文化产业的概念、定义、逻辑内涵、行业边际、学科特点等学理方面的研究，又包括中国文化产业的历史、现状、行业模式、区域布局、新兴业态、业内典范等方面的宏观理论、政策和案例研究……近700万字的各类索引，更是为文化产业的学术理论研究和文化产业的发展提供了海量资讯”（《光明日报》2010年3月31日）；产业界、政府管理层，甚至央视《新闻联播》等，也对这套历时7年而成的学术年鉴给予了特别关注。

与《中国文化产业学术年鉴》相类似，现由福建人民出版社出版的这套“高等院校文化产业基础教材”，也是山东大学文化产业管理学系成立伊始即已启动，历时多年才完成的一套大学本科基础教材。该教材所对应的都是山东大学文化产业管理专业的核心课程，从最初的备课教案、自编讲义开始，经历过2004年至2012年间的若干轮授课实践和若干轮修改。

同时，这也是目前国内唯一一套由同一个院系的一线授课教师完成的本科基础教材。因而，除了相对严谨、扎实之外，这套教材也非常适合大学本科教学。

作为一套完全由山东大学一线授课教师所完成的教材，自然还会表现出某些“山大特色”，即山东大学师生有关文化产业的某些共识性的理念。

第一，关于“文化产业”自身的发展历程，我们的共识有两点：

1. 认为“文化产品”的历史可以追溯久远，但“产业”意义上的“文化产业”则是现代“工业革命”后形成的一种产业体系。工业革命提供了强大的能源动力，如留声机、照相机、印刷机、播放器、摄影机等可以把一件文化产品按产业的需求海量复制，火车、轮船、飞机又足以把海量文化产品的营销链条无限延展。正是伴随着工业文明体系的建立，才产生了真正产业意义上的现代文化产业。

2. 认为“农业文明”关联的只是“文化产品”，“工业文明”关联的是“现代文化产业”，而数字技术关联的则是“当代文化产业”。数字技术对文化产业的最大影响，就是使文化产品彻底突破了时间与空间的限制，从而创造出巨大的利润，“文化产业”也因此而成为“朝阳产业”“黄金产业”，或“最后一块暴利蛋糕”。但是，这也同时提醒我们，不能笼统地把“文化产业”认定为“朝阳产业”，只有数字技术所催生的“当代文化产业”才是“朝阳产业”。从这一意义上说，以“三屏产品”（电视屏、网络屏、手机屏）为代表的数字文化产业，应该成为当代文化产业发展的主要方向。

第二，关于文化产业的公众认知和理论导向，我们的共识有四点：

1. 认为“文化、创意、财富”是文化产业三个最为本质的表达元素，也是“文化产业”最通俗、最平实的诠释。

2. 认为“文化”经过“创意”而产生“财富”，这之间并不存在“阿里巴巴”式的神话，存在的永远是《资本论》中所描述的从商品到货币的“惊险的跳跃”。而且，与工业、农业相比，文化产业的市场需求是“弹性”而非“刚性”的，这也就意味着这一产业更大的风险性。因而在宣传文化产业是“黄金产业”“最后一块暴利蛋糕”的同时，更应突出“文化产业的高风险性”这一往往被忽视的观点。

3. 认为文化产业的发展对“文化”始终是一把双刃剑，既有普及、提升文化的功能，又始终包含着强烈的“反文化性”。

4. 高度认同“历史文化资源的丰富是中国文化产业的最大特点和最大

的优势所在”。2002年的中国共产党第十六次全国代表大会，首次在大会报告中提出发展文化产业的战略部署。2003年1月，时任中共中央政治局委员、中国社科院院长的李铁映撰文指出：“中华民族有着五千年悠久的历史和灿烂的文化，其文化累积之丰厚、文化形态之多样和文化哲学之深刻，是世界上其他国家少有的。这是一笔怎么估价也不过分的宝贵的文化资源，是我们得天独厚的优势。对于中国新兴的文化产业来说，启动并整合、包装这些文化资源，就有可能形成具有中国特色的文化产业，并在全球市场的激烈竞争中占有可观的优势。”这些关于中国文化产业优势与特征的科学认识，至今仍然有着强烈的导向意义，当下中国文化产业最现实、最积极的发展策略就是如何将“历史文化资源大国”变为“文化产业强国”。这其中，历史文化资源与数字技术的结合，可能是最值得关注的方向。

第三，关于近30年中国文化产业理论研究的“学理架构”和当下的学科建设，我们的共识有三点：

1. 认为“文化产业”这一概念在近30年的中国出现，并不是对法兰克福学派“文化工业”概念的简单转译，它的生成，可以直接追溯到改革开放之初对知识分子地位的认定：由于当时知识分子已从“臭老九”跃升为工人阶级的一部分，于是各个“知识部门”，如教育、文化部门等，也就与“农业”“工业”一样，成为“一种生产部门，一种产业部门”。正是在这种理论思维的推动下，“第三产业”的概念在1980年前后即为中国学术界所关注。“第三产业”作为一个包含着“知识生产”在内的术语，又直接导致了“文化产业”这一概念的生成。因而早在1981年就出现了“文化的产业化”的说法，出现了“第四产业”与“精神经济学”之间的讨论，至1987年就出现了“文化产业”的概念。尽管当时尚无学者对这一概念进行定义，但是这一概念所具有的“望文生义”的优势十分明显，与中国传统思维的路数亦十分吻合——无需定义和解说，即可粗知内涵。正因如此，“文化产业”这一概念才能超越“第四产业”“精神经济学”，以及后来的“文化工业”“创意产业”“内容产业”“版权产业”等外来概念，被中国学术界和社会普遍接受。“文化产业”这一概念在中国首度出现的时间是1987年，远早于20世纪90年代末才为学界所引介的“文化工业”，因而“文化产业概念的内生性”，是近30年来中国文化产业理论最重要的“学理性起点”。

2. 认为作为国家战略层面上的文化产业发展起始于近十年，但关于文化产业的学术研究则贯彻于近30年。其中重要的节点是：1979年以来经济学界关于“精神产品”和“知识价值”的讨论；20世纪80年代学术界关于“第三产业”“第四产业”“精神经济学”“文化市场”“文化个体户与经纪人”“文化搭台与经济唱戏”“大众消费文化与精英文化”的讨论；20世纪80年代中期“文化产业”概念的首度出现，以及20世纪90年代有关“文化产业”“创意产业”“版权产业”“文化经济学”“文化管理学”的诸多讨论；2000年以来关于“文化事业与文化产业”的讨论，以及党的十六大以后国家战略层面上的文化产业研究；等等。对这些节点进行整合性梳理，可以为当下中国文化产业学科奠定坚实的基石，也是创立有中国气派、中国风格的文化产业理论体系的必由之路。

3. 认为文化产业管理专业作为教育部新设的一个十分年轻的应用型专业，就其人才培养目标而言，可以简单表述为：既要有纵贯古今的文化视野，也要有策划经营的文化理念，以及现代产业意识和经营思路的复合型人才。但就课程的设置和教学的重心而言，文化产业管理专业显然应该与具体的工艺美术设计、图书编辑出版、游戏创意、景区规划，以及演艺产业、广告产业、体育产业、旅游产业等有所区别。所以，在文化产业的教学、科研和学科建设中，应该突出“通识意识”“学问意识”和“经典意识”，要从学术史的梳理中奠定这一应用学科的学理基础；要引导学生关注工业革命以来有关“文化工业”“文化产业”的经典文献，关注近30年来中国学术界在文化与文化产业问题上的深度思考，从而保持大学教育应有的内在思想的活力、反省能力、质疑能力和价值动力。换言之，“文化产业”这一学科所面对的问题可能非常现实、非常政治和非常经济，但大学教育和学科建设仍应该与“现实”“政治”“经济”拉开距离，要努力建立并坚持大学自身的学术话语，并依据大学应有的治学逻辑设计学科建设的路径。

以上理念和观点主要体现在《山东大学关于增设“文化产业管理”本科专业的建议报告》(2003年)、《山东大学关于建立山东省文化产业研究基地的论证报告》(2003年)、《培养文化产业管理专业的合格人才》(2004年)、《文化产业：学术阐释的原则与目的》(2006年)、《加强文化产业的基础理论研究》(2006年)、《文化·创意·财富：三论“文博会”主题词》(2006年)、《论文化、创意、财富三者之间的关系》(2006年)、《关于文化创意产业的几点认识》(2006年)、《也谈文化与文化产业的关系》(2006年)、《1987：中国文化产业的重要节点》(2009年)、《中国文化产业学术年鉴2003—2008年卷出版说明》（2009年）、《中国文化产业学术年鉴1979—2002年卷特别说明》（2009年）、《文化产业学科建设要有四大意识》（北京大学第七届文化产业新年论坛主题发言）（2010年）、《济南历史文化资源与文化产业》（济南市政策研究室委托课题结项报告；文化部基层文化干部培训班讲义）（2012年）、《数字技术与当代文化产业》（济南市第三届青年科学家论坛主题发言）（2012年）等相关文献和著述中。山东大学的各位同仁在教学和研究中对这些方面的问题思考和讨论也较多，所形成的共识也都以这样或那样的方式渗透、沉淀在这套教材的相关章节之中。这也使得这套教材有了一些区别于其他著述的显著特色。

这套“高等院校文化产业基础教材”的出版，得益于福建人民出版社的全力支持和赖炳伟先生的促成，从选题调研、审定编写提纲、编稿到今天的付梓，时间已过去了一年多，这期间，赖炳伟先生以及责任编辑们的工作热忱和辛劳，感动了我们每一位作者。可以说，没有他们的努力，这套教材可能还会以内部讲稿的形式存在若干年。

《中国文化产业学术年鉴》1979—2008年各卷的编纂和这套教材的出版，大致夯实了山东大学文化产业学科建设的基础，但能否在这一基础上更筑层楼，显然还有待更多的努力。

是为序。

王育济

2012年8月23日

目　录

第一章　文化产业管理概述

文化产业管理理论是将普通管理学原理应用于文化产业管理的实践，把管理学原理与文化产业管理工作实际情况相结合而逐渐发展起来的。

只有深入了解普通管理学的原理与方法，才能有效地对文化产业管理工作进行指导，运用管理学原理创造性地解决文化产业管理活动中的实际问题，不断提高文化产业管理理论的研究水平。

第一节　文化与文化产业

一、文　化

根据《现代汉语词典》的解释，文化是人类在社会历史发展过程中所创造的物质财富和精神财富的总和，特指精神财富，如文学、艺术、教育、科学等。

《辞海》对文化的解释是：广义的文化是指人类在社会实践过程中所获得的物质、精神的生产能力和创造的物质、精神财富的总和；狭义的文化是指精神生产能力和精神产品，包括一切社会意识形式：自然科学、技术科学、社会意识形态。这是目前比较通行的一种说法。

人类文化具有多样性。作为一种历史现象，文化有历史继承性；在阶级社会中，文化具有阶级性；同时文化又具有民族性、地域性。

据学者统计，在20世纪80年代国内出现文化研究热时，有关文化的定义不下200种，至今仍莫衷一是。由此，关于文化产业的内涵与外延也出现众说纷纭的局面。这无疑增加了文化产业理论研究的难度。

文化发展到一定阶段就会出现专门从事文化活动的个体和组织，他们从事的文化活动包括文化的提炼与凝结、文化作品的创作与存储、文化的传播、文化的消费、文化的促进等。

文化活动发展到一定规模就促成产业的出现，并按照产业的运作规则促进文化活动的发展，进而生产出优秀的精神文化消费品。

二、产　业

《辞海》对产业的解释是：产业一指财产；二指各种生产经营事业，有时特指工业，如“产业革命”。从现代意义上讲，产业是一个经济学的概念。

“产业”一词在中国原主要指家产、家业。政治经济学意义上的“产业”一词，最早由18世纪法国资产阶级古典政治经济学学派重农学派提出，特指农业这一生产部门。在人类迈入资本主义大生产时代后，产业主要是指工业这一生产部门。在英文中，产业与工业的单词都是industry，是指“若干相互联系、互为依存的企业的集合”。也就是说，“产业”是指大规模的工业化生产以及从生产到交换到消费的一个完整的行业体系，和由一个产品衍生出其他产品的产业链。

20世纪50年代以后，随着服务业和各种非生产性产业的迅速发展，产业的内涵得到进一步扩充，不仅包括物质产品生产部门，还包括所有从事生产经营活动并提供同一产品或劳动的企业群体、行业部门。

三、文化产业

（一）国外学术界对文化产业的界定

国际上对文化产业的研究起步于德国法兰克福学派对“文化工业”的批判。

1947年，法兰克福学派的阿多诺和霍克海默在《启蒙的辩证法》一书中首先提出了“文化产业”概念，当时称之为“文化工业”。他们所谓的文化工业，是指凭借现代科技手段大规模地复制、传播和消费文化产品的工业体系。它包括了传统的或者说前工业化时代的文化产品，如书籍和报纸、广播和电影等。

他们认为：文化本身已成为工业；文化产品作为一种商品，已经失去了原来的艺术水准；它们千篇一律，使人们失去思考的余地，成为文化工业的奴隶。

此后，随着文化产业的发展，对文化产业概念的讨论逐渐多了起来，并有了新的发展。而且各国有关文化产业的名称也大不相同，如有的称之为“创意产业（Creative Industries）”，有的称之为“文化内容产业（Culture Content Industry)”等。

英国著名媒体理论家尼古拉斯·加纳姆在1983年把文化产业的概念囊括进了地方经济政策及计划。他最早从文化的商品性和服务性的角度出发来界定文化产业，认为“文化产业指那些使用同类生产和组织模式如工业化的大企业的社会机构，这些机构生产和传播文化产品和文化服务，如报纸、期刊和书籍的出版部门、影像公司、音乐出版部门、商业性体育机构等等”。

英国贾斯汀·奥康那认为，文化产业是指以经营符号性商品为主的活动，这些商品的基本经济价值源自它们的文化价值。它主要包括传统文化产业的广播、电视、出版、唱片、设计、建筑、新媒体，以及传统艺术的视觉艺术、手工艺、剧院、音乐厅、音乐会、演出、博物馆等。

英国的戴维·赫思蒙德哈尔什将文化产业分为核心和边缘两部分，核心包括广告、广播电视、影像、音乐、网络、出版、电脑游戏等。

英国的约翰·霍金斯在《创意经济：人们如何从思想中创造金钱》中用“创意产业”代替“文化产业”。他认为，文化产品就是在知识产权法的保护范围内的经济部门的产品。

澳大利亚学者坎宁安从文化产业概念发展史的角度界定文化产业，认为文化产业经历了从艺术到文化再到创意的发展过程，创意产业与传统文化产业的区别在于注重创新。

澳大利亚人戴维·索斯比在《经济与文化》一书中综合了上述观点，他把文化产业的范围比作一个由许多大小不同圆圈组成的同心圆：创造性行业是核心，包括音乐、舞蹈、戏剧、文学、视觉艺术、工艺、多媒体等等；第二层是具有文化产出的行业，包括书籍、杂志、广播、电视、电影等；最外围是具有文化内容的行业，包括广告、旅游、建筑等。

芬兰人瑞加丽娜·罗马认为，不管从何种角度讲，文化产业都要以艺术、经济和技术为支点，三者缺一不可。

由上可见，国外学者关于文化产业的定义，基本围绕以下几点：一是以文化内容作为获取商业价值的手段；二是以服务为目的；三是内容具有创意。对文化的商业价值的认同，使文化成为产业；对服务性的强调，使文化产业更多地被归入服务业范畴；对创造性的重视，意味着文化产业进入新的发展阶段。

（二）联合国及文化产业发达国家官方对文化产业的界定

联合国教科文组织及一些文化产业发达国家的官方对文化产业的定义

与前述学者的定义具有很大的一致性。

最早建立文化产业分类标准的联合国教科文组织认为，文化产业是按照工业标准生产、再生产、储存以及分配文化产品和服务的一系列活动；1993年又做了进一步修正，把文化产业定义为以艺术创造表达形式、遗产古迹为基础的各种活动和产出。

1998年，英国创意产业特别工作组首次对创意产业进行了定义，即“源自于个人创意、技能及才华，通过对知识产权的开发和运用，创造财富和就业潜力的行业”。英国的文化、传媒与体育部，将创意产业界定为“广告、建筑、艺术品和文物交易、工艺品、设计、时装设计、电影和音像、互动休闲软件、音乐、表演艺术、出版、软件与计算机游戏、广播和电视”等13个行业。这一概念及定义后来被许多国家和地区沿用。“创意产业”与传统产业最大的区别在于：创意活动为产品或者服务提供了实用价值之外的文化附加值，最终提升了产品的经济价值；创意产业更强调人的创造力，更加注重文化艺术对经济的渗透和贡献。

韩国对文化内容产业的定义为：“文化内容产业由与内容有关的经济活动（如创意、生产、制作、流通等）组成，这些活动的内容源自任何类型的知识、信息及与之相关的文化资源。”它包括动画、卡通、漫画、电影、音乐、电子图书、移动/互联网内容、游戏、娱乐内容、广播电视等。内容文化产业以创意为动力，以数字技术为载体，将各种文化资源与最新数字技术相结合，融汇重铸，建立了新的生产和消费方式，产生了新的产业群落，培育出新的消费人群，并以高端技术带动传统产业实现数字化更新换代，创造出了惊人的经济社会价值。韩国政府认为文化内容产业都是具有高附加值和高成长潜力的行业。

世界公认的文化产业强国美国，也对文化产业进行了明确界定和分类。20世纪90年代初，美国前总统克林顿就曾使用文化产业（Culture Industry）的概念。但美国除了使用创意产业、文化产业之外，更多地使用“版权产业”的概念，以强调“版权”对文化产业的关键作用。1993年，美国白宫管理与预算办公室宣布成立“经济分类政策委员会”负责建立新的分类系统。1994年，墨西哥与加拿大也参加进来。1997年三国共同制定并公布了《北美产业分类系统》（NAICS），取代三国各自原有的产业分类系统。在这个分类系统中，文化产业实际被定名为信息内容产业（Information）。

根据北美产业分类系统的界定，信息内容产业是指那些将信息转化为商品的行业。它不再以信息设备制造和软件开发为本，而是以信息内容为本，而所谓的信息内容主要是文化内容，所以信息内容产业又被称为信息产业、信息文化产业或文化信息产业。这个分类标准根据现代信息技术对传统文化产业不断渗透的趋势，把计算机和通信设备的生产排除出信息产业，归入传统的制造业，而把传统文化领域中的出版、电影、广播电视等纳入信息产业领域。

这样，在北美产业分类系统中，文化产业实际包括两大类：一类是信息文化产业，一类是艺术、娱乐和消遣业。前者包括出版业、电影和录音业、广播、因特网出版和广播、电讯业、因特网服务提供、其他信息服务等，后者包括表演艺术、体育比赛和相关的行业、古迹遗产机构、游乐、赌博和娱乐业等。

加拿大政府所有文化事务由遗产部管理，该部管辖范围为：广播、影视、音像、出版、体育、遗产、人权、表演艺术、视觉艺术、美术馆、图书馆、档案馆、博物馆、多元文化、国家公园、历史景点、官方语言、土著人文化及语言、国家庆典、志愿者行动等。遗产部在其职能框架中对加拿大的文化产业做了如下概述：文化产业包括以国家社会、经济及文化为主题的出版、广播、电影、电视、图书、杂志、音像等行业的印刷、生产、制作、广告及发行，以及包括表演艺术、视觉艺术、博物馆、图书馆、档案馆、书店、文具用品商店、信息网络、多媒体等在内的服务。

对比以上不同国家的文化产业分类，可以看出，共性与差异并存，不同国家的文化产业分类方法充分体现了该国在文化产业发展方面的政策取向；文化产业分类并不追求绝对的统一化，但其对本国文化产业的发展的确起到了一定的导向作用。

（三）国内关于文化产业的界定

我国在 1985 年就将文化艺术作为第三产业的一个组成部分列入国民生产统计项目。从 1992 年到 2002 年的 10 年是中国文化产业初步发展期，其关键词便是对于“文化产业”一词的讨论。

1992 年国务院办公厅综合司编著的《重大战略决策——加快发展第三产业》一书，明确使用“文化产业”一词，是国家政府主管部门第一次使用“文化产业”概念。

当前国内学术界的主要定义如下：

1. 2003 年 9 月文化部发布的《关于支持和促进文化产业发展的若干意见》认为，文化产业是指“从事文化产品生产和提供文化服务的经营性行业”，其特征是以产业为手段来发展文化事业，以文化为资源来进行生产经营，向社会提供文化产品和文化服务，满足人民群众日益增长的物质和精神文化生活需求。

2.2004年国家统计局发布了《文化及相关产业分类》标准，将“文化及相关产业”界定为：为社会公众提供文化、娱乐产品和服务的活动，以及与这些活动有关联的活动的集合。“文化及相关产业”统计范围包括文化产品、文化传播服务和文化休闲娱乐等活动，及与之有直接关联的用品、设备的生产和销售活动。

3. 全国政协与文化部组成的文化产业联合调查组于2001年在《关于文化产业发展情况的调查报告》中认为：文化产业是指从事文化产品生产和提供文化服务的经营性行业；文化产业是文化建设的重要组成部分，文化产业和公益文化事业两者共同构成了文化建设的内容。调查组初步认为文化产业主要包括文化艺术、文化出版、广播影视、文化旅游等四个领域，具体行业的划分有待进一步研究。

4. 中国社会科学院的《2001—2002年中国文化产业发展报告》认为：就所提供的产品的性质而言，文化产业可以被理解为向消费者提供精神产品或服务的行业；就其经济过程的性质而言，文化产业可以被定义为“按照工业标准生产、再生产、储存以及分配文化产品和服务的一系列活动”；在我们这个特定的制度环境下，文化产业除了具有一般产业属性之外，还具有某些特殊的社会和意识形态属性。

5. 北京大学教授、北京大学文化产业研究所所长叶朗在《文化产业应成为国民经济支柱产业》（《北京日报》2001年3月9日）一文中认为：文化产业是指从事文化产品与文化服务的生产经营活动以及为这种生产和经营提供相关服务的行业，它的最终目的是满足人们的精神文化需求。随着现代传播等高新技术的快速发展，包括书刊、影视产品在内的文化艺术品得以大批量生产、复制，并在全世界迅速传播，同时通过庞大的市场获取了巨额利润。可以说，文化产业与世界市场和高新技术有紧密的联系，是一种时代的产物。

6. 上海交通大学教授、国家文化产业创新与发展研究基地办公室主任胡惠林在《文化产业发展与国家文化安全》（《上海社会科学院学术季刊》2000年第2期）一文中认为，文化产业是一个以精神产品的生产、交换和消费为主要特征的产业系统，是一个涵盖包括文化艺术业、新闻出版业、广播电视业、电影业、音像制品业、娱乐业、版权业和演出业在内的庞大体系。

7. 山东大学教授、山东省文化产业研究基地首席专家王育济在《培养文化产业的合格人才》（《山东大学报》2004 年 3 月 23 日）中认为："文化产业的本质就是以'文化创意'为核心，通过技术的介入和产业化的方式制造、营销不同形态的文化产品的行业。以美国迪斯尼的米老鼠为例，它就是通过卡通文化创意、现代动漫技术和全球化的产业营销方式，而成为文化产业的典型范例。"

8. 2012 年 7 月国家统计局颁布新修订的《文化及相关产业分类(2012)》中，把文化及相关产业的定义进一步完善为"为社会公众提供文化产品和文化相关产品的生产活动的集合"，并在范围的表述上对文化产品的生产活动（内涵）和文化相关产品的生产活动（外延）做出解释。

综上所述，可以说，文化产业是指文化部门所管理和指导的从事文化产品生产和提供文化服务的经营性行业。它主要包括：文艺演出、影视业、文化娱乐业、文化旅游业、艺术培训业和艺术品业等。

四、文化产业的基本属性

（一）文化产业属于第三产业

在我国，文化产业伴随着改革开放的不断深入和发展，并随着社会主义市场经济体系的确立和国家大力推进第三产业的发展而迅速壮大起来。改革开放初期，一些文化单位率先进入市场开展经营活动，一部分文化单位试行企业化经营，使文化产业和服务的社会生产属性逐步显现。20 世纪 90 年代，党和政府明确提出建立社会主义市场经济体制，大力发展包括文化产业在内的第三产业，文化领域面向市场的改革步伐明显加快，文化产业开始进入快速发展的轨道。

（二）文化产业属于精神性生产

与传统的物质产品不同，文化产品的价值存在于其内容之中，而不是在于它的物质载体和发布形式。文化产品的内容不一定是有形的，也不必与某种特定载体相关联。与传统服务业不同，文化产品和服务可以通过网络等渠道直接传递给消费者，而不必经过供货商或中间商，而且大多数信息内容产品受到知识产权法律的保护。

（三）文化产业是知识经济时代的主导产业

文化产业是"知识密集型"产业、"高文化含量"产业。因此，"知本"因素是文化产业取得最大经济效益的核心因素、第一要素。只有拥有人才，才能真正实现文化产业的跨越式发展。必须着力用高新技术手段开发新型文化产业项目，努力提高文化产品的科技含量，为文化产业夯实牢固的技术基础。

“文化产业”概念所强调的是文化与经济的双向互融。作为世界经济发展的必然趋势，经济的文化化与文化的经济化，已经深深地影响到世界经济形态与经济增长点的变化。

第二节　文化产业管理

一、文化产业管理的概念

文化产业管理是对文化产业活动这一社会经济行为进行的管理。

从文化产业的概念可以看出，文化产业是一项综合性的社会经济活动，涉及社会文化、经济、政治的各个方面。文化产业管理相应也就具有丰富的内涵，涉及受文化产业活动影响的各个方面，如对文化活动的管理、对文化产品生产过程和质量的管理、对文化服务企业的管理、对文化资源的管理、对国家文化产业政策的管理等。由于管理是存在于组织之中的，组织形态与组织层次的差异形成了管理的特色。从组织层面的角度，可以把文化产业管理分为宏观管理与微观管理。

文化产业微观管理是指生产文化产品和提供文化服务的企业的经营和管理活动。为消费者提供文化服务的企业涉及许多经济部门，如印刷、广播电视、网络、文化娱乐等。在现有国民经济管理体制条件下，这里所说的文化服务企业是指接受文化产业主管部门行业管理的企业。

文化产业企业经营管理是文化企业在国家宏观管理政策的既定前提下，利用各种资源，达到企业目标的过程。管理者是文化企业的各级管理人员，管理对象是企业的人力、财力和物质资源，管理的目标是使企业获得理想的经济效益与社会效益。

文化产业宏观管理是文化产业主管部门从促进国家文化产业和文化事业发展的角度来管理文化产业活动。主要包括两个方面的内容：

第一，文化产业活动的引导与管理。根据国民经济发展水平和社会发展与进步的需要，对文化消费者的活动制定促进或限制的政策，协调文化产业活动与社会经济发展之间的关系。

第二，文化产业的行业管理。制定促进文化产业各行业发展的各项政策、规划和标准，控制文化产业各行业发展总量，对文化产业的生产和服务企业进行间接的调控与管理。

宏观文化产业管理的职权行使者是政府部门或其授权的有关机构，以及文化产业各行业的行业协会等行业组织；管理的对象范围广泛，包括文化产业从业者的活动、文化产品的生产和服务企业、文化产业资源等；管理者与管理对象之间的关系较为松散，管理者通过引导与监督等间接手段进行管理。

宏观管理的主要目标是为取得国家的整体利益，而不是为了个别组织的经济利益。

二、文化产业管理的任务

文化产业是综合性的产业，文化产业管理在文化产业发展过程中所应承担的任务主要有如下几方面：

第一，促进文化活动健康发展，提高人民生活质量。健康的文化活动是高质量的休闲生活，有益于人的身心健康。政府部门应通过制定政策，进行宣传教育，大力提倡和发展文化活动，提高人民生活质量，促进社会文明与进步。主管部门要对文化产业的行业活动和文化企业的生产经营活动进行规范，发展健康的文化产品和服务，防止文化产业活动中的不良倾向，控制文化产业污染。

第二，科学确定文化产业的产业发展目标。根据国家经济发展的要求和世界文化产业发展的状况制定产业发展目标。文化产业的发展离不开相关产业的支持，国民经济的发展水平是制定文化产业目标的依据。我国文化产业的发展还刚起步，因此，在确定文化产业发展目标时，应认真参照国际文化产业的发展信息，结合我国实际情况，制定科学的产业发展目标，争取使我国文化产业早日达到国际水平。根据产业发展目标制定并组织实施产业发展计划，贯彻执行有关的法令与方针政策，保证文化产业获得良好的社会效益与经济效益。

第三，改革与完善文化产业宏观管理体制，组织好相关产业部门的分工与协作。由于历史的原因，我国的文化企业属于不同的产业部门，使文化产业管理体制处于条块分割状态。在现有的管理体制下，国民经济相关产业部门之间及文化产业部门内部的分工与协作都存在一定的问题，妨碍了横向经济协作及综合性文化产业的发展。因此，改革与完善文化产业宏观管理体制是我国文化产业管理应该发挥的一项重要作用。

文化产业宏观管理者在制定文化产业发展计划时，要充分考虑与其他产业的协调与均衡，要理顺文化产业部门内部的各种关系，搞好部门内部的分工与协作。协调好各种关系，才能发挥各方面发展文化产业的积极性。

第四，提高文化企业经营管理水平，增加企业效益。文化企业为文化产业活动提供必需的服务，是文化产业活动中的重要一环，搞好文化企业管理是文化产业管理的主要任务之一。获得较好的经营效益是文化产业发展的物质基础，文化企业有良好的经济效益才有能力进一步改善服务，使企业步入良性发展循环，成为国家文化产业收益的主要来源。

提高文化企业管理水平要从两个方面入手：一是文化产业主管部门加强对企业的引导监督与服务，从宏观管理的角度促进企业管理的现代化；二是企业本身应加快改革步伐，建立现代企业制度，认真学习世界先进管理理论与方法，结合中国及企业的实际情况，建立科学的企业管理体制和方法，提高管理水平。

第三节 文化产业管理的性质与特点

一、文化产业管理的性质

管理是人的社会活动，其性质与一定的社会意识形态相联系。马克思在分析资本主义的管理活动时指出，管理是具有二重性的。文化产业管理与任何其他的管理活动一样都具有两重性，即自然属性和社会属性。

（一）文化产业管理的自然属性

文化产业管理的自然属性又称为文化产业管理的组织技术性，表现为合理组织生产力的一般职能。它是指文化产业管理在不同的社会制度和意识形态中所表现出来的共性。

文化产业管理的自然属性具体表现为：

第一，文化产业管理是人类文化活动中的客观需要。

第二，文化产业管理是随着社会经济不断发展，在劳动分工中产生的一种特殊职能。

第三，文化产业管理是生产力。生产力水平的高低取决于拥有的各种经济资源、各种要素是否得到有效的利用，而这必须依赖于管理。

（二）文化产业管理的社会属性

文化产业管理的社会属性是指管理活动在不同的社会制度下所表现出来的不同性质，即管理为什么人服务的问题。

在不同的社会制度下，所有制不同，管理的目的也有根本的差异。在阶级社会中，管理是为统治阶级服务的，阶级社会各种不同社会制度下的管理都是如此。文化产业的意识形态属性，决定了文化产业的管理是为统治阶级服务的。

文化产业管理的社会属性还必须用发展的眼光从本质上来分析。

首先，科学技术的进步，促进了社会分工更加细化，管理的复杂性大大提高。企业的生产资料所有者一般不再直接管理企业，职业经理阶层应运而生，企业的所有权与经营权发生了分离。

其次，在当代发达的资本主义国家中，由于现代企业制度的不断发展与完善，员工持股较为普遍。尽管贫富差距仍十分悬殊，但整个社会的生活水平明显提高，社会上比较普遍地出现了中产阶级，且中产阶级比例很高。

再次，社会公众和广大消费者空前关注社会的整体利益，强烈要求政府与企业的管理者在获得经济利益的同时也注意保护环境等社会整体利益和人类长远利益。

当代社会的这些变化对管理的社会属性产生了相当大的影响，导致管理发生了明显的变化：企业管理的目的多元化了，或者说，企业管理的性质多元化了。表现在企业的职业管理者要满足资本家及所有股东的需要，满足扩展企业实力的需要，满足本企业员工的物质和精神需要，考虑社会公众、广大消费者的利益，追求最大利润与遵纪守法，处理好企业与政府的关系，等等。

但从本质上说，这些并没有改变资本的剥削性和独裁性。只是由于经济和社会发展水平提高了，社会整体效益大大增加了，而且社会稳定也要求财富分配必须达到一个相对合理的水平，因此，普通员工变得比以前富裕得多了，中产阶级逐渐成为社会的主体。

正确认识文化产业管理的二重性对于提高我国的文化产业管理水平有着重要意义。

由于管理具有二重性，不同社会制度间在文化产业管理的自然属性方面是完全相同的。因此，我们要学习、借鉴发达国家先进的管理经验和方法，结合我国的实际情况，建立自己的文化产业管理体系，以迅速提高管理水平，促进我国文化产业的更快发展。

更需注意的是文化产业管理所具有的社会属性。我们在学习外国先进经验的时候，不能照抄照搬，而是要吸取精华，去除糟粕，创立符合中国特点和具有中国特色的文化产业管理理论与管理方法。

二、文化产业管理的特点

第一，文化产业管理的综合性。文化产业是一个新兴的朝阳产业，也是一个包容性特别强的产业，无论按国内还是国际上的界定，文化产业都包容了很多的行业。如中国国家统计局正式颁发的《文化及相关产业分类》将文化产业分为两大部分 9 大类 24 个中类 80 个小类，其中既包括文化产品的生产、销售和各类文化服务的提供，也包括文化用品、设备的生产、销售和相关文化产品的制作和销售，涉及第二产业和第三产业的几十个相关领域。2012 年国家统计局新修订颁布的《文化及相关产业分类 2012》更是将文化产业分为两大部分 10 大类 50 个中类 120 个小类。如此广泛的包容性，对文化产业的管理提出了挑战，也充分体现了文化产业管理的综合性特点。

第二，文化产业管理的无形性。文化产业是从事文化产品生产和提供文化服务的经营性行业，生产经营的主要是为满足人们精神需求的精神产品或文化产品。文化产品和服务除了具有一般商品的属性如经济价值和使用价值外，还具有其特殊性即意识形态性。文化服务有的有现实的表现形式，但也有很多是无形的。至于文化产品有一些虽然也是以物质形态存在的，具有物质产品的特性，但与一般的物质产品不一样，物质只是其载体，而不是产品本身，文化消费者是消费它所承载的文化内容。因此文化产业管理，不仅要管理那些有形的文化产品和服务，也要管理那些无形的产品和服务。从这个角度上讲，文化产业管理具有无形性的特点。

第三，文化产业管理的复杂性。文化产业管理的复杂性在很大程度上是由其综合性和无形性决定的。而且，文化产业是专门提供或经营文化产品和服务的，它面对的服务对象虽然都可称为文化消费者，但是与物质产品消费者不同的是，由于文化背景的不同、经济实力的差异、精神需求层次的区别、消费志趣的变化等原因，文化消费者群体具有很大的不确定性，而这往往会在很大程度上增加文化产品和服务质量、文化市场等的管理难度。

第四，文化产业管理是科学性与艺术性的统一。管理科学和管理活动本来就要求科学性与艺术性统一，而文化产业是提供文化产品和服务的，文化产品和服务是文化创造的结果，包括精神文化产品和物质文化产品两种形式——前者不具有物质外形，直接体现在人们的精神生活之中，并作为人的文化素质得以保存和积淀；后者则具有一定的物质表现形式，以一定的物质材料作为自己的载体，例如书籍、雕塑、博物馆、文化制度等。因此，文化市场在运行过程中除了表现出一般商品市场的功能外，还有其特殊功能，对管理活动的科学性和艺术性提出了更高的要求。

三、文化产业管理的原则

文化产业管理所具有的一系列独有的性质与特点，决定了文化产业管理要遵循的原则也与一般的行业管理有差异。

首先，必须始终贯彻发展社会主义先进文化的原则。文化是民族的血脉，是人民的精神家园。正如中共十七届六中全会通过的《中共中央关于深化文化体制改革、推动社会主义文化大发展大繁荣若干重大问题的决定》所说的那样："当今世界正处在大发展大变革大调整时期，世界多极化、经济全球化深入发展，科学技术日新月异，各种思想文化交流交融交锋更加频繁，文化在综合国力竞争中的地位和作用更加凸显，维护国家文化安全任务更加艰巨，增强国家文化软实力、中华文化国际影响力要求更加紧迫。当代中国进入了全面建设小康社会的关键时期和深化改革开放、加快转变经济发展方式的攻坚时期，文化越来越成为民族凝聚力和创造力的重要源泉、越来越成为综合国力竞争的重要因素、越来越成为经济社会发展的重要支撑，丰富精神文化生活越来越成为我国人民的热切愿望。""文化建设是中国特色社会主义事业总体布局的重要组成部分。没有文化的积极引领，没有人民精神世界的极大丰富，没有全民族精神力量的充分发挥，一个国家、一个民族不可能屹立于世界民族之林。""没有社会主义文化繁荣发展，就没有社会主义现代化。""在新的历史起点上深化文化体制改革、推动社会主义文化大发展大繁荣，关系实现全面建设小康社会奋斗目标，关系坚持和发展中国特色社会主义，关系实现中华民族伟大复兴。"因此，文化产业管理必须"要准确把握我国经济社会发展新要求，准确把握当今时代文化发展新趋势，准确把握各族人民精神文化生活新期待，增强责任感和紧迫感，解放思想，转变观念，抓住机遇，乘势而上，在全面建设小康社会进程中、在科学发展道路上奋力开创社会主义文化建设新局面”。

其次，遵循文化发展规律原则。文化建设同经济建设、政治建设、社会建设一样，有其自身的特殊规律。认识和把握规律并不容易，但违反规律则会造成严重后果。因此，文化建设必须遵循文化发展规律，静水深流，精气内行，长期涵养、积淀。一个国家的文化发展水平，要以民风和不和、民心齐不齐、创新成果多不多、幸福指数高不高等一系列指标去衡量。要从和谐稳定看文化的社会调理功效，从经济发展质量、生态文明建设成效看文化的底蕴根基表现，从文化创新能力看文化的精神气象格局，从人民群众满意度和是否安居乐业看文化的为民惠民成果。

第三，社会效益和经济效益有机统一原则。处理好公益性文化事业和经营性文化产业的关系，做到既能满足人民群众基本文化需求，又能兼顾人们的多样化、多层次、多方面的文化需求，是探索中国特色社会主义文化发展方式的着眼点。国家“十二五”规划纲要明确提出，要坚持一手抓公益性文化事业、一手抓经营性文化产业，始终把社会效益放在首位，实现经济效益和社会效益有机统一。十七届六中全会决议也强调，坚持把社会效益放在首位，坚持社会效益和经济效益有机统一。只有坚持社会效益和经济效益的有机统一，文化产业才能真正实现可持续快速发展。

第四，市场导向原则。发展文化产业要坚持以市场化为导向，形成文化产业发展的内生动力。所谓坚持市场化为导向，就是在文化产业发展中，适应社会主义市场经济发展要求，从文化产品策划到产品营销，从人员素质到体制机制，都要按市场经济规律办事，形成强大的市场竞争力。文化产品也要通过市场来实现其价值，文化产业也要接受市场评判。

随着国家文化体制改革的逐步深入，文化企业将完全走向市场，成为社会主义市场经济的主体。借助市场力量发展壮大的文化企业，可以让自己的文化产品和服务更具影响力，而最终目标都是为文化建设服务。同时，文化企业也应当有责任、有信心为人们提供更高品质的文化产品和文化服务，让社会主义先进文化产生巨大的影响力。

第五，分类指导原则。文化产业行业多，门类杂，文化产业管理必须要针对文化产业不同行业的发展特点和管理现状，分别制定科学合理的管理办法，确定与之相适应的管理模式和手段；根据不同地区文化市场发展水平、特点以及存在的主要矛盾和问题，确定符合当地实际的主要任务、管理重点和工作措施。同时，加强文化法制建设，一手抓繁荣、一手抓管理，推动文化事业和文化产业全面协调可持续发展。

第六，以人为本原则。文化的根本功能是提升人的精神境界，为社会生活提供意义系统和价值系统，使人们不仅在物质生活上，而且在知识、道德、审美等各个方面得到全面发展。“以文化人”方能致远。文化产业管理必须坚持以人为本，贴近实际、贴近生活、贴近群众，坚持文化发展为了人民、文化发展依靠人民、文化发展成果由人民共享。这种由文化所彰显的软实力，与中国传统思想中的“王道”一脉相承，具有一种安近来远的强大力量。

第二章　管理理论的发展演变

从人类社会诞生之日起，最初形式的管理活动就出现了。

管理思想发展的历史大体可以分为五个阶段：一是19世纪末以前的东西方传统管理思想；二是西方古典管理理论，产生于19世纪末到20世纪30年代，代表人物是泰罗、法约尔、韦伯等人；三是产生于20世纪20年代的行为科学理论；四是二战后形成的西方管理理论众多流派，主要有社会系统学派、决策理论学派、系统管理学派、经验主义学派、权变理论学派、管理科学学派等等；五是20世纪90年代以后，管理学又进入一个新的阶段，理论界开始重视企业文化与管理伦理学的研究。

第一节　传统管理思想

一、中国传统管理思想

中国是世界上历史最悠久的文明古国之一，为人类文化发展做出了重要贡献，也孕育出了光辉的传统管理思想。

（一）组织管理方面

早在五千年前，华夏大地上就出现了氏族、部落等人类社会最古老的社会组织形式，从而产生了最初的组织管理。

公元前21世纪，中国第一个奴隶制国家——夏建立，出现了从中央到地方高度集权、等级森严的权力结构。而此后的商朝与周朝，国家机器得到了进一步完善，管理层次与手段都有了新的提高。在《周礼》中，明确地将官员分成天、地、春、夏、秋、冬六官，六官分三百六十职，各有职掌。

此后的几千年里，历代都能对辽阔的疆土和众多的人口进行有效的控制和管理，留下了有关治理国家、统帅军队、组织战争、管理经济、发展生产、安定社会等方面极为丰富的理论和实践经验，其中蕴藏着丰富的管理思想。

（二）经营管理方面

中国古代社会建立了以传统农业为核心的社会经济结构，取得了工业革命以前的约二千年里世界上最为丰硕的经济成就，并产生了丰富的经济管理思想方面的历史遗产。早在先秦时期，中国的经济管理思想就已经达到了很高的境界。譬如起源于战国时期，后来不断发展的“富国之学”“治生之学”，分别对于宏观和微观的经济管理提出了丰富的管理思想和方法。历代的政治家、思想家如管仲、商鞅、荀况、桑弘羊、刘晏、王安石等人，在不同时期都分别对经营管理提出了独到的见解。

（三）人事管理方面

我国古代在人事管理方面积累的经验尤其丰富。以人为本是中国传统管理思想的一大特色。《尚书》中就有“任官惟贤才，左右惟其人”的说法，春秋战国时期的孔子、墨子、孟子、荀子等人对此都有过专门的论述。诸葛亮总结汉朝的历史经验：“亲贤臣，远小人，此先汉之所以兴隆也；亲小人，远贤臣，此后汉之所以倾颓也。”更是指出了得人才者得天下的道理。

中国传统文化非常重视人和。对于治国来说，和能兴邦；对于治生来说，和气生财。

东方文化特别强调道德伦理的作用，以道德伦理来维系人际关系，以人际间的良好关系来维护稳定的组织秩序。管理者通过道德示范影响被管理者的行为，达到安人目的，使管理者与被管理者达到和谐的统一，共同完成组织的目标。

（四）军事管理及战略策略方面

成书于春秋时期的《孙子兵法》是中国军事管理思想的代表作。其中所阐述的“用人之道”“为将之道”“用兵之道”，以及在各种环境中争取胜利的战略、策略，如“知己知彼，百战不殆”等都是人类智慧的结晶。此外，还有《孙膑兵法》《六韬》《司马法》等著名兵书，在军事管理上都有着重要的意义和深远的影响，特别是对处于激烈竞争中的企业具有极其现实的参考价值。正是基于此，日本和美国的一些大公司也把《孙子兵法》作为培训公司管理者的必用书籍。

（五）工程管理方面

我国古代许多伟大的建筑工程凝结了丰富的管理思想和方法。如万里长城，建筑前后持续二千多年，动用劳力达数百万人；且工作计划周密，不仅计算了城墙的土石方总量，而且连所需的人力和材料，以及应从何地调拨人力、往返的路程、人员所需口粮、各地区负担的任务等，都分配明确；筑城墙所用的砖都是按统一规格由全国各地烧制后运到工地；为了检查监督砖的质量责任，每块砖上都刻有制造州、府、县及制造者的名字。其计划之周密、监督管理之严格令人赞叹。再如秦始皇帝陵及后代帝王陵的修建，长安、南京、北京等都城的修建，都江堰、大运河等水利工程，等等，莫不如此。

整体而言，中国传统的管理思想大致可分为宏观管理的治国学和微观管理的治生学。治国学主要是为国家政权的管理服务，包括行政管理、财政赋税管理、人口田制管理、货币管理、漕运管理等方面。治生学则包括农副业、手工业、运输、建筑工程、市场经营等方面的问题，内容浩繁。

作为中国传统思想核心和主体的儒家思想不仅对维持中国几千年超稳定的社会组织结构起了重要作用，对当今东方社会的管理也一直有着重要影响。其论述的基本主题是人性及人与人之间的关系，如“三纲”“五常”等就是处理个人和国家、社会、家庭及其他人之间相互关系的行为准则。日本、韩国、新加坡等国社会经济飞速发展，原因之一就在于他们成功地把儒家思想中最核心的家庭观念引进到了企业，把“企业大家庭”作为企业组织的理想目标，把忠孝观和“五常”作为塑造企业文化的精髓，形成了与西方企业文化截然不同的特色，并与西方文化有机地结合起来，极大地提高了企业的管理水平、企业凝聚力和竞争力。

二、国外古代的管理思想

（一）古代非洲的管理实践

公元前2600年左右，古代埃及人建造了大金字塔。大金字塔共耗用平均两吨半重的石块230多万块，动用了10万人力，费时20年才完成。其管理工作繁重复杂，如规划设计、人力安排、材料运输等都需要有丰富的管理经验。

（二）古代西亚两河流域的管理实践

公元前20世纪，古巴比伦王国颁布《汉谟拉比法典》，其中体现了许多可贵的管理思想。如怎样保护个人财产，百姓应遵守哪些规范，如何进行货物贸易，臣民之间的隶属关系，关于劳动、报酬、工具和责任事故的追究，关于婚姻、家庭与财产继承等，对当时的社会进步起到很大的促进作用。而《圣经》则记载了犹太人大量的管理实践经验。

（三）古代欧洲的管理思想

古希腊学者色诺芬曾对劳动分工做了比较深入的研究，指出了劳动分工的优点：“一个从事高度专业化工作的人一定能工作得最好。”

15世纪，意大利政治家、思想家、历史学家马基雅维利在《君主论》中提出了领导的四项原理：领导者必须要得到群众的拥护；领导者必须维持组织内部的凝聚力；领导者必须具备坚强的生存意志力；领导者必须具有崇高的品德和非凡的能力。这与现代领导理论的某些方面非常相似，对管理思想的发展有相当大的贡献。

三、工业革命与管理思想的变革

工业革命以后，企业规模不断扩大，工作的专业化程度日益提高，经营管理人员也逐渐从生产中脱离出来，专门从事管理，促使管理理论和实践都有了飞跃式的发展。一些近代管理理论的先驱者开始注意对管理工作进行理论上的探讨，从而带来了管理思想的革命。

（一）英国经济学家亚当·斯密的劳动经济论和经济人假设

亚当·斯密1776年发表代表作《国民财富的性质和原因的研究》，提出劳动经济论和经济人观点，指出劳动是国民财富的源泉，只有增加生产性劳动，同时提高劳动者的技能，才能增加国民财富，而分工对提高劳动效率起决定性作用。亚当·斯密对劳动分工的这些分析成了后来企业管理理论中的一条重要原理。

亚当·斯密在管理思想发展史上具有深远影响的另一观点是他有关人性的假设和分析。他认为，利己是人类的本性。由于每个人的私利又受到他人私利的限制，人们为了达到利己的目的，就必须满足别人利己的要求，由此产生了社会利益，即主观利自己，客观利社会。这一观点后来被资产阶级管理学家概括为“经济人”人性假设，成为资本主义管理的理论基础之一。

（二）英国数学家查尔斯·巴贝奇对亚当·斯密理论的发展

查尔斯·巴贝奇对企业的分工与管理进行了更深入的研究。他在1832年出版的《论机器和制造业的经济》一书中，提出“工资加奖金”的分配制度，即按照生产效率不同来确定报酬：工人可以按照其在生产中的贡献，分到工厂利润的一部分，从而调动工人的劳动积极性，并把雇主同工人的利益调和起来。巴贝奇还提出诸如工艺过程和制造成本的分析、时间应用的研究等方面的管理建议。

（三）美国人汤恩主张管理从技术领域独立出来

美国人汤恩1886年发表的《作为经济学家的工程师》中，认为管理与工程技术同等重要，管理应从技术领域独立出来，成为一门专门的学问。

（四）大卫·李嘉图发展"经济人假设"为"群氓理论"

大卫·李嘉图认为，社会是由一群群无组织、利己的个人组成，每个人都按着能达到自我保存和实现自我利益的方式行事，又尽力按逻辑进行思考，为达到一定的目标而努力，因而必须并可能对之实行强权管理。

（五）罗伯特·欧文在人事管理方面的研究

罗伯特·欧文比较注重人事管理的研究。他进行了许多前无古人的实验，提出工厂在生产中要重视人的因素，改善工人的工作条件，缩短工人的劳动时间，建设工人住宅。他认为管理的首要因素就是人，人事职能不能被当成从属的管理部门。他相信，重视人的作用和尊重人的地位，可以极大地调动工人的工作积极性，使工厂获得更多的利润。

欧文的思想对后来的管理理论有着深刻的影响，被称为"人事管理的先驱"。

工业革命以后，随着资本主义的发展，西方各国在管理实践中对管理思想的研究与探索，虽还没有形成完整的管理理论体系，但已为科学管理理论的诞生奠定了坚实的基础，对后来的管理理论产生了直接的影响。

第二节　古典管理理论

19世纪末以前，管理理论虽然有了很大的发展，但非常零散，缺乏系统化。尤其是在新兴的工业领域，工厂的管理主要是凭工厂主的个人经验。随着社会经济发展，传统的管理方法显然已不能适应需要，如何改进企业管理成为当务之急，对企业管理的研究渐成风气。而"科学管理之父"泰罗创立的古典管理理论，则标志着现代管理理论正式诞生。

一、科学管理理论

（一）泰罗生平

弗雷德里克·温斯洛·泰罗（Frederick Winslow Taylor，1856—1915），出身于费城一个律师家庭，因勤奋好学患上眼疾，虽然考上哈佛大学法律系却不得不辍学。他 19 岁进工厂当学徒，22 岁进入费城米德维尔钢铁厂，历任工人、工长、总技师、总工程师。他 1893 年独立开业从事管理咨询，1898 年受雇于宾夕法尼亚伯利恒钢铁公司，继续进行管理咨询和研究。

1901 年以后，泰罗从有酬工作中退出，集中精力从事写作、无偿咨询、顾问、讲演，宣传他的企业管理理论。1906 年，泰罗担任了美国机械工程学会的主席。1911 年泰罗出版了他在管理学史上享有盛名的代表作——《科学管理原理》一书。

（二）泰罗科学管理理论的主要内容

泰罗倡导的科学管理主要探讨在工厂中如何提高劳动生产率的问题。泰罗认为，提高劳动生产率的关键是要采用有效的管理方法。泰罗的科学管理理论是建立在他的管理实践经验和铁块搬运试验、铲具试验、金属切削试验这三大著名试验基础上的，并形成了所谓的“标准作业法”“标准作业时间”“标准工作量”。其管理理论主要包括以下几方面内容：

第一，工作定额原理。

泰罗通过对工作时间和工作动作的研究来确定劳动定额，作为工人工资的客观依据。

时间研究是研究工人在工作期间各种活动的时间构成，包括工作日写实与测时。工作日写实是按照时间顺序，实地观察、记录、分析工人一个工作日的工时消耗情况，找出浪费时间的原因。测时是以工序为对象按操作步骤实地测量，研究工时消耗。

动作研究是研究工人工作时动作的合理性，观察其身体各部位的动作，经过比较分析，去掉多余动作，改进必要动作，从而达到提高劳动生产率的目的。泰罗的研究成果在伯利恒钢铁公司做的搬运铁块试验中大获成功，将此项工作每人每天的劳动定额从 12.5 吨一下子提高到 47 吨。

泰罗认为，要提高效率，必须挑选最适合做且愿意做此项工作的人，再根据能力和天赋将工人分配到相应的岗位，并进行培训，使他们掌握科学的工作方法，从而大大提高工效。

第二，标准化原理。

标准化原理包括操作方法的标准化，以及工人所使用的工具、机器、材料以及作业环境等的标准化。

泰罗在伯利恒钢铁公司时做过一项工具标准化的试验。当时，公司的铲运工人每天都用自己的铲子进行工作，这些铲子大小不一，且铲运不同的物料。泰罗发现这样做影响工作效率，通过试验确定，每铲的重量约为21磅时工人生产效率最高。根据试验结果，泰罗依据不同的物料设计制作了不同规格的铲子，工人工作时，根据不同的物料，统一从公司领取特制的标准铲子，结果大大提高了生产效率。这是当时生产工具标准化的一个典型案例。

第三，差别计件工资制。

泰罗认为，计时工资不能体现按劳付酬，干多干少在时间上无法确切地体现出来。解决的办法就是改进付酬制度，实行差别计件工资制。

在科学定额的前提下，当工人完成或超额完成任务时，定额之内和定额之外的部分均按高于一般水平的单价计酬。如果工人完不成定额，则按低于一般水平的单价计酬。泰罗认为，这种工资制度会大大提高工人的劳动积极性。雇主的支出虽有增加，但由于利润提高的幅度大于工资提高的幅度，所以对雇主也是有利的。因而，这种工资制度可以成为雇主和工人双方协调与合作的基础。

（三）泰罗管理理论的贡献

泰罗打破了传统按经验管理企业的办法，将科学引进了管理领域。管理职能与执行职能开始分离，一部分人专门从事管理工作，为管理理论的进一步发展奠定了实践基础。

泰罗依靠科学地制定规程和金钱刺激等手段，创造和发展了一系列有助于提高生产效率的技术与方法，与传统管理相比发生了根本的变化。列宁称泰罗的管理理论是“一系列最丰富的科学成就”。

泰罗对管理的贡献还在于其提倡的在管理中运用科学方法和他本人的科学实践精神。泰罗认为，科学管理的实质是一切企业或机构中的工人们的一次完全的思想革命：劳资双方都必须承认，企业的一切事情，要用准确的科学研究和知识来代替个人判断。

（四）泰罗管理理论的缺陷

第一，他把工人看作是单纯的经济人，是会说话的机器，只能按管理人员的指示和命令工作。他的所谓“标准作业法”“标准作业时间”“标准工作量”等，都是以身体最强壮、技术最熟练的工人最紧张劳动时测定的定额为基础，难以调动工人的生产积极性。

第二，泰罗只重视技术的因素，而忽视社会因素对生产管理的影响，甚至把社会因素看成一种消极的影响因素。他认为，工人的集体行为会降低工作效率，只有使每个工人个别化才能达到最高效率。随着管理方法、操作方法日益完善，分工越来越细，操作越来越简单，工人越来越成为机械的附属品。

第三，泰罗主要关注企业中具体工作的工作效率问题，没有注意研究企业作为一个整体如何进行经营与管理的问题。由于他长期主要从事现场的生产和管理，因此，他的管理理论涉及的管理范围较为狭窄。

二、法约尔的一般管理理论

（一）法约尔生平

亨利·法约尔（Henri Fayol，1841—1925），生于法国资产阶级家庭，是20世纪上半期欧洲对管理理论贡献最杰出的人物。1860年他毕业于圣艾蒂安国立矿业学院，被任命为科芒特里—富香博采矿冶金公司矿井工程师。1888年公司濒于破产时，他被任命为总经理，直至1918年退休。

任总经理后，他按照自己的管理思想和理论对公司进行了改革和整顿，关闭了一些经济效益不好的工厂，吸收资源丰富的新矿建立了新的联合公司（康曼包公司）。他克服了种种困难，把公司整顿得欣欣向荣，并培养了一批管理、技术和科学上的骨干力量。当法约尔75岁退休时，该公司已能在财务和经营上立于不败之地，至今仍是法国中部最大的采矿和冶金集团的一部分。

任总经理期间，法约尔就开始了管理研究工作。在1908年的矿业学会五十周年大会上，他提交了论文《论管理的一般原则》；1916年，他在矿业学会公报上，发表了他的代表作《工业管理与一般管理》。1918年退休后，他创办了管理学研究中心，致力于普及自己的管理理论。

虽然法约尔在管理实践和理论方面都取得了巨大成就，但是在他生前的很长一段时间里，法约尔的管理思想并没有引起人们的足够重视。不论是在美国，还是在法国，普及和推广的都是泰罗的科学管理理论。

一直到法约尔去世前不久，法国“泰罗主义”组织才与法约尔的管理学研究中心合并为法国组织全国委员会，法约尔的管理思想也逐渐被人们所认识。在美国，直到1949年伦敦皮特曼公司出版康斯坦斯·斯托尔斯的译本时，人们才比较全面地接触到法约尔的管理思想。

（二）法约尔管理理论的基本内容

法约尔一直从事企业领导和管理工作，他将企业作为一个整体来进行管理研究。

1. 对企业生产活动的分析

法约尔全面分析了企业的生产经营活动，认为企业无论大小，其全部活动基本都可概括为以下六种：

技术性工作：设计、生产、制造；

商业性工作：采购、销售和交换；

财务性工作：资金的筹措与运用；

会计性工作：编制财产目录、盘点、会计、成本、统计；

安全性工作：保证员工劳动安全、设备使用安全、产品安全；

管理性工作：计划、组织、指挥、协调、控制。

2. 管理的五项职能

法约尔把管理活动职能划分为五种：计划、组织、指挥、协调、控制。

计划就是探索未来和制定行动方案；组织就是建立企业的物质和社会的双重结构；指挥是使员工发挥作用；协调是连接、联合、调和所有的活动和力量；控制就是注意一切是否按已制定的规章和下达的命令进行。

管理的五项职能是一种分配于领导人与整个组织成员之间的职能，不是企业经理或领导人的个人责任。管理职能与领导工作是不能混同的。领导是企业整体利益的裁决者与负责者，是引导企业达到目标、保证企业六项活动顺利进行的高层次工作。

法约尔认为，管理能力的重要性与人在组织中的地位密切相关。在一个企业中，工人的能力主要是技术能力；随着人的地位在等级中提高，管理能力的相对重要性在增加，同时技术能力的重要性在减少；而经理的主要能力是管理能力，等级越高，这种能力越起主导作用。不同类型企业的领导人所需要的能力不同：小型企业的领导人的主要能力是技术能力，随着企业等级的上升，管理能力的重要性增加，而技术能力的重要性相对减少。大型企业领导人的主要能力是管理能力，企业越大，管理能力越起主导作用。

3. 管理工作的十四条原则

①劳动分工。劳动分工属于自然规律，分工不仅限于技术工作，同样适用于管理工作。但分工要适度，不是越细越好。

②权力与责任。权力和责任是相互联系的，有权力的地方，就有责任。责任是权力的孪生物，只有责任没有权力是行不通的。

③纪律。法约尔认为，纪律是管理所必需的，纪律是一个企业兴旺发

达的关键，没有纪律就不能有效地管理任何组织，因此纪律应该明确和公正。他认为纪律应包括两个方面，即企业与下属人员之间的协定和人们对这个协定的态度及其对协定遵守的情况。而制定和维持纪律最有效的办法，一是有好的各级领导，二是有尽可能明确而又公平的协定，三是合理执行惩罚。

④统一命令。组织内每个人只能接受一个上级的命令。如果两个领导人同时对同一个人或同一件事行使权力，就会出现混乱。在任何情况下，都不会有适应双重指挥的社会组织。与统一命令原则有关的还有下一个原则，即统一领导原则。

⑤统一领导。一个下级只能有一个直接上级。一个组织必须为同样的目的进行活动，只能有一个领导、一个目标和计划。统一领导原则与统一命令原则之间既有区别又有联系。统一领导原则讲的是组织机构设置的问题，即在设置组织机构的时候，一个下级不能有两个直接上级。而统一命令原则讲的是组织机构设置以后运转的问题，即当组织机构建立起来以后，在运转的过程中，一个下级不能同时接受两个上级的指令。

⑥局部利益服从整体利益。个人和小团体的利益不能超越组织的整体利益。

⑦合理的报酬。人员的报酬首先要考虑的是维持职工的最低生活消费和企业的基本经营状况，这是确定人员报酬的一个基本出发点。在此基础上，再考虑根据职工的劳动贡献来决定采用适当的报酬方式。不管采用什么报酬方式，都应该保证公平合理。

⑧适当的集权与分权。适当的集权程度是由管理层和员工的素质、企业的条件和环境决定的，要根据组织的实际情况决定集权与分权的程度。

⑨等级链与跳板。等级链就是等级制度，这种组织形式要求，从最高权力机构发出的命令或向最高权力机构提出的报告，都必须经过等级制度的每一级来传递。为了提高效率，法约尔认为，在等级机构中还要注意实行跳板原则。所谓跳板原则，就是在遇到一些需要快速办理的事情时，为提高办事效率，需要跳过原有的管理路径，在平行的两者之间建立直接联系的渠道，即建立跳板或天桥；对于重大的例外事项，若两者无法协调，需要上报到最高领导机构来决定和解决，由上级协调（即越级上报）。

法约尔“跳板”理论旨在在保持命令统一的情况下，迅速而及时地解决一般事务，从而使组织最上层得以从繁杂的事务中摆脱出来，专注于一些重大问题。

⑩秩序，包括物品的秩序和人的社会秩序。要规定组织中每个人的岗位与职责，做到人和事都各有其合适的位置。

⑪公平。善意地对待职工，根据实际情况对职工的劳动表现进行善意的评价，在组织中树立公平与公正。

⑫保持人员稳定。适应工作都需一定的时间，要使一个人的能力得到充分的发挥，就要使他在一个工作岗位上相对稳定地工作一段时间。任何组织都要把握人员的稳定和流动的合适的度，鼓励员工长期为组织服务。

⑬首创精神。自我实现需求的满足是激励人们的工作热情和工作积极性的最有力的刺激因素。要发挥员工的首创精神，使其自主地提出发明或建议，并努力使其取得成功。

⑭团队精神。团队精神是组织达到目标的保证。法约尔认为："一个企业中，全体人员的和谐与团结是这个企业的巨大力量，所以应该尽力做到团结。"企业的领导者应尽一切可能，保持组织内人员的团结。

（三）法约尔管理理论的贡献

法约尔从管理过程的角度提出了管理职能的概念和实现管理所应遵循的原则，为管理学提供了一整套科学的理论构架。法约尔提出的管理原则和管理职能理论，经过多年的研究和实践证明，总体上仍然是正确的，现在仍为许多人所推崇，在可预见的将来也有一定的实用价值。而且与泰罗相比，法约尔的管理思想更具系统性和理论性。

法约尔的管理理论虽然是以企业为研究对象建立起来的，但由于他强调管理的一般性，其理论在许多方面也适用于政治、军事、行政等部门的管理。

（四）法约尔管理理论的缺陷

法约尔的管理理论也存在一定缺陷。法约尔的管理理论所阐述的管理职能都是就企业活动的内部而言的，基本没有触及企业的外部环境问题。

另外，其管理原则过于机械和僵化。以统一命令为例，法约尔认为，不论什么工作，一个下属只能接受一个上级的命令，而这与劳动分工原则可能发生冲突。根据劳动分工原则，工作按专业化进行分工后，当某一层次的管理人员制定决策时，他要考虑来自各个专业部门的意见或指示，这与统一命令原则显然不相符合，这便给实际应用过程造成混乱。

三、马克斯·韦伯的行政组织理论

（一）韦伯生平

马克斯·韦伯（Max Weber，1864—1920），生于德国图林根郡埃尔富特一个中产阶级家庭，13 岁就写出很有见地的学术论文，18 岁入海德堡大学法学院读书，专攻法律并兼及历史、哲学、经济和神学。他入伍服兵役一年后转入柏林大学和哥廷根大学继续学习。25 岁时他的博士论文《中世纪商业企业史》通过了答辩，获法学博士学位。此后他先后任弗里堡大学和海德堡大学教授。

韦伯是 19 世纪末到 20 世纪初西方社会科学学界最有影响的理论大师之一，是继卡尔·马克思之后德国著名的社会学家。他的研究领域广泛，涉及社会学、经济学、历史学、法学、政治学、宗教学、哲学乃至音乐、艺术等各个学科。韦伯把历史研究看成是社会合理化的一般理论的组成部分，他的理论贡献使西方社会学臻于成熟。

韦伯是 20 世纪初古典管理理论中“行政组织”理论的代表人物，现代管理学的“组织理论”的先驱。其相关著作有《社会组织和经济组织理论》《新教伦理和资本主义精神》《一般经济史》等。他提出的“理想的”行政管理体制对古典组织理论做出了重大贡献，对组织管理的影响十分深远。

（二）韦伯行政组织管理理论的基本内容

韦伯在《社会组织和经济组织理论》中提出的“理想的”行政管理体制，也称为“官僚体制”。韦伯从现实社会中存在的各种具有特殊形态的组织中抽象出“理想的”行政管理体制、“纯粹的”组织形态，以进行理论分析。这种管理体制具有下列特征：

一是建立明确的职能分工；

二是建立明确的等级制度；

三是建立有关职权和职责的法律和规章，把各项活动都纳入法规和规章的规定之中，并要求组织内的每一成员都要按法规和规章办事；

四是业务的处理和传递都以书面文件为准；

五是组织内的所有职务均由受过专门训练的专业人员担任，对人员的选拔和提升均以其技术能力为依据；

六是一切职业的管理人员都是根据一定的标准聘用的；

七是组织的每个成员都必须尽职尽责，以主人的态度忘我工作。

（三）韦伯对管理学的贡献

韦伯所倡导的官僚体制是为了适应资本主义经济和社会化生产的发展而出现的。它不同于凭借传统的力量所建立的管理体制，而是依据权力的合理、合法性建立的管理体制，是一种严密的、合理的、形同机器一样的社会组织。它具有熟练的专业活动、明确的权责划分、严格的规章制度、金字塔式的等级服从关系等。

与法约尔一样，韦伯的管理思想在 20 世纪四五十年代以前并没有引起足够的重视。但是，随着资本主义社会经济的发展，企业和各种社会组织的规模不断扩大，韦伯的管理体制的价值逐渐体现出来。现在，他倡导的管理体制已成为各类正式组织的一种典型结构，一种主要的组织形式。他的理论观点，对西方管理理论的发展，尤其是组织理论的发展产生了巨大的影响。

韦伯提出的官僚组织结构其实是一种效率很高的组织形式，因为它能在技能和效率的基础上，使组织内人们的行为理性化，具有一致性和可预测性。尽管官僚组织结构有较多的缺陷，但从纯技术的角度看，官僚制强调知识化、专业化、制度化、标准化、正式化和权力集中化，确实能给组织带来高的效率。

韦伯这种理想的行政管理体制，一方面作为资本主义管理的一般模式和有效工具，适应了现代企业和大型社会组织复杂化的需要，另一方面又批判了管理领域的封建影响，为资本主义的发展做出了巨大贡献。

（四）韦伯管理思想的缺陷

韦伯提出的这种管理体制，在一定的条件下，能发挥出高效率；但是，在某些条件下，也可能产生相反的作用，给组织带来消极的后果。比如，按规章制度处理事务是实现组织目标的必要条件，但如果只是机械地执行规章制度，那么结果是人人都变得墨守成规，失去工作的主动性和创造性，整个组织就会僵化而失去活力。与此同时，失去效率，逢迎拍马，报喜不报忧等现象也会滋生和蔓延，这种“理想的”行政管理体制就会变成一种真正的“官僚体制”，这可能是韦伯所始料不及的。

由上不难看出，古典管理理论在世界各国的表现形式虽有不同，侧重点也不一样，但其精神实质是相同的。这就是采用当时所掌握的科学方法和手段，对管理的过程、职能和方法进行试验和探讨，进而确定一些以科学为依据的理论、原则和方法。

古典管理理论学派的理论基础是相同的，都是从亚当·斯密的“经济人假设”人性理论入手进行探讨的，也都是以追求效率最大化为目标的，但是各自的落脚点和着重点不同。泰罗的科学管理理论是从探讨具体工作流程入手的，追求的更多是提高每个劳动者的个体效率；法约尔的一般管理理论是以整个企业为研究对象，追求的是提高整个企业的组织效率；而韦伯的行政组织管理理论，更多的是从社会研究入手，着力追求提高社会组织效率。但是，由于受时代的局限，他们都没有把人作为核心；只注重研究提高内部效率，对市场等外部环境不太关注。“科学管理理论”是极端的唯理性论。

古典管理理论是人类第一次尝试以科学的、系统的方法来探讨管理问题，反映了西方资产阶级的要求，也反映了生产发展的需要。它既是资产阶级榨取工人血汗的工具，又是“一系列最丰富的科学成就”。即使在今天，古典管理理论的价值也没有随着时间的流逝而消失。

西方管理学界目前有一种重新肯定和学习古典管理理论的趋势，提出了所谓“回到泰罗去”的口号。不论在发展中国家还是在发达国家，古典管理理论仍将发挥重要作用。在发展中国家，由于管理方式比较落后，同泰罗创建科学管理理论时的情况有相似之处，所以应用科学管理理论有助于提高管理效率。在发达国家，古典管理理论之所以重新受到人们的青睐，则是因为将科学管理理论应用于脑力劳动的管理，也能大大提高工作效率。

第三节　行为科学理论

20世纪20年代至50年代，是管理科学发展史上所谓的行为科学理论阶段。

所谓“行为科学”，就是研究人在生产中的行为规律以及产生行为的原因的一门综合性的边缘科学。它是西方学者用人类学、社会学、心理学、经济学、管理学的理论和方法，分析研究人的本性与需要、行为与动机，以达到协调人际关系和提高工作效率的目的的学科。

行为科学的研究，基本上可以分为两个时期。前期以人际关系学说（或称人群关系学说）为主要内容，从20世纪30年代梅奥的霍桑试验开始，到1949年美国芝加哥讨论会第一次提出行为科学的概念；1953年在美国福特基金会召开的各大学科学家参加的会议上，该学科被正式定名为行为科学，此后为行为科学研究时期。

一、人际关系学说

（一）梅奥及霍桑试验

乔治·埃尔顿·梅奥是美国管理学家，生于澳大利亚，逻辑学与哲学硕士，美国哈佛大学心理学教授，主要论著有《工业文明中人的问题》《工业文明中的社会问题》等。

1924 年，美国国家研究委员会和美国西方电气公司合作进行了有关工作条件、社会因素与生产效率之间关系的试验。由于研究在西方电气公司的霍桑工厂进行，该研究被称为霍桑试验。试验分成四个阶段：照明试验、继电器装配工人小组试验、大规模访问交谈和对接线板接线工作室的研究。试验前后历时八年，获得了大量第一手资料。经过梅奥、罗特利斯伯格等人的潜心研究，形成了人际关系学说，主要内容如下：

第一，工人是“社会人”。古典管理理论认为，工人是“经济人”，只是追求高工资和良好的物质条件，金钱是刺激工人工作积极性的唯一动力。而梅奥等人认为，工人是“社会人”，工厂中的工人不是单纯追求金钱收入的，还有社会方面、心理方面的需求，这就是追求人与人之间的友情、安全感、归属感和受人尊重等。因此，要调动工人的生产积极性，首先要从社会心理方面对工人进行鼓励。

第二，企业中存在着“非正式组织”。在企业中，“非正式组织”与“正式组织”是两个相对应的概念。正式组织是为了实现企业目标，规定企业成员之间相互关系和职责范围的一定的组织体系，包括组织结构、职权划分、规章制度等。而梅奥等人认为，人是社会动物，在企业的共同工作过程中，人们必然发生一定联系，形成非正式的集团或团体。在这种团体内部，又形成了共同的感情，进而构成了一个体系，这就是非正式组织。非正式组织形成的原因多种多样，有兴趣爱好原因、亲戚朋友关系、工作关系等。这种关系会形成一些有别于其他人的价值观、行事准则等，在某种程度上影响其成员的行为。罗特利斯伯格认为，非正式组织应被看作是“一些惯例、价值观、准则、信念和非官方的规则”。

在梅奥之前，也有人觉察到在工人中除了正式组织之外还有非正式组织的存在，如泰罗就发现在工人中存在着有组织的“磨洋工”和团体压力。不过，以泰罗为代表的古典管理理论的创立者并未对非正式组织问题进行深入的理论研究和管理实验。

梅奥认为，正式组织与非正式组织有着很大的区别。正式组织以效率准则为行动标准，企业各成员之间保持正式的协作关系，是为了提高企业的生产效率。而非正式组织则以感情逻辑作为行动的标准，组织成员多出于某种感情而采取行动，如对非正式组织的忠诚等。企业的正式组织与非正式组织都涉及企业的每一个成员。企业中不但工人有非正式组织，管理人员和技术人员中也有非正式组织。但是，效率逻辑在管理人员和技术人员中占有重要地位，而感情逻辑则在工人中更为强烈。因此，可以说，效率逻辑是管理人员的逻辑，而感情逻辑则是工人的逻辑。如果管理人员只是根据效率逻辑来管理，忽视工人的感情，那么，管理人员的效率逻辑与工人的感情逻辑就会发生冲突，进而影响生产效率的提高和企业目标的实现。

企业中的非正式组织对企业来说既有利也有弊。非正式组织的消极作用是：可能集体抵制上级的政策和目标；限制员工的个人自由，强迫组织内部的一致性；反对革新，限制产量；共谋组成同管理者敌对的工会；等等。非正式组织的存在也会对企业产生积极的作用，如：使个人有表达思想的机会，提高士气，保持人员的稳定；改善信息交流，有利于提高工人的自信心，减少紧张感觉，减少厌烦的感觉；在工作环境中使工人感到温暖，有利于人与人之间的协作；非正式组织也可能积极支持管理者的政策和目标，支持完成指定的任务。总的说来，非正式组织利多弊少，作为管理者应该充分认识到非正式组织的双重作用，注意在正式组织的效率逻辑和非正式组织的感情逻辑之间搞好平衡，发挥非正式组织的积极作用。

第三，生产效率取决于员工的满足度。从“社会人”和“非正式组织”的观点来看，金钱或经济刺激对于提高工人劳动生产率只能起第二位的作用，而起第一位作用的是工人的满足度。所谓满足度是工人在安全感、归属感、友谊等社会需求方面得到满足的程度。工人的满足度取决于两个方面的因素：一是工人的个人情况，即工人由于不同的经历、家庭生活、社会生活所形成的不同的个人态度和情绪；二是工作场所的情况，即工人之间，工人与上级之间人际关系的状况。工人的满足度越高，士气就越高，劳动生产率就越高。

管理人员要非常重视工人的满足度与劳动生产率之间的关系，注意了解和满足工人的社会需要，以便在正式组织的经济需求同非正式组织的社会需求之间保持平衡。这样，可以弥补古典管理理论在这方面的缺陷，有利于解决劳资之间、管理者与被管理者之间的矛盾与冲突，提高生产与工作效率。

人际关系学说纠正了古典管理理论忽视人的因素的倾向，为管理思想的研究拓展了新的领域，引起了当时管理方面的许多变革，催生了新的管理或领导方法。比如，对管理者和监督者进行教育和培训，以改变他们对工人的态度和监督的方式；建立员工参与企业决策的制度，以此改善人际关系，提高员工士气；加强信息交流，允许员工对工作目标、标准、方法提出意见或建议；建立面谈和调解制度，给员工表达感情、不满和争论的机会以消除不良人际关系；重视、利用和倡导各种非正式组织，改善工作环境和完善福利制度。

人际关系学说也有很大的局限性。梅奥等人过分强调非正式组织的作用，认为组织内人群行为更多地受到非正式组织的影响；过分强调感情的作用，好像员工的行为只受感情和关系的支配；过分否定经济因素如报酬、工作条件、外部监督、作业标准的作用。从极端忽视人的因素，走向另一个极端，过分强调非正式组织、人的感情等社会因素的影响。其实，构成社会基本单位、对人的行为产生决定性影响的，并不是非正式组织而是正式组织。在企业中，人与人之间的关系好不一定士气高，更不一定有较高的劳动生产率。而且，从实际的情况看，经济因素在人的行为中仍然有着至关重要的作用。

二、个体行为理论

梅奥、罗特利斯伯格等人创立人际关系学说以后，西方许多行为科学家在此基础上进行了深入细致的研究。从研究发展的情况看，研究对象和内容大体上可分为三个层次：个体行为、团体行为、组织行为。个体行为理论又可分为两个方面的内容：有关需要、动机和激励的理论；与管理有关的人性问题的理论。

（一）关于需要、动机和激励的理论

西方行为科学家根据梅奥等人的“社会人”的概念，对人的社会方面的、心理方面的需要进行了较多的研究。他们认为，人们的行为是受动机驱使的，而动机又产生于人们本身内在的、强烈要求得到满足的各种需要。管理者可以根据人的需要和动机进行激励，调动员工的积极性，更好地完成组织目标，使员工得到充分的自我实现。关于需要、动机和激励的理论研究大体可以分为三种：

1. 激励内容理论

激励内容理论主要研究激励的内容和因素，即哪些因素可以对人产生激励作用、如何产生激励作用等问题。主要有马斯洛的需要层次论，赫茨伯格的双因素理论，克莱顿·奥尔德弗的生存、关系、发展理论，麦克利兰等人的成就需要理论，等等。

马斯洛（1908—1970）在《人类动机的理论》《激励与个人》等著作中提出的需要层次论是广为流传的一种激励理论。他认为，人是有需要的，其需要取决于他已经得到了什么、尚缺少什么，尚未满足的需要会影响人的行为。也就是说，未得到满足的需要会产生激励作用，而已经满足的需要则无激励作用。人的各种需要可以归纳为五大类：生理上的需要、安全上的需要、感情和归宿的需要、地位和受人尊敬的需要、自我实现的需要。人的五种需要具有层次关系，由低级到高级。在这些需要中，生理的需要在最低层，然后依次是安全需要、感情和归属的需要、地位和受尊敬的需要、自我实现的需要。人们一般按照这个层次从低级到高级地追求各种需要的满足。在现实社会中，人的需要并不是都能得到满足。一般说来，层次越低的需要，越容易得到满足；层次越高的，得到满足的机会就越小。当然，这并不是说不同层次的需要不能在同一时间发挥作用，而是说在某一特定时间内，总有一种需要处于主导地位，其他需要处于从属地位。

20 世纪 50 年代后期，赫茨伯格在《工作与激励》《工作与人性》等著作中，提出了激励的双因素理论。赫茨伯格在研究中发现，使人们感到满意的因素都是工作的性质和内容方面的，而使人们感到不满意的都是工作环境或者工作关系方面的。他把前者称为激励因素，把后者称为保健因素或维持因素。他认为，激励因素是以工作为中心的，而保健因素则与外部环境有关。他为激励工作指出了方向，即提高工作效率的关键在于使工作丰富化，以调动员工的积极性。

戴维·麦克利兰于 20 世纪 60 年代出版了《有成就的社会》《激励经济成就》等著作，提出了成就需要理论。他主要从社会原因方面分析激励的因素。他认为，世界上的人大体上可分为两类：少数人愿意接受挑战和艰苦的工作，以便取得成就；而大多数人对取得成就的愿望不是很强烈，情谊需要相对要强烈一些。成就需要高的人有以下三点品质：一是希望有独立解决问题的工作环境，以发挥自己的能力；二是善于根据工作需要和自己的实际情况制定可行的目标；三是他们希望自己的工作成就得到组织与别人的承认，以激励自己继续努力，不断取得新的成就。由于企业的成长和国家的发展同人们成就需要的高低有着密切的关系，所以必须通过教育提高人们的成就需要，使人们具备艰苦奋斗、努力工作的内在动力。

克莱顿·奥尔德弗在1969年的《人类需求新理论的经验测试》一文中对马斯洛的需要激励理论进行了修正。他认为，人的基本需要不像马斯洛说的那样有五种，而是只有三种，即生存、关系和发展。生存是最基本的，包括饮食、住宿、衣服等方面的需要，只有这方面的需要得到满足以后，才能谈到其他需要；关系是与其他人友好相处、有所归属的需要；发展是个人在事业、能力等方面有所成就和发展。三种需要并不都是与生俱来的，也不一定具有层次关系。由于每个人的情况不同，某种需要会占主导地位。管理者要了解员工的真正需要，以采取适当措施进行有效激励。

2. 激励过程理论

激励过程理论主要研究从动机产生到采取行动的心理过程。美国行为科学家弗鲁姆提出期望机率模式理论，认为一个人从事某项活动的动力（激励力）的大小，取决于两个因素：该项活动所产生的成果的吸引力大小和该项成果实现机率的大小。某项活动成果的吸引力是指一个人对某项活动可能产生的成果的评价；某项成果实现机率的大小即“期望机率”是指一个人对某项活动产生某一成果的可能性大小的判断。激励力促使行动，行动取得成果，成果使员工得到满足。

美国的亚当斯侧重研究工资报酬的合理性、公平性及其对员工积极性的影响，提出公平理论，认为员工的激励程度不仅受自己所得报酬的绝对额的影响，而且受到报酬的相对比较的影响。人们会将自己投入与报酬的收支比率，同别人或自己历史的收支比率进行比较。如果收支比率相等，他就会认为受到公平待遇，就会受到激励；否则，就会认为受到不公平待遇，影响工作情绪。

3. 行为改造型理论

行为改造型理论包括强化理论、归因理论等。

强化理论是美国的心理学家和行为科学家斯金纳、赫西、布兰查德等人提出的一种理论，也称为行为修正理论或行为矫正理论，主要研究行为的结果对以后行为的影响。这种理论主张对行为进行针对性的刺激，只看员工的行为和结果之间的关系，而不是突出激励的内容和过程。该理论认为人的行为是其所获刺激的函数。如果这种刺激对他有利，则这种行为就会重复出现；若对他无利，这种行为就会减弱直至消逝。

根据强化的性质和目的可把强化分为正强化和负强化。在管理上，正强化就是奖励那些组织上需要的行为，从而加强这种行为。正强化的方法包括奖金、对成绩的认可、表扬、改善工作条件和人际关系、晋升、安排担任挑战性的工作、给予学习和成长的机会等。负强化也称阴性强化，是对符合组织目标的行为，撤销或减弱原来存在的消极刺激或者条件以使这些行为发生的频率提高。负强化的方法包括撤销批评、减轻处分等，有时不给予奖励或少给奖励也是一种负强化。

归因理论是在美国心理学家海德的社会认知理论和人际关系理论的基础上，经过美国斯坦福大学教授罗斯和澳大利亚心理学家安德鲁斯等人的推动而发展壮大起来的。归因理论是说明和分析人们活动的因果关系的理论，人们用它来解释、控制和预测相关的环境，以及随这种环境而出现的行为。也称“认知理论”，即通过改变人们的自我感觉、自我认识来改变和调整人的行为的理论。

（二）与管理有关的人性问题的理论

主要包括 X—Y 理论、超 Y 理论、Z 理论等。

1. X—Y 理论

X—Y 理论是美国麻省理工学院教授道格拉斯·麦格雷格（1906—1964）1957 年在《企业的人性方面》等著作中提出的。

X 理论认为，人的本性是恶的，一般人都具有好逸恶劳、尽可能逃避工作的特性；因此对大多数人来说，仅用奖赏的办法不足以战胜其厌恶工作的倾向，必须通过强制、监督、指挥和惩罚进行威胁，才能使他们付出足够的努力去完成给定的工作目标。人的本性就是以自我为中心，漠视组织的要求；宁愿接受领导的支配，不愿主动承担责任；胸无大志，缺乏进取心，反对变革，把安全看得高于一切；通常满足于平平稳稳地完成工作，而不喜欢具有“压迫感”的困难的工作；易受欺骗，易受煽动。组织要完成既定目标，必须对员工加强管制和监督。

Y 理论则认为，人并不懒惰，员工都自觉勤奋，喜欢工作，有很强的自我控制能力，在工作中主动完成任务，在正常情况下愿意主动承担责任，且都热衷于发挥自己的才能和创造性。绝大多数人都具备做出正确决策的能力。员工对工作的好恶，取决于他们所处的环境。如果给予积极诱导和激励，员工都渴望发挥其才智。强制和惩罚不是使员工完成组织目标的唯一方法，他们在执行自愿的任务时能够自我控制和自我指挥。人具有相当高的创造力、想象力和解决工作中问题的能动性，但在现代社会条件下，人的才智仅有部分得以发挥。因此，对员工最大的报酬是自我实现需求得到满足。麦格雷格认为，只有 Y 理论才能在管理实践中获得成功。

麦格雷格的理论事实上就是对古老的“性善论”与“性恶论”的延续，而用这两种理论建立管理方式，就产生了两种完全不同的组织模式：集权式和分权式。

以X理论为指导的集权制作为一种组织类型，优点在于保证命令统一、标准一致，便于统筹全局，集中力量；层级节制分明，指挥灵便，易于应变；命令便于贯彻、执行。缺点是缺乏生机和活力；易于滋生官僚主义，影响下级主动性、创造性和积极性的发挥。

以Y理论为指导的分权制的优点在于便于发挥下级组织的工作积极性。缺点在于不易发挥组织整体功能，易产生各自为政的现象；上级不便于统筹协调；若缺乏监督，容易产生组织间的利益冲突。

2. 乔伊·洛尔施和约翰·莫尔斯的超Y理论

乔伊与约翰选了两个工厂和两个研究所作为实验对象，进行了一项重要实验。其中一个工厂和研究所完全按X理论管理；另外一个工厂和研究所则完全按Y理论管理。结果是：在任务易测定的工厂，运用X理论管理效率高，运用Y理论管理效率低；在任务难测定的研究所，运用X理论管理效率低，运用Y理论管理效率高。

他们总结出：管理方式是由工作性质、成员素质等决定的，不同的人对管理方式的要求不同。有人希望有正规化的组织与规章条例来要求自己的工作，而不愿参与问题的决策去承担责任，这种人欢迎以X理论管理。另一些人则需要更多的自治责任和发挥个人创造性的机会，这种人欢迎以Y理论管理。

3. 威廉·大内的Z理论

美国加州大学管理学院日裔美籍教授威廉·大内的Z理论是以日本企业管理经验为基础，并通过对美国的成功的大公司进行实际考察后提出的。Z理论主张：企业对职工应长期雇佣，应给予职工职业保障，不能动辄裁员；上下结合进行决策，鼓励员工参与企业管理；实行个人负责制，基层管理人员不能机械执行命令；上下级关系融洽，企业主要处处关怀员工，使员工心情舒畅；对职工进行全面的培训；长期评价与稳步提拔员工，不以“一时一事”对员工下结论；控制机制要含蓄，但检测手段要正规；实行小范围、小幅度的工作轮换制。

X—Y理论更像是对人性的心理分析，而非广泛适应和实际有效的管理指导；而Z理论则来源于管理实践，也直接指导管理实践。Z理论整体的理论体系比较符合超 Y 理论的框架，而又比超 Y 理论更现实化。

世界上任何一个企业，都是集权与分权的结合。在任何一个稍大型的企业中，从未出现过彻底的集权制或分权制。一个彻底的集权制要求一个领导负责管理企业内部所有员工，一个彻底的分权制则要求企业内部所有事务必须全部由全体员工共同表决方能实行。这两种纯粹的体制，一个违背了有效管理幅度的原则，另一个则违背了管理效率的原则。

4. “不成熟—成熟”理论

美国的克里斯·阿里吉斯在《个性和组织》等著作中还提出一种“不成熟—成熟”理论。他认为，人的个性发展，会像婴儿成长为成人一样，有一个从不成熟到成熟的连续发展过程，最后发展成健康的个性。这个过程就是从被动到主动，从依赖到独立，从缺乏自觉到自觉和自制。一个人在“不成熟—成熟”连续发展过程中所处的位置，就体现他自我实现的程度。而正式组织的性质是妨碍工人自我实现，使个人保持在不成熟阶段。要消除正式组织与个人个性健康发展之间的不协调，就要采取以下措施：采用参与式的、以员工为中心的领导方式，扩大员工的工作范围，使员工有从事多种工作的经验，加重员工的责任，更多地依靠员工的自我指挥和自我控制，等等。

三、团体行为理论

在研究个体行为的同时，行为科学家也注意对企业中的非正式组织以及人与人之间的关系进行考察，发展了团体行为理论。

原籍德国，后移居美国的库尔特·卢因提出了“团体动力学”理论。该理论论述了作为非正式组织的团体的要素、目标、内聚力、规范、结构、领导方式、参与者、行为分类、规模、对变动的反应等。卢因等人认为，正式组织有其程序和作业标准，而非正式组织的团体则有其规范。那些违反了团体规范的人，常常受到其同伴各种方式的压力，而这种压力往往比正式组织的管理者用来使人们遵守组织规则的制裁更为有力。如果管理者能够有效地影响团体规范，则能有效地提高团体的工作效率。

卢因的学生利兰·布雷德福建立了第一所“敏感性训练”实验室，在美国推广敏感性训练。其目的是，通过受训者在团体学习环境中的相互影响，提高受训者对自己的感情和情绪、自己在组织中所扮演的角色、自己与别人相互影响关系的敏感性，进而改变个人的团体行为，达到提高工作效率和满足个人需要的目标。敏感性训练一般是在实验环境中进行的，经过训练的人回到原组织或工作团体后，继续保持着训练的成果，对人际关系有较高的敏感性，从而有利于实现个人需要和组织目标。

四、组织行为理论

组织行为是现代行为科学研究的人群行为的最高层次，组织行为理论侧重于说明组织中的领导行为对组织行为与效率的影响，主要包括：

亨利、吉赛利、邓尼特、鲍莫尔等人的领导者品质理论。他们认为，领导效率的高低主要取决于领导者的品质，因而对领导者品质的问题进行了较多的研究，从领导者的个人品质、个性、特点来分析领导的成败，寻找一个成功的领导者应具备的品质，以作为挑选和培养领导者的参考。

坦南鲍姆和施米特的“领导方式连续统一体理论”认为，在企业的领导方式中，从专权式的、以上级为中心的领导方式，到极为民主的、以员工为中心的领导方式之间，是一个连续的统一体，存在着多种领导方式。一个组织究竟采用何种领导方式，取决于本组织管理者、员工的情况、组织面临的形势、长期战略目标等因素。在不同的组织之间，不会有一成不变的统一有效的领导方式。

此外，还有利克特的“支持关系理论”、斯托格第和沙特尔的四分图理论等。

五、行为科学管理理论的特点

行为科学管理理论的产生和发展是现代化大生产发展的必然产物。它把社会学、心理学、人类学等学科的知识导入管理领域，开创了管理领域的一个独具特色的学派。其主要功绩表现在以下两个方面：

一是提出了以人为中心来研究管理问题。古典管理理论强调组织形式而忽视了人，行为科学理论主张以人为中心进行管理，这是管理思想的一个重大变革。在行为科学阶段出现了许多不同的理论和假说，它们的一个共同特点是认为人的积极性是决定生产效率的关键，人是组织中最重要的资源。因此，一个管理者必须学会激励和领导员工，学会处理好人际关系。

二是肯定了人的社会性和复杂性。行为科学对人类个体、群体、组织行为的研究，揭示了人类行为的一般规律；研究重点是人的动机、人的需求、人的行为的激励和领导方式等问题；认为人的行为动机和需要是非常复杂的，人们工作不仅仅是为了物质利益。行为科学理论的发展，推动了管理思想由僵化的专制式管理方式向灵活、激励式的管理方式的转变。

行为科学吸收了心理学、社会学、人类学等学科的理论，运用社会调查、观察测验、典型试验、案例研究等科学方法对人们的行为，特别是员工在生产中的行为进行研究，提出了许多具有创见的理论学说与管理方法，促进了管理理论的迅速发展，并在实践中取得了很大的成功。但行为科学只是管理理论中的一个方面，不能解决现实管理中的所有问题。它本身既有优势也有局限，需要不断加以发展与完善。

第四节　现代管理理论

第二次世界大战后，西方又出现了许多新的管理理论，美国管理学家哈罗德·孔茨称之为“管理理论的丛林”。他将现代管理理论分为 11 个学派：(1) 管理过程学派；(2) 人际关系学派；(3) 群体行为学派；(4) 经验（或案例）学派；(5) 社会协作系统学派；(6) 社会技术系统学派；(7) 系统学派；(8) 决策理论学派；(9) 数学学派或“管理科学”学派；(10) 权变理论学派；(11) 经理角色学派。现代管理理论和思想的特点主要体现在：广泛地运用了现代自然科学和技术的最新成果发展现代管理理论、管理方法和管理手段，并更加重视人的因素。

(一) 管理过程学派

起源于亨利·法约尔的一般管理理论，代表人物是美国的哈罗德·孔茨（Harold Koontz）。该学派的主要特点是把管理学说与管理人员的职能联系起来，认为管理是一个过程，包括计划、组织、领导、控制等若干职能。无论是什么性质的组织，管理人员的职能是相同的。他们将数学、系统理论、权变理论、人际关系理论等看成是管理方法；根据管理者工作的职能分类，把管理分为计划、组织、人事、领导和控制；而协调是管理的本质。其主要缺陷是适用于稳定的组织，不适用于动态多变的环境。

(二) 人际关系学派

该学派是从 20 世纪 60 年代的人类行为学派演变而来的，代表人物是梅约、马斯洛、赫茨伯格。该学派强调，管理必须研究人际关系，注重管理中人的因素。人们为实现其目标而结成团体一起工作时，应该互相了解。应重视对组织中人的心理与行为的研究，通过满足人的合理需要，来激发人的积极性。

（三）群体行为学派

该学派是从人类行为学派中分化出来的。其理论以社会学、人类学和社会心理学为基础，着重研究群体中人的行为，而不是一般的人际关系和个人行为，也常被叫做“组织行为学派”。“组织”一词在这里可以表示公司、政府机构、医院或其他任何一种事业中一组群体关系的体系和类型；有时则按切斯特·巴纳德的用法，用来表示人们之间的协作关系。

（四）经验（案例）学派

该学派代表人物有彼得·德鲁克、欧内斯特·戴尔、艾尔弗雷德·斯隆、威廉·纽曼等。主要著作有《管理：任务、责任和实践》《有效的管理者》《伟大的组织者》《企业管理的理论与实践》等。他们认为，古典管理理论和行为科学都不能完全适应组织发展的实际需要，而成功的组织管理者的经验是最值得借鉴的。管理学就是研究管理经验。通过研究管理中成功经验或失误，就能理解管理问题，就自然学会了如何有效地管理。因此，有关组织管理的科学应该从组织管理的实际出发，分析管理人员的经验，然后加以概括，使其理论化、系统化，并据此向管理人员提供实际的建议。在管理实践上，针对泰罗的“计划、执行职能相分离”（忽视工人兴趣），提出目标管理（MBO）。

（五）社会系统学派

该学派创始人是美国的切斯特·巴纳德。他在其代表作《经理的职能》中，详细阐明了其组织理论。巴纳德认为，社会的各级组织都是一个协作的系统，即由相互协作的个人组成的系统。正式组织的存在需要有三个条件：明确的目标、协作意愿和意见交流。三个条件中若有一条不满足，组织就要解体。组织中管理人员的作用，是在协作的系统中作为成员间相互联系的中心，对协作努力进行协调，以便使组织能够正常运转。巴纳德还认为，管理人员的权威并非来自上级的授予，而是来自下级的认可、支持和合作。

巴纳德利用社会学和心理学的理论与方法，用社会的系统的观点来分析管理，将法约尔等人的组织理论向前推进了一大步。

（六）社会技术系统学派

该学派创始人是特里司特及其英国塔维斯托克研究所的同事。其主要贡献是：通过对英国煤矿中长壁采煤法生产问题的研究，发现只分析企业中的社会方面是不够的，还必须注意其技术方面。企业中的技术系统（如机器设备和采掘方法）对社会系统有很大的影响。个人态度和群体行为都受到人们在其中工作的技术系统的重大影响。必须把企业中的社会系统同技术系统结合起来考虑，而管理者的一项主要任务就是要确保这两个系统相互协调。

（七）系统管理学派

系统管理理论来源于一般系统理论和控制论，也受到社会系统理论的一定影响，侧重于用系统的观念来考察组织结构及管理的基本职能。代表人物有卡斯特、罗森茨韦克等人，主要著作有《系统理论和管理》《组织与管理：系统与权变的方法》等。其理论以系统为基础来研究管理，认为组织是由相互联系的若干要素组成、为环境所影响并反过来影响环境的开放的社会技术系统，由目标和价值、结构、技术、社会心理、管理等五个分系统组成。系统管理强调任何组织都是由若干子系统构成，组织中任何子系统的变化都会影响其他子系统的变化。企业的经营系统可以划分为战略子系统、协调子系统和作业子系统。管理工作强调各个子系统之间的协调，以实现组织大系统的整体优化，更好地实现组织的总目标。系统管理学派在20世纪60年代曾风行一时，后来，由于它不能满足各方面的期望而逐渐受到冷落。

（八）决策理论学派

该学派代表人物是美国的赫伯特·西蒙、詹姆士·马奇，主要的著作有《组织》《管理决策新科学》等。决策理论学派是从社会系统学派发展而来的，并在发展过程中吸收了行为科学、系统理论、运筹学、计算机等学科的内容。西蒙由于在决策理论的研究上做出了贡献，获得1978年度的诺贝尔经济学奖。西蒙等人认为，管理的研究对象不是作业，是决策；管理的关键在于决策，决策贯穿于管理的全过程，管理活动的全部过程都是决策的过程，管理就是决策。组织是由作为决策者的个人所组成的系统。决策是管理人员的主要任务，管理人员应该集中研究决策问题。西蒙将决策分为程序性决策和非程序性决策，他的研究重点放在非程序性决策方面，提倡用电子计算机模拟人类思考和解决决策问题。该学派对决策的过程、决策的准则、程序化的决策和非程序化的决策、组织机构的建立与决策过程的联系等问题进行了研究与分析。

（九）管理科学学派

管理科学学派又称数理学派，是泰罗科学管理理论在新时期的发展，但又不是泰罗理论的简单延续，而是在泰罗理论的基础之上，将最新科学技术成果应用到管理工作的各个方面，形成了许多新的管理思想和管理技术，使管理工作的科学性达到了新的高度。其代表人物是美国的伯法等人，主要著作为《现代生产管理》等。该学派认为，管理中要建立一整套决策程序和数学模型以增加决策的科学性，运用数学符号和公式进行计划决策和解决管理中的问题，求出最佳方案，实现企业目标，尽量减少决策的个人艺术成分。管理科学就是以经济效果作为评价管理方案的依据，建立用于管理决策的数学模式与程序的系统，并通过计算机将其应用于管理实际。

（十）权变理论学派

该学派形成于20世纪70年代的美国，代表人物有弗雷德·卢桑斯、菲德勒、豪斯等。美国学者卢桑斯（F. Luthans）在1976年出版的《管理导论：一种权变学》一书中系统地概括了权变管理理论。他认为，权变理论就是要把环境对管理的作用具体化，并使管理理论与管理实践紧密地联系起来；环境是自变量，而管理的观念和技术是因变量。比如，如果在经济衰退时期，企业在供过于求的市场中经营，采用集权的组织结构，就更适于达到组织目标；如果在经济繁荣时期，在供不应求的市场中经营，那么采用分权的组织结构可能会更好一些。权变管理理论的核心内容就是环境变量与管理变量之间的函数关系，也就是权变关系。

权变理论认为，组织及其成员的行为是复杂和不断变化的，且环境复杂必然也给管理的有效性带来困难，从而使以前的各种管理理论适用的范围越来越窄，例外的情况越来越多。因此，没有什么一成不变的、普遍适用的“最好的”管理理论和方法。在管理中要根据企业所处的内外条件随机应变，管理方式或方法应该随着情况的改变而变化。权变理论在某些方面比较符合美国社会在科技、经济、政治等方面剧烈变动的现实，在20世纪70年代的美国曾非常盛行。

（十一）经理角色学派

经理角色学派是20世纪70年代出现的一个管理学派，代表人物是亨利·明茨伯格（Henry Mintzbery）。它之所以被人们称为经理角色学派，是由于它以对经理所担任角色的分析为中心来考虑经理的职务和工作，以求提高管理效率。该学派所指的“经理”是指一个正式组织或组织单位的主要负责人，拥有正式的权力和职位，而“角色”这一概念是从舞台的术语中借用的，是指属于一定职责或地位的一套有条理的行为。

经理角色学派理论来源于对传统管理职能的认识。该学派对经理工作的特点、所担任的角色、工作目标及经理职务类型进行了分析，并对影响经理工作的因素以及如何提高经理工作效率等重点问题进行了考察与研究。通过调查、分析与研究，他们认为总经理们并不按人们通常认为的那种职能分工行事，而是还进行许多别的工作。经理有以下特点：大量的工作，始终不懈的步调；工作活动具有简短性、多样性、琐碎性；把现实的活动放在优先地位；爱用口头交谈方式；处在他的组织与联络网之间。他们将经理所担任的角色分为互相联系、不可分割的三类十种，即：人际关系方面，包括挂名首脑、领导者、联络者三种；信息方面，包括信息收受者、传播者、发言人三种；决策方面，包括企业家、故障排除者、资源分配者、谈判者四种。

经理角色理论是在现代企业组织理论基础上发展起来的。企业经营权与所有权分离之后，经理便成为一种职业，经理角色理论应运而生。该理论不仅对人们理解经理人的角色、工作性质、职能具有重要意义，而且还对如何提高经理工作效率，尤其是对改革中国传统的经营管理体制（如激励机制、监控机制、决策机制）具有重要的现实意义。由于经理工作极为重要，权力又非常之大，其行为的影响又非常深远，因此如何建立既不影响经理发挥职能，又能有效发挥其积极性、创造性，同时又能约束其滥用职权的制度，是中国目前建立现代企业制度的当务之急。经理角色理论为这方面的改革提供了比较好的理论参考。

第五节　管理理论新发展

20 世纪 80 年代以来，西方管理学界出现了许多新的管理理论，这些理论代表了管理理论发展的新趋势。

（一）企业战略理论

企业战略是 20 世纪 60 年代在美国出现的，是有关企业长远和全局发展的谋划和策略。80 年代以来，企业战略得到了进一步的完善，企业管理进入了战略管理时期。

企业战略是对企业各种战略的统称，包括竞争战略、营销战略、发展战略、品牌战略、融资战略、技术开发战略、人才开发战略、资源开发战略、信息化战略等等。企业战略虽有多种，但基本属性是相同的，都是对企业整体性、长期性、基本性问题的谋划。

企业战略是设立远景目标并对实现目标的轨迹进行总体性、指导性的谋划，属宏观管理范畴，它具有六大主要特征：

1. 指导性。企业战略界定了企业的经营方向、远景目标，明确了企业的经营方针和行动指南，并筹划了实现目标的发展轨迹及指导性的措施、对策，在企业经营管理活动中起着导向的作用。

2. 全局性。企业战略立足于未来，通过对国际、国内的政治、经济、文化及行业等经营环境的深入分析，结合自身资源，站在系统管理高度，对企业的长远发展轨迹进行了全面的规划。

3. 长远性。“今天的努力是为明天的收获”“人无远虑、必有近忧”，企业战略着眼于长期生存和长远发展，确立了远景目标，并谋划了实现远景目标的发展轨迹及宏观管理的措施、对策。而且，围绕远景目标，企业战略必须经历一个持续、长远的奋斗过程，因此，除根据市场变化进行必要的调整外，制定的战略通常不能朝令夕改，具有长效的稳定性。

4. 竞争性。竞争是市场经济不可回避的现实，也正是因为有竞争，才决定了“战略”在经营管理中的主导地位。面对竞争，企业战略需要进行内外环境分析，明确自身的资源优势，通过设计合适的经营模式，形成特色经营，增强企业的抗压力和战斗力，推动企业长远、健康发展。

5. 系统性。立足长远发展，企业战略确立了远景目标，并需围绕远景目标设立阶段目标及实现各阶段目标的经营策略，以构成一个环环相扣的战略目标体系。同时，根据组织关系，企业战略需由决策层战略、事业单位战略、职能部门战略三个层级构成一体。

决策层战略是企业总体的指导性战略，决定企业经营方针、投资规模、经营方向和远景目标等战略要素，是战略的核心。事业单位战略是企业独立核算经营单位或相对独立的经营单位，遵照决策层的战略指导思想，通过竞争环境分析，侧重市场与产品，对自身生存和发展轨迹进行的长远谋划。职能部门战略是企业各职能部门，遵照决策层的战略指导思想，结合事业单位战略，侧重分工协作，对本部门的长远目标、资源调配等战略支持保障体系进行的总体性谋划，比如策划部战略、采购部战略等。

6. 风险性。企业做出任何一项决策都存在风险，战略决策也不例外。市场研究深入，行业发展趋势预测准确，设立的远景目标客观，各战略阶段人、财、物等资源调配得当，战略形态选择科学，制定的战略就能引导企业健康、快速发展；反之，仅凭个人主观意见判断市场，设立目标过于理想或对行业的发展趋势预测偏差，制定的战略就会产生管理误导，甚至给企业带来破产的风险。

（二）企业文化理论

企业文化理论是20世纪80年代以来企业管理科学理论丛林中衍生出来的一个新理论。

企业文化理论发源于美国，而实践却首先在日本得到较快的发展。战后日本经济迅速发展，对美国提出了强烈的挑战，也促使管理学界对现代管理理论进行认真反思。通过对不同国家管理制度的比较研究，尤其是对日、美两国管理制度的比较研究，企业文化理论出现并日益受到人们重视。

从1981年到1982年，美国管理学界连续推出了四部重要著作，把人们引入了企业文化这一新领域。这四部著作是：威廉·大内的《Z理论：美国企业界怎样迎接日本的挑战》、理查德·帕斯卡尔与安东尼·阿索斯的《日本企业管理艺术》、阿伦·肯尼迪与特伦斯·迪尔的《西方企业文化》和托马斯·彼得斯与小罗伯特·沃特曼的《寻求优势：美国最成功公司的经验》，它们成为企业文化理论的奠基之作。

企业文化是企业在长期的生产经营和管理活动中创造的具有本企业特色的精神文化和物质文化，是企业在生产经营中所形成的一种基本的精神和凝聚力，是全体员工共同具有的价值观念和行为准则。为了便于理解，人们通常把企业文化按照由表及里、层层分解的原则，分为三个层次，即浅表层文化（物质文化）、中层文化（制度文化）和核心层文化（精神文化）。

1. 浅表层文化（物质文化）。它主要表现为代表公司形象的一些标识文化。包括呈物质形态的CI形象策划、公司外观、办公场所设计风格、带有公司标识的办公用品、员工服饰、公司的产品包装设计、产品质量乃至企业的活动文化（如个体或团体的共性语言和行为）和礼仪文化等等，它是企业文化外在形象的具体体现。

2. 中层文化（制度文化）。中层文化是把企业精神和物质文化二者联系起来的纽带，它使企业文化制度化、规范化。它又可分为两个层次的内容：一是企业要有一个规范化的管理体系，二是要有非常规范的管理制度。制度文化是公司非常重要的基础建设。没有基础建设，房子盖得越高，盖得越快，倒得也就越快。没有制度文化的支撑，公司就无法真正地发展和壮大。

3. 核心层文化（精神文化）。也叫企业精神。它是企业的意识形态文化，是企业文化的核心。它包括呈观念形态的经营哲学、企业价值观、共同意识、共同的理想信念、文化传统和职业道德等等。从高处说，它是一个企业最具特色的生存文化，决定企业的生存和发展；从低处说，它又代表和决定着企业和企业每一位员工的基本素质。它影响甚至改变着企业每一位员工的价值观和理想信念，在潜意识里指导着企业每个人的思想和言行，使企业在不知不觉中潜移默化地形成强大的凝聚力。

在企业文化的三个层次中，核心层的精神文化是最重要的，它是企业文化的灵魂，决定着企业的制度文化和物质文化的档次和品位，决定着企业的制度文化能否最终落到实处，决定着企业的物质文化的质量和走向；中层的制度文化是关键，是铸造企业精神文化的最有力保证；浅表层的物质文化则是基础，是企业精神文化和制度文化的外在体现。三者相互制约，相互促进，缺一不可。

优秀的企业文化在企业的生产经营中能够发挥重大的作用。具体表现在：作为全体员工的共同的价值观，对员工产生内在的号召力，并对员工的心理活动和行为起到规范作用；能减少企业内部的摩擦，形成良好的人际关系，增强企业凝聚力；能增强员工的荣誉感和责任感，使员工自觉维护企业的声誉和形象。

鉴于日本经济在战后的腾飞，企业文化理论发展的初始阶段主要是比较美国企业与日本企业之间的差别，并分析日本企业的成功之处。他们指出日本企业重视“软性”的管理技能，而美国企业则过分依赖“硬性”的管理技能；美国企业在注意研究管理体制、系统、方法的时候，忽视了生产产品和提供服务的员工的需要，导致企业文化建设滞后，影响了企业的竞争力。他们主张美国企业界向日本学习。

后来，随着美国经济的复苏，管理学家也注意研究美国成功企业的管理经验。经过研究，他们认为，企业文化对企业有起死回生的作用。企业的成功并不是靠所谓的现代管理理论，而是由于企业管理者更善于关心顾客及员工。成功的管理最重要的基本原则是唤起员工对组织的自豪感和对工作的满腔热情。

20世纪80年代后期，美国经济开始复苏和繁荣，在一定程度上削弱了西方管理学界照搬日本模式的努力，但并没有影响人们对企业文化理论的研究热情。世界各国企业界纷纷根据本国和本企业的特点，进行企业文化建设，更加信任、重视、依靠企业的员工和自己的顾客，用符合时代特色和本国实际情况的优秀企业文化建设来获得企业与社会的最佳效益。

（三）学习型组织理论

学习型组织（Learning Organization），是由美国学者彼得·圣吉

(Peter M. Senge) 1990 年在《第五项修炼：学习型组织的艺术与实务》(*The Fifth Discipline*) 一书中提出的。

学习型组织不存在单一的模型，它是关于组织的概念和雇员作用的一种态度或理念，是用一种新的思维方式对组织的思考。在学习型组织中，每个人都要参与识别和解决问题，使组织能够进行不断的尝试，改善和提高它的能力。学习型组织的基本价值在于解决问题，与之相对的传统组织设计的着眼点是效率。在学习型组织内，雇员参与识别问题，这意味着要懂得顾客的需要；雇员还要解决问题，这意味着要以一种独特的方式将一切综合起来考虑以满足顾客的需要。组织因此通过确定新的需要并满足这些需要来提高其价值。组织往往通过新的观念和信息而不是物质的产品来实现价值的提高。

在轰动世界管理界之作《第五项修炼：学习型组织的艺术与实务》中，彼得·圣吉提出了学习型组织的五项修炼技能：

1. 建立共同愿景。愿景是指对未来的愿望和意象。企业作为一个组织，是以个人为单元的。企业一旦建立了共同愿景，建立了全体员工共同认可的目标，就能充分发挥每个人的力量。共同愿景的建立是对每一个人的利益的融合。

2. 改变心智模式。不同的人，对同一事物的看法不同，是因为他们的心智模式不同。人们在分析事物时，需要运用已有的心智模式作为基础。但是，如果现有的心智模式已不能反映客观事物，那么就会导致错误的判断。而改变心智模式的办法是，一要反思自己的心智模式，二要探询他人的心智模式，从自己与别人的心智模式的比较中完善自己的心智模式。

3. 超越自我。超越自我既指组织要超越自我，又指组织中的个人要超越自我。超越自我不是不要个人利益，而是要有更远大的目标，要从长期利益和全局的整体利益出发。

4. 系统思考。一要系统的观点，二要动态的观点。系统思考不仅是要学习一种思考方法，更重要的是要在实践中反复运用，以便从任何局部的蛛丝马迹中看到整体的变动。

5. 团队学习。团队学习是发展员工与团体的合作关系，使每个人的力量都能通过集体得以实现。团队学习的目的，一是避免无效的矛盾和冲突，二是让个别人的智慧成为集体的智慧。

团队学习一种很重要的形式是深度会谈。深度会谈是对企业的重大而又复杂的议题进行开放性的交流，使每一个人不仅能表达自己的看法，同时也能了解别人的观点，通过交流，减少差异，实现相互协作配合。

学习型组织理论弥补了传统企业组织的缺陷，解决了企业生存活力的问题，为组织创新提供了一种操作性比较强的技术手段，提升了企业的核心竞争力。学习型组织理论的提出和一套完整的修炼法的确立，实际上宣告整个管理学范式在彼得·圣吉这里发生了转变。

（四）企业再造

企业再造又称企业流程再造、业务流程重组（Business Process Re-engineering/Business Process Redesign），简称 BPR，是 20 世纪 90 年代初在美国出现的关于企业经营管理方式的一种新的理论和方法。1993 年，迈克尔·哈默与詹姆斯·钱皮在合著的《企业再造工程》一书中提出了这一概念。

企业再造强调以业务流程为改造对象和中心，以关心客户的需求和满意度为目标，对现有的业务流程进行根本的再思考和彻底的再设计；利用先进的制造技术、信息技术以及现代的管理手段，最大限度地实现技术上的功能集成和管理上的职能集成，以打破传统的职能型组织结构，建立全新的过程型组织结构，从而使企业必须把重点从过去的计划、控制和增长转到速度、创新、质量、服务和成本等方面的改善。企业再造的目的是提高企业竞争力，从业务流程上保证企业能以最小的成本将高质量的产品和优质的服务提供给企业客户，以吸引顾客、赢得竞争和适应变化。

企业再造的实施方法是，以先进的信息系统和信息技术为手段，以顾客中长期需要为目标，通过最大限度地减少对产品增值无实质作用的环节和过程，建立起科学的组织结构和业务流程，使产品的质量和规模发生质的变化。

企业再造的基本内容是，以企业生产或服务作业的流程为审视对象（从多个角度，重新审视其功能、作用、效率、成本、速度、可靠性、准确性，找出其不合理因素），以效率和效益为中心对作业流程和服务流程进行重新构造，以实现业绩的质的飞跃和突破。

企业再造是近年国外管理界在全面质量管理（TQM）、准时生产（JIT）、工作流管理（WORKFLOW）、团队管理（WORKTEAM）、标杆管理（BENCHMARK）等一系列管理理论与实践全面展开并获得成功的基础上产生的，是西方发达国家对已运行了 100 多年的专业分工细化及组织分层制的一次反思及大幅度改进，是对企业僵化的官僚主义的彻底改革。

“再造工程”在欧美企业中受到了高度的重视，因而得到迅速推广。美国及西方各类公司形成了BPR改革的热潮，并带来了显著的经济效益，涌现出大批成功的范例。美国的一些大公司，如IBM、通用汽车、福特汽车等实施BPR以后，均取得了巨大成功。

（五）管理伦理学研究

近年来，西方管理学界出现了一个值得注意的新动向，即对管理伦理学的研究。

重视管理伦理问题，是现实经济发展的要求。西方资本主义经济经过几百年的发展，在付出了巨大的代价后，发现要发展市场经济，伦理问题是不能忽视的。因为市场经济讲究公平竞争，就需要竞争规则来约束和规范社会成员的行为。竞争规则和市场秩序的建立与维护一方面要靠法制建设，另一方面要依靠信誉、人格、良知等来规范和约束人们的行为，建立健康的相互交往的关系。如果没有健康的伦理关系，市场经济就会蜕化变质，相互欺骗、权钱交易等丑恶现象就会横行无忌，给人类社会带来灾难。

伦理学是从道德意识的高度去研究正确处理人与人之间关系的学问，它强调充分发挥人们的道德自觉性来调整社会关系中的矛盾，以达到控制社会的目的。而管理学则是通过行使各种管理职能，来调节、控制组织的活动，以达到提高效率的目的。伦理问题是管理中的两难问题，反映了企业经济行为与社会行为（企业应尽义务）之间的冲突。

实际上，自古以来的管理都要面对人类社会的伦理问题。中国古代的传统管理思想有着浓厚的伦理色彩。中国的传统管理讲究“道德型”管理。孔子说：“道之以政，齐之以刑，民免而无耻；道之以德，齐之以礼，有耻且格。”充分肯定了道德规范在社会管理中的地位与作用。

现在，伦理学中关于道德调节的理论不断地渗透到管理科学之中，用以调节、沟通人与人、人与社会、人与自然之间的矛盾，使管理更符合社会发展的要求，更富有人情味，从而促进了管理科学理论向纵深发展，开辟了管理学研究的新领域。

管理学与伦理学融合就形成了管理伦理学。管理伦理学主要是讨论企业的经济行为与企业的社会行为之间的冲突问题，讨论管理者与员工、顾客、股东、债主、供货商、批发商等人员或组织的关系，从新的视角和思路对整个社会经济活动中的各种现象进行观察与分析，对公平与效率问题进行研究与探讨，寻找到一定的道德标准，使企业的经济行为与社会行为之间达到平衡，使管理真正为社会发展与人类幸福服务。

管理伦理学研究的主要问题包括：研究微观经济理论的道德内涵，寻找管理决策的社会目标和理论基础；伦理标准与法律规则在管理决策中的地位与作用；管理伦理学分析的方法；伦理规范与组织设计；等等。

（六）虚拟企业

虚拟企业（Virtual Enterprise）是由肯尼思·普瑞斯（Kenneth Preiss)、史蒂文·戈德曼（Steven·L·Goldman)、罗杰·N·内格尔（Roger·N·Nagel）三人在1991年编写的一份重要报告——《21世纪的生产企业研究：工业决定未来》中首先提出的。这份报告受到美国国会的重视，为国防部所采纳。在这份报告中，虚拟组织一词被第一次提出来，当时该词的含义很简单，仅作为一种比较重要的企业系统化革新手段被加以阐述。此后，虚拟组织概念得到发展，也日益受到重视。

传统的企业概念下，一般企业都有研究、设计、生产、营销、人事、财务等完整的功能，而虚拟企业是仅仅保留某些关键功能，其余的一些功能则被虚拟化，借用外部力量来整合。虚拟企业所借用的外部力量，有的是生产商、供应商，有的是营销商或用户，有的还可能是自己的对手。

国外的虚拟企业主要有两大类：一类是非资本虚拟，即将企业生产、销售、研究开发的有关环节委托给其他企业去做，相互之间无资本联系。如耐克公司自己主要从事鞋品的研究开发，而把鞋品的生产和销售委托给其他有实力的企业。另一类是资本虚拟，如借用自己的控股和参股公司的力量，来完成某些生产制造和营销服务的功能。

虚拟企业大多数都是以技术联盟为核心，具有组织结构的松散性、经营上的灵活性、经营风险的共担性和收益共享性的基本特征。虚拟企业看上去像是个企业，它实质上是由几个独立的企业所组成，来分担不同的生产经营管理功能。

第三章　现代管理的原理与方法

管理原理是对现实管理活动进行科学分析、总结归纳而形成的理论，是管理实践的基本规律，对现实一切管理活动具有普遍的指导意义。

为了达到管理的目标，管理者必须借助于具体的管理方式、方法、手段、措施和途径等。管理方法是管理原理的延伸和具体化，是实现组织管理目标的手段，是把管理原理贯彻于实践的艺术。

第一节　现代管理原理

一、系统原理

系统是相互作用的诸要素按一定的秩序和内部联系组合而成的整体。任何社会组织都是由人、物、信息等因素组成的系统，如社会是一个系统，文化部门是一个系统，一个文化企业是一个系统，文化企业中的一个部门也是一个系统。所以，所有的管理都是对系统的管理，一切管理都要从系统的观点出发，根据系统特性制定措施与方案。

（一）系统的特性

系统的特性主要表现在三个方面：

一是系统的集合性。一个系统至少由两个以上的相互区别的子系统构成。构成系统的子系统通称为要素，不同的要素构成不同的系统，这是系统的集合性。

二是系统的相关性。构成系统的各要素之间是一种相互依存、相互制约的关系。子系统与系统之间具有相关性，系统的存在与发展是子系统存在与发展的前提，各子系统的存在与发展都要受到系统的制约。如文化产业系统中的博物馆、影视业、网络业等子系统的发展，都要受到文化产业这一系统整体发展水平的制约。系统内部各子系统或要素之间具有相关性，系统内某一要素的变化会影响其他要素的变化，而各要素之间的关系状态也会对各子系统和系统的发展变化产生相当重要的影响。

三是系统的有序性。系统的结构是有层次的，组成系统的各子系统分别在系统中处于不同的位置。社会系统有宏观与微观之分，而在微观方面也还存在层次性。由于系统层次性的普遍性，系统概念本身就具有层次性，有子系统、系统、大系统、巨系统等。系统的大小是相对的，如影视业对于文化产业来说是子系统，对影视业内的各部门来说又是大系统。系统内各层次的要素之间存在着有机联系，各处于不同位置，负有不同的责任。

（二）系统原理应遵循的原则

由于系统的上述特性，管理的系统原理的基本点或者说应遵循的原则有以下几方面：

第一，整体性原则。系统是构成要素组成的有机体，但系统的功能不是子系统功能的简单相加。子系统在组成了系统后，产生了系统的总体功能。总体功能对于子系统的功能来说是一种质变，大大超过了各子系统功能的总和。因此，系统内各要素之间的相互关系以及要素与系统之间的相互关系的处理要以系统的整体为依据，局部要服从整体。

从子系统与系统的相互关系来看，子系统的目标与系统的目标之间存在着复杂的联系。当子系统与系统发生矛盾时，局部利益必须服从整体利益。

第二，责任原则。管理者要从系统整体的角度出发，明确系统整体与各构成要素的关系，明确各要素应负担的责任。

为了提高管理的有效性，就要对系统的总目标以及如何实现目标进行认真细致的策划，再将总目标分解成一个个分目标，分别落实到各子系统，建立岗位责任制，使每项工作规范化，形成有序的系统结构，保证总体目标的实现。为了更好地发挥系统整体的功能，还要注意提高各要素的功能与素质，协调好各要素之间的关系，改善系统结构，提高系统整体效率。

第三，环境适应性原则。任何系统都不是孤立存在的，都要与周围的环境不断交流物质、能量与信息，才能维持系统的正常运转。因此，任何系统都不是封闭的，而是开放的，对外开放是系统的生命。

系统对环境的适应不是被动的，而应是能动的。环境可以对系统施加影响与作用，使系统发生某些相应的变化；系统也可以作用和影响环境，改变环境。明智的管理者必须充分估计到外部环境对本系统的种种影响，努力去适应环境，在适应环境的过程中不断进行各种交流，保持系统的活力。

文化行业或文化企业必须通过投入产出与社会进行交流，获得经济收益及经营所需的各种资源。作为文化企业的管理者，既要注意环境对企业的影响，适应社会环境，因势利导搞好经营管理，又要有勇气去影响和改变环境，为企业经营管理创造更好的外部条件。

第四，动态性原则。系统是运动着的有机体，其稳定是相对的，而运动是绝对的。系统本身与构成系统的各要素都处于发展变化之中，而且，要素与要素之间、要素与系统之间、系统与环境之间的关系也会不断发展变化。

如文化产业是社会的子系统，它为适应社会经济文化发展的需要，必须不断地完善和改变自己的功能，而组成文化产业的各种行业的功能以及相互之间的关系也要相应发生变化。文化产业系统就在这种不断发展变化的动态过程中生存与发展。

由于任何管理对象都是复杂多变的系统，管理者就要注意把握管理对象运动变化的规律和趋势，实行动态管理。通过对系统的整体、要素、相互关系的变化及其结果的分析，达到对管理对象的有效控制。

实行动态管理必须注意两点：

一是要重视信息反馈的重要性。系统的活动是按预定的计划进行的，但由于系统的各种因素都处于不断的发展变化过程之中，系统的实际活动情况很难与计划保持完全一致。系统要靠信息反馈来观察计划的实施情况，也要根据信息反馈的情况，不断采取措施：或纠正行动偏差，使行动与计划保持一致；或修订计划，使计划能够适应内外条件的变化。

二是管理应保持一定的弹性。管理者在进行决策、制定计划时，受自身知识、能力、经验和外部条件的限制，其决策不可能尽善尽美。而且经营管理中能够应用的资源是有限的，组织必须利用有限的资源来实现组织的目标。但要求管理者明察秋毫、事事兼顾是不现实的。因此，在制定计划配置资源时要留有余地，管理计划应有一定的灵活性。特别是在管理的关键环节上要保持足够的弹性，备有备选方案，以增强组织对环境的适应能力和对系统运行的控制能力。要充分估计未来不确定性因素的影响，保留管理活动适应未来发展变化的空间，并在实践过程中不断完善，不断探索新的管理方法和方式以适应管理对象的变化。

二、效益原理

系统一般都有其明确的目标和特定的功能，系统内的构成要素都是为了完成既定目标而协同活动的。不论是整个文化行业，还是某个文化企业，都是人造系统，都是为文化活动提供服务的，通过服务达到系统的目标，即获得效益。

效益是指有效产出与投入之间的一种比例关系，可以分为社会效益和经济效益。经济效益是指既能节约消耗、增加利润，又能符合市场交换需要和消费需要的效益，主要是追求利润的最大化。对于经济组织来说，经济效益是组织追求的基本目标。社会效益是指组织对社会发展和人民根本利益所做的贡献。经济组织的社会效益体现在三个方面：为国家创造税收，创造就业机会，促进社会文明发展与进步。经济效益与社会效益有区别也有紧密的联系。经济效益是社会效益的基础，而追求社会效益是提高经济效益的重要条件。

管理工作的根本目的在于创造更多的经济效益和社会效益，充分发挥管理的生产力职能。管理效益的大小取决于系统目标、管理效能和管理效率三个因素的具体情况。管理效能是管理系统具备的有效行为的能力，如系统构成要素的情况、系统的结构、系统管理体制等。管理效率是指一定时间内实际完成的工作量与计划完成的工作量之比，比值越大，管理效率就越高。

效益原理实际就是管理活动要围绕系统的整体目标，提高管理效能和管理效率，以便获得最佳的管理效益。提高管理效益应注意以下几个方面：

第一，优化系统目标。系统目标对管理效益有着深刻影响，目标不正确，管理就无法取得最佳效益，目标选择不当甚至还会带来负效益。提高管理效益的首要问题是科学设置系统的目标体系，对系统的整体目标及子系统的分目标进行优化。

第二，优化管理要素和管理结构。一个组织系统管理效能的高低，取决于组织构成要素的素质和这些要素相互联系的结构。要取得较高的管理效益就要不断优化系统的构成要素和系统结构。

第三，提高管理效率。管理效率是实现管理效益的重要条件，只有有效率的管理才能取得预期的效益。

第四，注意价值实现。经济组织的活动过程是创造价值与使用价值的过程。所创造的使用价值只有被市场接受，其产品或服务的成本和费用才能得到补偿，才会产生效益。经济组织向社会所提供的商品必须充分考虑社会的需要，以尽可能低的成本及费用为顾客提供满意的使用价值，这样，组织才能取得好的经济效益。

第五，加强方案的可行性研究。管理是围绕着组织的目标进行的，但实现目标的途径或方案可能有多种选择。管理者要对实现目标的途径和方案进行认真的系统分析，确认方案的可行性程度，以保证顺利实现目标，使管理活动取得应有效益。

第六，综合考虑长远利益与短期利益。组织时刻处于激烈竞争、瞬息万变的市场环境之中。在这种情况下，管理者必须具有远见卓识和改革开创精神，不能只顾眼前的短期效益，而应追求组织长远的稳定的高效益，才能保证组织有长期、稳定的较高经济效益，组织才能持久地兴旺发达。

三、人本原理

人本原理就是以人为中心的管理思想。即以对人的管理为核心，以激励人的行为、调动人的积极性为根本，使组织的员工主动、积极、创造性地完成自己的任务，实现组织的高效益。

人本原理的内容主要有：

第一，要明确树立员工是组织主体的思想。

传统管理理论，把劳动者视为生产过程中一个不可缺少的要素和管理的客体，而不注意发挥人的主观能动性。随着社会经济的发展，在对日本企业管理经验的剖析中，管理学界认识到员工在企业生产经营中的重要作用，形成了以人为中心的管理思想。

在中国传统文化背景和社会主义市场经济条件下，人是各类组织的主体，管理既是对人的管理，也是为人的管理。组织管理的目的，不单纯是为社会提供商品或服务，也包括为组织内部员工的发展服务。

管理离不开员工的参与。在管理的权力分配方面，通常有两种模式：一种是高度集权，依靠严格的管理和铁的纪律，达到组织目标统一，实现工作的高效率；另一种是适度分权，依靠科学管理和员工参与，使个人利益与组织利益相结合，促使员工为了共同的目标而努力工作，达到组织的高效率。当今社会条件下，员工就业和流动较为容易，社会环境比较宽松，采用适度分权、员工高度参与的模式无疑会更有效。

员工参与组织管理的途径可以多种多样，就现代企业来说，主要有三种基本的形式：一是通过职工代表大会选举代表参加企业的最高决策机构——企业管理委员会；二是通过职工代表大会选举代表参加企业的最高监督机构——监事会；三是职工广泛参加企业的日常生产经营管理。

第二，能级原则。

人是平等的，但也是存在差异的。人的能力发展水平和发展速度也因人而异：有人能力发展速度快一些，表现为早熟；有人能力发展慢一些，表现为晚熟。在完成同一活动的过程中，不同的人表现出不同的能力，采取的能力组合也往往不同。如有的人富于概括性和整体性，有的人则善于观察细节，分析能力较强；有的人依靠高超的技术，有的人则主要靠勤奋和踏实。人的能力的特点决定了他更适合某种类型的工作或某一层次的岗位。

在日常管理中，为了使管理活动高效有序地进行，必须在组织系统中建立一定的管理层次，构成相对稳定的组织管理结构系统。然后，按照能级对应的原则，根据各成员的个人能力情况，把他们安排在合适的管理层次和管理岗位上，以充分发挥每个人的能力。

在人员选拔和工作安排方面要做到量才录用，任人唯贤，人尽其能，使员工的文化水平、技术与能力水平与实际工作岗位的要求相匹配；既不要造成人才浪费，也不要使员工感到力不从心。对管理人员的选拔考核和任命要考虑不同的管理层次对管理者能力结构的特殊要求。如高层管理者需要较强的管理能力，而基层管理者则需要更高的技术能力。要根据实际工作的需要，用人所长。管理者还要注意加强对员工的培训，使员工能够承担更具有难度和挑战性的工作，激发其工作积极性。

第三，动力原则。

管理的动力是指在管理活动中可导致人们的活动朝着有助于实现组织整体目标方向做有序的、合乎管理要求的定向运动的一种力量。管理的动力来自人们对满足各种需要的追求。

组织管理的效益来源于组织的运行效率，而组织效率的提高从根本上说要依靠人的积极性。人的积极性的产生与维持需要某些动力，正确运用这些动力调动员工的积极性是管理者的责任。

在管理活动中管理的动力来源有三：物质动力、精神动力和信息动力。

物质动力是能够激发人的积极性的物质性因素。物质动力与个人的物质性需要有关。由于对物质利益的需要是人的最基本需要，物质动力是员工工作的根本动力，也是企业经营管理的重要手段。不过，在使用物质动力时，应注意物质动力对不同人的激励作用的差异，对不同需要的人运用不同类型的物质动力，以获得最佳的激励效果。

精神动力是指能够激发人的动机的精神方面的因素，包括兴趣、理想、信仰、情谊、成就感等。与物质动力相比，精神动力具有强烈和持久的特点。由于精神性需要与人们的人生观、价值观相联系，所以一旦产生和确定，就能够成为强烈和持久的精神动力。

信息动力是外部社会与经济发展的信息中对人们起激励作用的因素，信息动力实际上是一种竞争的动力。外部环境与组织间的信息交流，使组织能够获得世界发展的情况，了解市场需求，成为组织生存与发展的动力。

在管理实践中，三种动力要综合运用，根据管理的时间、地点、条件的差异，灵活运用管理的动力原则，并且要建立有效的管理的动力机制。管理的动力有大小，也有方向，要顺利实现组织的目标，就要使动力的方向与组织目标保持一致。管理者必须通过有效途径，构造有效而灵敏的机制，控制和协调各种动力的方向，促进目标的实现。

第四，行为原则。

现代管理心理学强调，需要与动机是决定人的行为的基础，人类行为的规律是需要决定动机，动机产生行为，行为指向目标。目标完成后需要得到满足，于是又产生新的需要、动机、行为，以实现新的目标。掌握了这一规律，管理者就应该对自己下属的行为进行行之有效的科学管理，最大限度发掘员工的潜能。

第五，纪律原则。

没有规矩不成方圆。现代社会的组织，没有纪律也是不可能长期生存下去的。因此，组织内部从上到下都应该制定并遵守共同认可的行为规范，违犯了纪律就应该得到相应的惩罚。

第二节　现代管理方法

管理原理为管理者提供科学的依据和指导规范。但要顺利实现组织目标，还要在科学原理指导下，采用科学的管理方法，即在管理过程中有正确的管理方式、手段与途径。

管理既是科学又是艺术，不同的组织和管理者在管理过程中使用的管理手段数不胜数。我们可以从不同的角度对管理方法进行分类。通常情况下，按照管理方法的性质与特点，可以将管理方法分为行政方法、经济方法、法制方法和思想教育方法四类。

一、行政方法

行政方法是依靠行政组织的权威，通过组织的各层次，以行政命令的方式对管理对象产生影响，以实现组织目标的管理方法。

行政方法的表现形式主要有各种指示、命令、要求，各种指令性或指导性计划，各种规章制度与相应的监督、检查、考核，各种形式的行政性奖励及处罚，等等。

（一）行政方法的基础——权威

行政方法所依据的基础是管理机构和管理者的权威。管理者运用组织赋予的权威，使被管理者得到或失去他们想得到的东西，以干预和影响被管理者，使其按管理者的意愿行事。同时，人们服从组织正式职位的权威一般都被认为是天经地义的，因而组织中的员工大都会服从管理者的行政指挥，去实现组织的目标。行政方法的有效性取决于管理者权威的大小。

管理者的权威通常取决于三个因素：行政组织的级别和实际拥有权力的大小；管理者的个人特征，包括职位、个性、个人观念及心理特征；行政命令本身是否正确。也就是说，管理者的权威来源于组织的权威和个人的权威，组织的权力大小与管理者的个人情况决定了权威的大小。

（二）行政方法的特点

第一，行政方法是由权力机构或管理者发布命令、规定、指示等，对被管理者有强制性和约束性。行政方法的强制性是指要求人们在行动的目标上保持一致，在思想上、纪律上服从统一的意志，但允许人们在具体方法上有一定的灵活性。行政方法的强制性一般是针对特定的管理对象，强制的范围是有一定限度的，而不像法律，法律的强制性对任何人都是一样的。

第二，行政方法是通过组织系统与组织层次来实施管理活动的。行政命令的下达都是自上而下，一级一级直线向下传达，是纵向垂直指挥，下级只服从上级的指挥，而横向传达的命令基本无效。因此，运用行政方法必须坚持自上而下的垂直指挥，不能横向传达指令。

第三，行政方法通常适用于特定的组织行政系统。行政系统一般都具有严密的组织结构、统一的目标及强有力的调控措施，对外部因素的干扰有较强抵制作用，处于相对稳定的状态。因而行政方法具有相对稳定性，应用行政方法进行管理又可以增强组织的稳定性。

（三）行政方法的优点

首先，有利于组织的稳定、集中与统一。运用行政方法有利于组织内部统一目标、统一行动，迅速贯彻上级的方针和政策，并对组织的全局活动实行有效的控制，使组织达到高度的集中统一。

其次，行政方法是实行其他管理方法的前提与基础。管理活动中的经济方法、法律方法、思想教育方法等，都要通过组织行政系统的中介才能发挥作用。其他管理方法与措施只有和行政方法很好地结合在一起，才能有效贯彻下去。

再次，行政方法时效性较强，能较好地解决一些特殊问题。行政方法可以在组织总目标的指导下，根据具体情况的差异采取比较灵活的手段，有一定的弹性和灵活性；而且能通过有针对性地发布行政命令，对一些特殊问题采取强有力措施进行处理。

（四）行政方法的不足

首先，行政管理方法不利于管理过程中的适度分权。集权是行政方法的固有优点，但实行行政方法，权力往往集中于管理高层，造成基层管理者少权无责现象，不利于发挥各组织中各子系统的积极性、主动性和创造性。

其次，行政方法是纵向垂直的管理，组织中各子系统之间的联系较少，横向沟通困难，协调任务重。

第三，行政方法的管理效果受到领导者管理水平的强烈制约。行政命令的执行效果，管理的好坏，很大程度上取决于行政领导人和执行者的知识水平、领导艺术和道德修养等。如果领导人的水平不高，就会极大地影响组织的管理效能。

（五）运用行政方法应注意的问题

第一，要注意按客观规律办事，增强行政方法的科学性，克服在行使行政方法时的长官意志和主观随意性。科学的行政方法必须建立在对客观规律认识的基础上，符合和反映客观规律的要求。各种强制性的指令、规定要从实际出发，制定的计划要经过科学研究和周密的可行性分析，不能凭空想象，不以个人意志为转移。

第二，组织的领导者与管理者要加强学习，提高水平，增强服务意识。行政方法对领导者与管理者各方面的素质提出了很高的要求。领导者与管理者要通过不断学习，具备所需的知识与能力，并认识到行政方法的本质是为基层、为组织的生产经营服务，避免官僚主义和以权谋私等不良现象。

第三，强化组织与管理者的权威，增强行政方法的有效性。组织与管理者必须具有足够的权威。管理者权威越高，所发布的命令就越有效，管理的效率就越高。强化权威要从两个方面努力：一是从组织结构方面注意权力的合理分配，使领导者与管理者有职有权；二是领导者与管理者要依靠自身优良的品质和卓越的才能来树立和增强自己的权威。

第四，注意与其他方法结合使用。上级管理者在使用行政方法时，容易忽视下属的经济利益等正当要求，从而影响各方面的积极性，导致组织活动缺乏动力。因此，管理过程中要把行政方法与经济、思想教育等方法结合起来使用，以增强行政方法的管理效能。

二、法制方法

法制方法是依据国家的法律、法规以及组织的各种规章制度，通过法制和规范的手段，强制性地推动和约束管理对象去实现管理目标的方法。

管理的法制方法所依据的法律法规和规章制度包括：国家正式颁布的法律、法规，各级组织和机构制定的具有约束力的社会规范，以及企业制定的企业制度、政策和规范。

法制方法的依据是法令、制度的权威性和强制性。法制方法的效力，取决于法令与制度的权威性、科学性，以及违反后可能给人们带来后果的严重程度。国家的法律带有很强的强制性，任何人都必须服从法律的约束，否则将受到法律的制裁。

（一）法制方法的特点

首先是强制性。法律法规是非常严肃的，一经制定实行后就要强制执行，任何单位和个人都必须毫无例外地遵守，否则就会受到惩处。各种组织制定的规章制度对组织及其成员有着强烈的约束力，任何成员违反规定也要受到组织的处罚。

其次是规范性。作为社会规范的法律法规和作为组织行为规范的组织规章制度都规定了人们可以做什么、不能做什么，都要用严格规范的语言准确阐明一定的含义，并做出规范的解释。法律、法规和组织的规章制度间不能互相冲突，法规应服从法律，规章制度必须服从法律法规。

再次是稳定性。法律法规必须保持其严肃性，一旦制定出来，就应当具有相对的稳定性，可在同样的情况下反复使用，而不能因人而异，滥加修改。组织内部的制度也应保持相对稳定，对组织中的成员一视同仁。如果组织的制度不能保持稳定，朝令夕改，就会使整个组织的运转与管理陷入混乱。

由于法制方法具有强制性、规范性和稳定性的特点，因此它特别适用于经常重复的一般性问题，便于操作。法律、法规、规章制度的明确与规范，使组织的各子系统权利义务分明，便于区分责任，提高管理效率，并能根据有关规定自动调节其活动的功能，把管理工作纳入日常化、法制化的轨道。

最后是欠灵活性。法制方法会使管理工作缺少应有的弹性，发生僵化倾向，不便于及时处理出现的新问题和特殊问题，也不利于调动各子系统的积极性。

（二）应用法制方法应注意的问题

一是加强法制教育，增强员工的法制观念，提高法律法规及各种制度的权威性与影响力；

二是坚持依法管理，依法办事，以“法治”代替“人治”；

三是加强组织内部的制度建设，增强规章制度的科学性、严肃性和可操作性，为依法管理奠定可靠的基础。

当然，法制方法也有其自身的局限性，它不可能解决所有的问题。在法律法规及各种规章制度以外，还有大量的经济关系、社会关系需要用其他的管理方法来进行调整。因此，应在适宜的范围之内使用法制方法，并与其他的管理方法综合运用，以取得理想的管理效果。

三、经济方法

经济方法是指组织根据客观经济规律，运用各种经济手段，通过影响和调节管理对象的物质利益而促进管理目标的实现，获取较高的经济与社会效益的方法。

经济方法的各种常用形式包括：价格、税收、信贷、利润、工资、奖金及其他物质奖励、集体福利与个人生活待遇、经济处罚等。经济方法一般适用于物质生产领域，对于与物质生产紧密相连的意识形态领域的某些部分也可发挥一定的作用。

经济方法依据的基础是物质利益对人们的驱动作用。对物质利益的需求是人们最基本的需要，人们主要是为了满足物质利益的需要而从事某种职业或某项经济活动。管理者通过设定一定的经济目标与要求，使被管理者出于对自身经济利益的关心而努力工作，去完成组织的经济目标。这里所说的经济利益包括国家、组织、个人三者的利益。经济方法的有效性，取决于通过经济活动得到的物质利益的大小，得到的可能性的大小，以及得到过程的长短和难易程度。

（一）经济方法的类别

管理中的经济方法通常可分为宏观经济管理方法与微观经济管理方法两类。

1. 宏观管理的方法主要包括价格、信贷、税收、利润等。

价格在商品社会中是计量和评价劳动的客观标准。价格的涨落会直接影响到生产者和消费者的经济利益，从而影响到生产和消费行为。国家可以用价格杠杆来调节供给与需求，调整国民收入的分配，促进企业组织加强经济核算，提高管理水平。

税收是国家经济收入的主要来源，也是国家管理社会经济生活的重要手段之一。国家根据宏观经济管理的需要，制定不同的税种和税率，调整生产与流通，调节经济组织的利润水平，使社会经济的内部结构、发展趋势、活动规模等趋于合理。

信贷也是灵活、有效的经济杠杆。银行信贷是以有偿使用、还本付息为特点的。银行信用活动以吸收存款和储蓄的形式，集中社会闲散资金，按照社会经济发展的需要，以贷款的形式发放给生产经营单位，满足其对资金的需要，以调节生产与流通，促进贸易发展，促使企业改进经营管理活动，达到管理和协调社会经济活动的目的。

利润在中国现行条件下也是有效的管理方法。国家通过一定的经济责任制形式，使经济组织的经济责任、经济权限和经济利益有机结合起来，根据利润指标的完成情况决定企业奖金和企业生产发展基金的多少。这样可以促使经济组织和劳动者个人更多地关心企业的经营情况。

2. 微观经济管理方法是经济组织在管理过程中使用的方法，主要有价格、工资、各种奖励及福利、经济处罚等。

各种经济组织要根据市场情况正确制定产品或服务的价格，增强竞争能力，争取获得最大的经济效益。在经济组织内部，各子系统之间存在着各自不同的经济利益。可以按照市场交换的原则，将子系统划分为不同的利益主体，利用价格手段来调整各子系统之间的经济关系，调动各子系统的积极性。

工资是实现按劳分配原则的一种劳动报酬形式。组织的工资制度要根据劳动定额，本着工效挂钩的原则选择合适的工资形式。主要的工资制度有两种：一是职务结构工资制，根据各种职务的重要性、责任大小、职责繁简、技术复杂程度等，确定不同职务的工资标准；二是工人等级工资制，国家按照不同产业、不同地区在国民经济中的重要性、劳动强度、技术复杂程度等因素，对不同的工种分别划定等级，按等级规定工资标准。

在我国的企业中，工人的工资有两种基本形式：计时工资和计件工资。计时工资是根据劳动者劳动时间的长短、技术熟练程度和劳动的繁重程度确定劳动报酬；计件工资是根据劳动者完成的合格产品的数量或作业量确定劳动报酬。

各种奖励是根据员工对组织额外贡献的大小对员工的奖赏，是超额劳动的报酬。奖励一般直接以货币支付，可以对经营管理过程中员工在各个方面的工作进行奖励，如全面完成各项指标、提出合理化建议、技术革新、经营管理有方等。

企业管理中使用经济方法要奖罚并用，对管理人员经营管理不善、技术人员和工人操作失误、工人不能完成工作任务等现象都要进行适当的经济处罚。实行奖罚措施时要进行严格的经济分析和经济考核，做到奖罚有据。

（二）经济方法的特点

首先是利益性。经济方法是通过利益机制影响和引导被管理者为实现组织目标而努力，这是经济方法最根本的特性。经济方法要符合物质利益原则，使被管理者的物质利益与劳动成果相联系。

其次，平等性。经济方法是为充分调动组织与个人的劳动积极性，按照统一的价值尺度来计算和分配社会经济成果。在合法的前提下，组织与个人在获取自己利益方面具有平等的权力。

再次，针对性与灵活性。不同的情况下，针对不同的管理对象，如不同的国家、部门、地区、企业、岗位所采取的经济方法是不同的。对于同一管理对象，在形势发生变化时，也可以采用不同的经济方法。

（三）经济方法的优点

经济方法有其固有的优点。由于物质利益强烈的刺激作用，管理对象对经济方法较为敏感，对信息的接受率非常高，效果迅速而明显。

利用经济方法进行管理可给企业较多的自主权，便于分权。在经济利益作用下，组织中的各子系统都有自己的具体目标，能充分发挥主动性、创造性。

（四）应用经济方法需注意的问题

第一，要尊重客观经济规律。如果运用经济方法时违背客观经济规律的要求，便会事与愿违。

第二，注意经济方法的可操作性。尽可能把劳动报酬与劳动成果紧密结合起来，制定详细的考评标准，使经济方法有客观而可靠的依据。如果缺乏科学合理的考核和监督机制，就容易造成混乱局面，甚至导致经济违法行为。

第三，注意经济方法的综合运用和不断发展与完善。各种方法会对经济活动的某一方面产生协调与控制作用。管理者既要注意具体方法的各自独立的作用，更要重视整体上的协调与配合，综合运用各种经济方法，保证组织整体目标的顺利实现。

第四，将经济方法与其他方法结合使用。要充分认识到，经济方法虽然是最基本的管理方法，但不是万能的方法。经济方法也有很大的局限性，也有其消极作用。单纯强调使用经济方法容易导致金钱至上等不良倾向，助长本位主义、个人主义等思想。要将经济方法运用的广度与强度控制在适当的范围与程度之内。实际上，人们除了物质需要以外，还有更多精神和社会方面的需要，在实际管理过程中，要注意把经济方法与行政、法律、思想教育等方法结合使用，以发挥互补作用。

四、思想教育方法

思想教育是从一定的目的出发，借助社会学、心理学、教育学等学科的知识与方法，通过政治教育、思想沟通和社会交往等手段，对被管理者施加影响，促进组织管理目标的实现。

（一）思想教育方法的内容

管理中的思想教育方法包括：人生观与思想道德教育，以教育员工树立远大理想，遵守社会公德及职业道德，忠于职守，抵制不良思想的侵蚀；民主、法制与纪律教育，以增强法制与纪律观念，增强员工参与意识；爱国主义与集体主义教育，以引导员工树立集体主义观念，正确处理国家、集体、个人三者之间的利益关系；科学文化教育，以提高科技知识水平和业务素质；企业文化建设，以引导和培养员工形成符合组织目标需要的共同的价值观念和行为准则。

思想教育的形式也多种多样：各种政治宣传与教育，各种形式的思想沟通、感情交流，定向疏导、启发与说服，表彰、鼓励与评优，为员工提供自我表现的机会，利用舆论导向，营造良好的组织氛围，等等。

思想教育方法的依据是被管理者对社会心理需要满足的追求。在现代社会中，人们不仅追求物质需要的满足，而且追求精神方面的满足，即满足社会心理方面的需要。随着社会文明程度的不断提高，人们归属的需要、社会交往的需要、受尊重的需要、自我价值实现的需要等精神方面的需求，比以往任何时候都更为强烈。这些需要用经济、行政的方法是难以满足的，而思想教育方法在满足人们精神需要方面能起到独到的作用。思想教育方法在管理中所起作用的大小，取决于人们精神需要的强度和思想教育方法的科学性。

（二）思想教育方法的特点

第一，非强制性。思想教育工作的目的与其他管理方法一样，都是引导被管理者去完成组织的目标。但与其他方法不同的是，思想教育方法不能强迫被管理者接受管理者的观点与方法，而是要用思想教育内容的真理性及对管理对象需要的满足去说服对方，激发其动机。

第二，普遍性。思想教育工作的范围很广泛，只要有人的地方，就需要思想教育工作。任何人在劳动中都会遇到这样那样的问题，产生各种各样的想法，需要管理者用思想教育方法加以引导，形成有利于实现组织目标的思想动力。

第三，针对性。在人的思维发展过程中，每个人的情况有较大的差异，对事物的认识程度会有所不同，这要求管理者在分析问题、进行思想教育时，要根据每一管理对象的特点，采取不同的对策。要一把钥匙开一把锁，具体问题具体分析，而不能不分情况和对象搞一刀切。

第四，示范性。管理者要教育别人，首先自己要以身作则。由于思想教育方法的非强制性，管理者的思想教育是否有效在很大程度上要看管理者的表率作用。管理者具有较高的政治觉悟和高尚的个人品格，是做好思想工作的前提。就如孔子所言："其身正，不令而行；其身不正，虽令不从。"管理者只有以身作则，才能有威信，说话才有分量，有好的效果。

管理过程中使用思想教育方法的优势在于能够根据每个人的具体情况细致地满足人的特殊心理需要，比其他方法更容易产生持久的激励作用。思想教育工作重视对人的精神需要的满足、对人的潜能的激励与挖掘，有利于培养组织需要的合格人才。另外，思想教育工作对于组织文化建设、培养支撑组织发展的精神动力具有不可替代的重要作用。当然，思想教育不是万能的，不能解决所有的问题。过分强调思想教育的作用容易犯教条主义错误，使管理限于空洞的说教，导致思想僵化和效率低下。

（三）思想教育方法需注意的问题

第一，应遵循实事求是、一切从实际出发的原则。管理者在任何时候都应从实际情况出发、从管理对象的需要出发进行思想教育工作。如果管理者所进行的思想教育脱离实际，就会引起被管理者的反感，产生适得其反的效果。

第二，认真分析被管理者的需要，做到有的放矢。随时观察组织中人的社会心理需要，注意研究其需要的类型与强度，以提高思想教育的针对性。

第三，注意思想教育方法的艺术性。管理者要注意学习有关行为科学的理论，运用社会学、心理学的理论与方法做好人的思想工作。要寓教于乐，寓教于日常交往之中。要注意“禁”与“导”的关系，针对人的思想问题，多采用疏导的方法，因势利导，让被管理者自己做出正确的选择。管理者与被管理者的沟通要讲究语言艺术，注意某些语言对被管理者的刺激程度和被接受的程度，以收到预期的效果。

第四，根据思想教育的内容和对象采用灵活多样的教育方式。对于思想问题必须采取讨论的方法、说理的方法和批评与自我批评的方法进行教育，而不能用训斥、压制和惩罚来解决问题。传授知识与技能方面的教育，也应对传统的教育方式方法进行必要的改革，改进讲授方式，发挥受教育者的主动性与创造性。如采用案例分析法、业务演示法、角色扮演法、敏感性训练等，提高知识的接受效率。

第四章　现代管理的职能

管理职能是管理活动的构成要素，即管理活动应当发挥的作用和功能，一般表现为决策、计划、组织、领导、控制。

第一节　管理过程与职能

我们通常把管理活动看作是一个过程。管理过程学说的创始人法约尔认为管理有五种职能，即计划、组织、指挥、协调和控制。法约尔之后，许多管理学家对管理的职能进行了研究与探讨，对管理职能做出了不同的划分和描述。

不过，对管理职能的不同划分只是对管理职能的不同的语义阐述，或是为了重点说明某一职能，而并无实质的差别。在管理学发展过程中，管理学家对管理职能的不同划分参见下表。

管理职能划分表

管理职能划分	法约尔	戴维斯	古利克	布朗	布雷克	厄威克	孔茨	希克斯	梅西	海曼和斯科特	常见的提法
决策									○		○
计划	○	○	○	○	○	○	○	○	○	○	○
组织	○	○	○	○		○	○	○	○	○	○
指挥	○		○	○							
协调	○		○	○	○				○	○	
控制	○	○	○		○	○	○	○			○
人事			○				○		○	○	
激励					○			○		○	
沟通			○					○			
领导							○				○
创新								○			

在此，我们采用现在常见的管理职能划分方法，用决策、计划、组织、领导、控制五种职能来说明管理工作过程。

第二节　决　策

以西蒙为代表的现代管理科学家认为，管理是由一连串的决策组成的，管理就是决策。这是对管理实质的一种分析，是管理含义的一种宽泛的说法，不是对管理过程中某种管理职能的说明。

决策是人们为实现一定目标而制定、选择行动方案的活动，是提出问题、分析问题、解决问题的过程。决策职能是指为达到某一特定目标，科学地选择最优方案并付诸实施的管理功能。决策职能主要是通过环境预测、拟定决策方案并进行方案优选、方案实施诸过程来完成的。

一、决策的过程

决策可分为四个步骤：识别和确定问题，拟定方案，分析和选择方案，实施与信息反馈。

第一，识别与确定问题。

决策过程通常开始于一个存在的问题，即现实与期望状态之间的差异。管理者根据组织的目标，发现和确定问题，这是决策的起点。

要识别和确定问题，要求对问题的表现和性质、原因等有比较清楚的了解。只有深入了解问题才能正确地进行决策活动。管理者应该认识到识别问题的过程的复杂性、主观性和重要性。为了准确地识别和确定问题，必须进行深入的调查研究和分析预测。

现代调查工作建立在统计科学的基础上，通过全面的社会调查、抽样调查、典型调查、专家咨询等调查方法，来了解和掌握问题的整体情况及各类情况在总体中所占的比例或所处的位置，对问题做出质的判断和量的分析。

管理中的分析预测是以分析现状为出发点的。分析现状可以排除可能的偶然性和主观因素的影响，提高调查的科学价值。分析现状也有助于预测未来，而预测可以为决策提供依据。预测既要进行定性分析，也要进行定量分析和概率的估计。

管理者确定了需要注意的问题后，必须确定决策的标准，即确定什么样的因素与决策有关，在解决问题的过程中哪些因素能起重要的作用。如出版社策划一本图书时，必须评价什么因素与此项目的决策有关，这些决策的标准可能是选题、价格、印刷及装潢质量、营销渠道、宣传力度等。

当然，决策标准不是同等重要的。为了在决策中恰当地考虑它们的优先权，必须明确各种标准的重要性。确定重要性的方法是给各标准分配权重，先给最重要的标准打最高分，后根据重要性给其他标准打分。

第二，拟定方案。

拟定方案应注意，方案的目的应当是明确、一致和可测的，不能模糊不清、泛泛而谈甚至自相矛盾。方案的目的应该同科学的预测相联系，对将来的环境与方案实施结果要有科学的认识和对策。应该有层次关系、优先次序关系和主次缓急等取舍原则。

拟定方案要经过充分的分析、酝酿和探讨。应让不同方案的制定者进行认真的辩论和讨论，充分暴露矛盾和各种方案的缺陷，使思考更加周到，方案更加成熟，并注意方案的可行性。

方案的可行性取决于方案所必须具备的条件。成功的把握有多大，还要估计方案的风险性，及如何避免风险。所有的方案，包括其目标和手段都应是合法的，不能违背国家法律、社会道德和组织内的规则。

第三，分析和选择方案。

任何一种方案都不可能解决所有问题，而是侧重于解决某一问题或某些问题。在实际决策过程中，理想的最优方案是很难找到的，一般会选择比较满意的方案付诸实施。

满意的方案首先要符合总目标，符合决策活动的根本意图。如一个企业的决策必须有利于实现企业经济效益与完成其社会责任，任何方案的设计都不能偏离这样的标准。同时要注意方案的可行性，有无适合可用的资源条件与技术条件。任何决策都会有一定的约束条件，如人力、物力、财力、时间、信息及其他自然资源和基础条件等，在决策时都要进行认真考虑。

对各种可供选择的方案进行分析、评价、权衡利弊以后，做出选择。可以从众多方案中选其一，也可以把所有的备选方案互相取长补短形成一个方案，还可以重新设计一个方案。如果能够确定与决策有关的因素，并能较为准确地权衡它们的重要程度，就可以从中选择比较理想的方案。

第四，方案实施与信息反馈。

确定理想方案后，就要付诸实施，这是决策的落脚点。在实施过程中，要进行实时的追踪、检查与评估，以及时发现决策执行中的偏差，并适时进行控制。

二、决策的类型

从不同角度，可对决策进行分类。如根据决策主体的不同，可分为个人决策与群体决策；根据决策所解决问题类型的差异，可分为程序化决策与非程序化决策。

（一）个人决策

个人决策是个人依靠自身智慧做出决策。领导者个人决策，可能是独立进行的决策，也可能是在审议他人提出方案的基础上做出的决策。

要保证个人决策的正确性，决策者必须注意影响决策的诸多因素，正确识别问题的性质与特点，认真分析各种方案，并设法使组织成员接受和执行所做出的决策。个人决策责任明确，效率高，但所接受的信息不够全面，决策的合理性和影响力会受到一定程度的影响。

（二）群体决策

对组织有较大影响的重要决策通常都是由集体决定的。组织中的许多复杂问题，一般要经过集体研究，才能做出决定。如各种委员会、董事会、专题会或各部门之间的会商等，都是进行群体决策的常用形式。群体决策能够为决策过程提供更为完整的信息，带来不同的决策观点，使决策能够更好地符合实际。

由于参加决策的人员较多，他们往往代表了不同的利益群体，因此，群体决策的决定比个人决策更具有合法性和可接受性。不过，群体决策耗费时间多，决策效率低于个人决策，且易造成责任不清。实行群体决策也容易导致少数人统治，压制不同观点，影响决策的质量。

在实际工作中，可以采取一些有效的措施发挥群体决策的优势，克服和改善群体决策的缺陷。常用方法有头脑风暴法、名义群体法、德尔菲法、电子会议法等。

（三）程序化决策

为了解决一些直观的、熟悉的和容易确定的问题往往采取程序化决策。如在图书展览或销售中，顾客损坏了东西，工作人员就要按照有关规定要求顾客进行一定赔偿，这就是一个程序化的决策。程序化决策多用于解决较为常见的问题，相对简单，多依据先例进行决策，管理人员一般只依靠系统化的程序、规则或政策来处理问题就行了。

（四）非程序化决策

为了解决一些新出现的、不同寻常的问题所进行的决策往往是非程序化决策。如广电部门决定开设一家新电视台，文化部门决定开辟一个新的项目等，都是非程序化决策的事例。非程序化决策一般用于解决较为复杂且不重复发生的问题，多没有事先准备好的可以遵循的解决方法。

在现实管理中，基层管理人员主要依靠一定的标准进行程序化决策，处理熟悉的、重复发生的问题。而高层管理者多是解决那些较为复杂和异乎寻常的问题，进行非程序化决策。

程序化决策有一定的标准和程序，可以大大减少管理人员决策的复杂程度，提高组织管理效率。因此，在可能的情况下，组织的管理要尽可能程序化。

区分程序化与非程序化决策也有利于管理机构合理分权。组织的高层管理者应该将大量程序化决策权力和任务授予基层管理人员，以便自己能集中精力和时间处理更为复杂的问题。

第三节 计 划

组织做出决策以后，就要围绕组织的目标，对组织活动的过程进行详细的统筹规划，这就是管理的计划职能。

计划是实现决策目标的方法、途径和时间表，包括对事项的叙述、目标和指标的排列、规定所采取的手段、完成任务的进度等。计划的具体内容一般有六项：组织的活动与内容、原因与目的、人员安排、活动的地点、时间、手段与方法。计划对于一个组织来说非常重要。计划可以使管理者预见未来，预见变化，考虑各种因素变化的影响，制定适当的对策；计划可以设立各种控制标准，减少各种不确定因素对组织目标的冲击，避免浪费，以较少的投入获得较大的产出；计划是一种协调过程，使组织的有关人员明确自己的责任，使管理者和被管理者明确努力方向，按照组织目标的要求协调自己的行动，提高工作效率。

只有有了目标、计划与标准，才能判断实际执行情况是否符合要求，以便进行控制。

一、计划的分类

（一）长期计划、中期计划与短期计划

计划按照计划期长短可以分为短期、中期与长期计划。

长期计划时间跨度在五年以上，有的甚至长达数十年。长期计划多涉及战略性的内容，如组织结构性的变化、产品项目与总体结构的更新、企业规模和组织方式方面的变化等。

中期计划期限为一至五年，所涉及的内容一般也较稳定。长期计划的内容一般是纲领性的，而中期计划则要稳定和具体一些，中期计划大多只涉及目标、指标数量的变化，较少结构性的变化。

短期计划是指一年以内的计划，其内容主要与组织的日常工作密切相关。一般包括经营计划与权变计划。经营计划是为长期计划中某一段时间的经营目标服务的。权变计划是为了应付未预料的环境因素的变化而做出的计划，是事先对可能发生的意外情况进行一定的准备。通常在制定经营计划时，要相应制定与之配套的权变计划，以便于在情况发生变化时能够迅速进行适当调整，顺利完成经营目标。

（二）战略性计划与作业计划

计划按照涉及的内容的层次和广度，可分为战略性计划与作业计划。

战略计划应用于组织整体，为组织设立总体目标，规定组织总的纲领和政策。战略计划涉及组织发展的整体战略，主要关注组织所面对的资源、长远目标、政策、环境等问题。战略计划一般规划时间较长，通常为五年或更长，其内容覆盖面广而不规定具体的细节。战略计划涉及面广，相关因素多，且关系复杂、不明确，因此，要有足够的弹性。

作业计划可以理解为具体的行动计划，即如何实现目标的具体细节计划。作业计划的制定者一般为基层管理者，是根据组织的有关目标，如预算、利润、销售量等，确定工作方法，划分工作单位，确定权力与责任，分派任务，调配资源。计划的时间跨度较短，如月度计划、周计划、日计划等。作业计划可以有不同的形式：在一段时间内使用的涉及各方面的综合性的计划；针对某一特定目标或行动方案的计划；为了实现战略目标对行动方法规定的策略性计划；等等。

（三）指令性计划与指导性计划

计划按照明确程度和约束力，可以分为指令性计划与指导性计划。

指令性计划或称具体计划，是上级管理部门下达的、目标明确、行动方法与程序确定、具有行政约束力、各级计划执行机构必须认真完成的计划。指令性计划一般都关系到组织发展的重大问题或必须完成的任务。如在一个国家中，关系到国计民生和国民经济发展全局的重要任务，要以指令性计划的形式下达；文化企业中一些明确的经营目标，也要以指令性计划或具体计划的形式下达，如企业的预决算方案、实现目标的时间进度表、各部门完成任务的标准等。指令性计划内容明确、具有强制作用，但对于不确定因素的应变能力较差，而且不利于发挥下级管理人员的积极性与创造性。

指导性计划是上级管理部门下达的对下级部门具有指导意义与参考作用的计划。指导性计划只规定一般的方针，具体行动方法则多由执行单位根据实际情况确定。国家的宏观经济管理的指导性计划，多以价格、税收、信贷等经济杠杆进行调节，促使管理对象完成国家确定的目标。企业的指导性计划一般不把管理者限定在具体的目标或特定的方案上，而是给下级管理人员一定的灵活性。指导性计划较充分地考虑了不确定因素的影响，给予下级人员一定的应变权力，但操作起来不如指令性计划简单明了。

（四）综合计划、局部计划与项目计划

计划按照对象和应用范围可以分为综合计划、局部计划和项目计划。

综合性计划是涉及多个目标和多方面内容的计划，国家的年度预算、企业的年度生产经营计划等都是综合性计划。综合性计划要对各子系统进行合理协调，产生最大的组织效应。它对组织各子系统都有很大的影响。

局部计划是指限定范围的计划，包括各种管理职能制定和职能计划，以及各执行部门制定的部门计划等。局部计划是在综合性计划的基础上制定的，是综合性计划的组成部分。

项目计划是对一些特定的课题所做出的计划，用以解决某些特殊问题或进行特定项目建设。如企业的扩建计划、出版社的新项目开发计划等都可以看作是项目计划。

在组织管理过程中，组织的综合性计划要放在首要的位置，自上而下地编制计划；局部计划与项目计划要注意与综合性计划的目标保持一致。

二、计划制定

（一）影响计划有效性的因素

不同类型的计划有不同的应用条件，如在一些情况下长期计划可能重要和有效，而在另外一些情况下是中短期计划较为适用。这些影响因素主要包括组织管理的层次、组织的成熟程度、环境的不确定程度和未来的可预见程度等。

（二）制定计划的基本原则

首先是科学性原则。要以科学规律为基础，用科学的方法制定计划。

要充分考虑主客观因素的影响，使计划满足各方面的要求；计划涉及的各项指标应经过认真的计算与分析；各项计划指标要有具体的措施保证完成，防止计划脱离实际。

其次是弹性原则。组织所面临的情况是变化莫测的，为了适应未来的情况变化，组织的计划就必须留有余地。

再次是效益与效率原则。管理活动的主要目的之一是提高组织的效益与效率，计划的制定应为效益与效率服务。

（三）制定计划的程序与方法

计划的制定大体有以下程序：调查研究，确定制定计划所需的前提条件和具体信息；确定时间表，将目标的实现分成几个阶段；将目标指标化，以便执行与审核；编制计划，调配资源；综合平衡，保证计划的合理性。

常用的计划方法主要有以下几种：

滚动计划法。根据计划的执行情况及环境变化情况定期修改未来的计划，并逐期向前推移，每次计划修订都使计划向前滚动一次。滚动计划法能够较好地适应环境因素的变化，提高计划的准确性、质量和组织的应变能力，有效地保证计划对实际工作的指导作用。不过，此方法要不断修订计划，工作比较繁琐。

网络分析法，是以网络分析为基础制定计划的方法，如关键路径法、组合网络法等。它是将一项工作或项目分成各种作业内容，并根据作业顺序进行排列，绘制出网络图，用网络分析技术对整个工作或项目进行统筹规划，以便用最少的投入或以最快的速度完成任务。网络分析法能清晰地表明各项目的时间关系，找到完成任务的关键路线，既便于统筹安排，全面考虑，又能够突出重点。

线性规划法。线性规划法是寻找问题最优解决办法的计划方法，主要用于解决两类问题：一类是最大化问题，即在有限的资源条件下，如何使产量最大或效益最高；另一类是最小化问题，即在产量或工作量确定的情况下，如何使各种消耗减低到最低程度，使成本最小。在现代社会中，资源稀缺是任何组织都必须面临的现实，资源的合理配置和有效利用问题就显得越来越重要，而线性规划法可以帮助人们以有限的资源获取最大的经济效益。

投入产出法，是主要应用于物质生产部门的计划方法。这种方法认为，任何系统的经济活动都包括投入与产出两大部分，投入是指生产活动中的消耗，产出是指生产活动的结果。在社会生产活动中，投入与产出之间存在着一定的数量关系，可以利用这种关系建立投入产出表，根据投入产出表对投入与产出的关系进行科学分析，在此基础上编制计划并进行综合平衡。

用投入产出表进行分析，可以确定整个国民经济或部门、企业组织在经济发展中的各种比例关系，预测某项政策实施后产生的效果，分析某个项目对整个系统的影响，有利于搞好系统的综合平衡，适宜于编制国民经济或企业组织的中长期计划。

第四节　组　织

组织职能是制定和保持一种职务系统，明确组织中各成员的作用和相互关系，以便于成员之间的相互合作，也就是建立组织和人员配备。建立组织是以工作为重点，考虑分配工作的结构和过程；而人员配备则是将员工配置到合适的岗位上，而且要处理好组织与员工之间的关系。

组织职能主要涉及组织设计、部门划分、组织结构的基本类型及人员的配备等问题。

一、组织结构设计

组织结构的设计关系到组织的效率和组织的成败。自从古典管理理论产生以来，管理学界对组织理论进行了多方面的深入研究与探讨，提出了各种各样的看法，主要包括：古典管理理论提出的组织设计的若干原则；行为科学学派的第四体系理论；现代系统理论与权变理论对组织设计问题的阐释；等等。

（一）传统的组织设计原则

古典管理理论对组织设计原则的论述被认为是传统的组织设计原则。该理论在法约尔、韦伯等人的组织理论基础之上经过不断发展与完善，形成了比较完整的理论体系，主要包括以下内容：

第一，等级原则。在组织中，职权与责任应当按照明确而连续不断的系统，从最高层管理人员贯彻到最低层。有人把这种垂直的等级关系称为任务金字塔。等级制度是组织正常运行的基础，如果这一制度遭到破坏，组织就会四分五裂。按照等级原则，组织中的每一个人都必须明确自己的岗位、任务、职责和权限、在组织中的位置、工作程序与合作关系等。

第二，统一指挥原则。古典管理理论认为，一个员工只能接受一个上级的指挥，组织中的员工不能就一项职责向一个以上的上级汇报工作。这是纯粹的直线组织中的基本常识。如果两个或两个以上的上级同时对一个下级或一项工作发布命令，就会出现混乱的局面。

古典管理理论也注意到存在参谋组织或职能组织的情况下，员工接到的命令可能有几个来源，便把统一指挥原则发展为一位员工只能接受同一的命令与指挥。即如果一项工作需要一个以上的上级进行指挥的话，在下达指令以前，领导人之间应先进行沟通，统一思想，避免不同的人员对相同的问题发布相互冲突的命令。统一指挥原则能够大大简化上下级之间的关系，有利于组织结构的设计。

第三，合理管理跨度原则。管理跨度或控制幅度是指一个上级直接指挥的下级的人数。按照控制幅度的原则，一个上级所能管理的下级人数是有一定限度的。因为一个人的时间与精力是有限的，每个人都有其局限性，需要依靠其他人来补充，这种局限性决定了管理者的控制幅度是有限的。

管理跨度与管理层次密切相关。管理层次是指组织中职位等级的数目。管理跨度与管理层次成反比关系：在组织规模一定的情况下，上级直接控制的下级人数越多，即管理跨度（幅度）越大，则管理层次就越少；反之，管理跨度（幅度）变小，则管理层次就增多。管理层次与管理跨度的反比关系决定了两种基本的组织结构形态：扁平型组织结构与高型组织结构。

扁平型组织结构是指在一定组织规模条件下，管理跨度较大、管理层次较少的一种组织结构形态。其优点是管理层次少，信息传递的层次少、速度快，信息传递过程中失真的可能性较小，可及时发现问题并采取相应的解决办法；上级对下级的管理、控制与干涉少，有利于发挥下级人员的积极性与创造性。缺点是由于管理跨度较大，上级难以对下级进行有效的指导与监督；而且上级管理者从下级得到的信息量过多，不重要的信息会干扰正常的决策。

高型组织是指管理跨度较小、管理层次较多的组织形态。其优点是管理跨度小，上级可以对每一个下属进行详尽的指导和有效的控制与监督，充分发挥高层管理人员对组织的控制作用；信息在向上传递的过程中经过多层级下属的不断过滤，减少一般信息对高层管理人员的干扰，使决策简化；高层管理人员更容易从具体事务中脱身，专心解决复杂和重要的事情。缺点是管理层次多，信息从基层到高层的传递速度相对较慢且容易失真；较多的管理层次也使下级人员感到更多的限制与束缚，难以发挥下级人员的积极性与创造性。

但管理跨度大小受到许多因素的制约，并不是主观决定的。影响管理跨度的因素有：各级管理人员的能力；管理层次的高低；工作的内容与性质；工作的条件与环境；信息传播的速度与条件；等等。因此，在实际运作过程中很难说究竟哪种结构更好，管理控制的幅度与组织层次的数量必须根据实际情况做出决策。一个组织是采取扁平型结构还是采用高型结构应以实际情况为转移。

第四，例外原则。在规模比较庞大的组织中，组织的各种活动非常复杂，数量繁多。如果上层管理人员陷于日常事务，就会影响对重要事务的处理。在这种情况下，就应该使用例外原则，将经常性的决策交由基层管理人员来处理，而一些特殊的、不经常出现的问题则提交上层管理人员处理。

例外原则可以有效地发挥基层管理人员的作用，并节省上层管理人员大量时间与精力，使他们得以处理对组织来说关系重大或比较困难的问题。

第五，分工与协作原则。按照提高管理专业化程度和效率的原则，必须将组织划分为各种专业化的群体，对组织成员进行分工。根据组织任务、目标的需要，明确各部门及各成员的层次、任务及责任，以及完成任务的方式和方法。科学分工是提高效率的关键，随着科学技术的发展，分工越来越普遍，也越来越重要。

协作是指组织中各部门之间或组织各成员之间的协调与合作。组织是一个完整的系统，任何一个部门或个人都不能单独存在，而需要其他部门或成员的相互协调与合作才能实现自身的目标。协作与分工是紧密联系在一起的，只有分工而没有协作，分工就失去了意义，而没有分工也就无所谓协作。因此，在组织设计时就应认真考虑组织中分工与协作的问题。

（二）第四系统组织理论

利克特依据行为科学对人性的假设，提出了第四系统组织理论。他把行为科学之前的各种组织设计模式分为第一、第二和第三组织系统，而将自己提出的组织设计模式称为第四组织系统。

利克特认为：建立组织必须坚持相互支援的原则，使组织的每一个成员之间建立一种相互支援合作的关系；组织的等级关系应当是相互重叠的。管理部门应建立一些有效率的小组，其中一部分人既参加上一级小组，又参加下一级小组，在组织中起到“连接杆”的作用；应看到组织内部各单位和成员工作间的相互关系，而不能单纯用职务说明书与职权程序表来硬性规定组织内的各种关系。

利克特主张的是一种共同参与的组织理论，认为人与人之间的良好关系能激起人们的工作积极性，提高工作效率。根据这种观点，组织的领导与成员之间不应该有明显的区别，组织的领导权应尽可能分散，组织中的所有成员都应制定一定的目标。组织的群体应不断进行自我考核、自我训练，并不断地灵活调整各自目标，重新分配任务，调整相互关系，达到组织的高效率。

（三）系统与权变的组织理论

现代组织理论认为：组织是一个开放的系统；在进行组织设计时，要从变化和相互联系的观点出发，根据组织赖以生存的内外环境状况来确定组织的结构和内部的各种关系。

组织管理的好坏，不仅取决于组织的内部情况，也与外部环境有着密切的关系。组织活动涉及的人员不但包括组织内部的管理者和员工，也与外部环境中的供应者、消费者、竞争者等一切与本组织有关系的个人与团体有关；组织的活动不仅需要自身所拥有的设备、资金、原料，还需要外部环境不断提供资源和产品。

从组织的构成来看，组织中存在着相互影响相互制约而又共同工作的一系列子系统，某一子系统的变化必然影响到其他子系统的活动。

从组织与外部环境的关系来看，不存在任何情况下都是最好的组织结构。组织的结构要随着工作任务、组织的特性和所处内外环境的变化而变化。

管理人员在设计组织结构时，应主要考虑以下因素的影响：首先是工作任务和技术方面的因素。现代技术的飞速发展，需要组织结构具有相应的灵活性，组织结构应与技术过程、生产经营过程相适应。其次是环境因素。不同的市场环境、经济技术环境和科学环境决定了组织结构类型的多样化，因此，不能指望有一种通用的组织模式，而应考虑在各种不同环境变量的情况下，寻找适宜的组织结构。再次是发展变化与不确定因素。组织设计是不断发展变化的，一定的组织结构总是与特定的技术和环境相适应的。因为人在变，技术在变，环境在变，组织本身也在发展。组织结构只有不断地进行修正与发展，才能适应外部环境的变化和内部特征的改变。

二、部门划分

现代组织为了更好地实现预定目标，需要在组织内部进行合理分工与合作，把组织成员分编成不同的工作单元，即划分为不同的部门。划分部门的方法主要有以下几种：

一是按人数划分部门，即按一定的人数分出一些需要完成相同任务的人员归一名管理者领导。

二是按时间划分部门。许多组织由于经济、技术或其他方面的原因，正常工作日不能满足需要，需采用轮班作业。按时间划分部门可以实现24小时连续不断地工作。

三是按职能划分部门，按任务的性质将组织划分为具有不同功能的部门。按职能划分部门是组织活动中最广泛采用的基本方法，几乎所有企业组织结构的某些层次都存在这种形式。这种方法符合专业化分工的原则，能合理地反映职能，维护职能的权力和威信，简化组织培训。缺点是管理人员过度专业化，不同职能之间的协调能力减弱，对环境变化的适应性差。

四是按地区划分部门。对于经营活动范围分布很广的企业来说，按地区划分部门是必要的方法。政府机构为了同时在全国进行同样的工作，也常采用这种方法。按地区划分部门可以鼓励地域部门自己制定决策，调动积极性，加强与地方的联系，降低成本，有效训练经理人员。缺点是高层管理人员对各地区部门活动难以进行有效监督，且容易导致职能重复、机构重复；而各地区都需要的具有全面管理能力的人才的缺乏，会阻碍组织的发展。

五是按顾客划分部门。组织按特定顾客的需要划分部门，将某类顾客所做的事统由一个部门掌握。此方法可以在明确规定的服务项目方面满足顾客特殊的和广泛的需求。

六是按产品划分部门。在多线生产的大规模企业中，按产品或产品系列划分部门是经常采用和较为适宜的方法。这种方法有利于专项资本的使用，使某些协作更为容易，也有利于使部门领导人对产品的利税负责。缺点是需要配置较多的具有全面管理能力的人员，且由于各产品部门的负责人要独立决策，组织的集中管理与控制较为困难。

三、组织结构的基本类型

组织因权力行使方式及部门组成方式的差异，会形成不同的组织结构。组织结构的基本类型主要有：

第一，直线-职能制，或称直线-参谋制。整个组织结构按照等级层次形成上级指挥下级的垂直指挥链，并按照一定的职能专业进行分工，在必要的组织层次建立职能机构，担负各方面的管理工作。整个组织中的管理人员可以分为两大类，即直线管理人员和参谋人员。直线人员可以直接对下级发号施令，而参谋人员或称职能人员则只能对下级机构进行业务指导。直线职能制分工细密，任务明确，各部门责任明确，因而有较高的效率和稳定性，在外部环境较为稳定的情况下，易于发挥组织的团体效率。

第二，事业部结构。一个组织对于具有独立的产品和市场、独立的责任和利益的部门实行分权管理，这是西方国家大型企业经常采用的组织形态。采用事业部结构必须具备三个条件：具有独立的产品市场；具有独立的利益；具有足够的权力，能自主经营。

事业部结构是把制定政策与行政管理分开，政策管制集权化，业务经营分权化。组织的最高决策层负责各项决策，事业部则负责管理日常经营活动，成为完全自主的经营单位。

事业部结构能使最高管理层摆脱日常事务，搞好重大决策，使各个事业部发挥经营管理的主动性。事业部结构既有较高的稳定性，又有较好的灵活性；而且独立性相当强，需要处理市场、人力、技术等独立组织所面临的问题，有利于组织的人才培养。

第三，模拟分权结构。一些大型组织，如许多大企业，模仿事业部结构进行分权，称为模拟分权结构。这种结构的组成单元有自己的管理层和利润指标，但不是真正的事业部门，没有独立的外部市场，实际上是同一种产品的不同生产阶段。模拟分权结构解决了组织规模过大不易管理的问题，是一些工业企业组织结构的较为理想的选择。

第四，矩阵结构。矩阵结构又称规划-目标结构，是把按职能划分的部门和按产品（或项目、服务等）划分的部门结合起来组成一个矩阵，同一名员工既同原职能部门保持组织与业务上的联系，又参加项目小组的工作的一种结构。职能部门是固定的组织，而项目小组是临时性组织，完成任务以后就自动解散，其成员回原部门。

在矩阵结构中，生产最终产品的部门依靠职能部门的资源和人力来管理各种产品或项目，产品部门的领导和职能部门的领导都直接向最高管理者负责；最高管理者基本上是在矩阵之外工作，协调产品部门和职能部门的工作。矩阵式组织的重要特征是它应用双重职权线。产品管理人员对于完成项目负有全面的责任，职能管理人员对产品部门所必须完成的产品或项目具有技术职权。每一项目都是由一位产品管理人员和一位职能管理人员所提供的雇员们完成的。此结构适用于产品品种多且变化大的组织，特别是以开发或研究为主的单位。

矩阵式组织结构的主要问题是其违背了统一指挥原则，每一下属人员既要向一位职能管理人员汇报，又要向一位产品管理人员汇报。如果协调不好，就会产生严重的冲突。

四、人员配置

组织结构确定之后，要进行人员的配置和人力资源管理工作。这主要包括人力资源规划、招聘与定岗、培训、考评等诸环节。

为了完成组织的目标，就要确定组织需要多少人员，要预测有多少工作岗位，有多少岗位需要补充人员，这些岗位需要什么样的人员等，这些是人力资源规划要解决的问题。

招聘员工应根据现实情况确定适宜的方法，选聘合适的员工。常见的方法有：让求职者填写个人登记表或履历表；通过适当方法测定应聘者的成就、能力、水平、个性和兴趣；面试经过筛选的候选人；等等。

人员聘定了以后，要把他们安排在合适的岗位上并进行有效的管理。这必须对职位所要求的条件进行客观分析，并尽可能地设计工作岗位以适应组织及个人的需要。必须对职位进行评价和比较，以便使任职者得到公正、平等的对待。必须对员工才能和个人特点进行分析，使员工的特点与职位需要相一致。挑选、安置和提升管理人员要遵循科学方法，平衡考虑多方面的因素，选择最符合职位要求的人选。

为了不断提高组织的质量，需要不断对员工进行培训。培训的方式可以有多种，如专题讲座、培训学徒、定期轮训等。可以在组织内举办培训班进行在职培训，也可以脱产培训。

为了更有效地管理人力资源，要对管理人员和普通员工的工作绩效进行考评，评估工作状况，研究工作改进方法，测评组织员工的潜能，以有利于组织的发展和组织工作的不断完善。

第五节　领　导

领导职能是影响其他人为实现群体既定目标而努力的过程。领导实际上是一种影响力，是领导者为实现组织的目标，运用其权力和自身影响力向下属施加影响，并将其导向组织目标的行为或过程。

领导与管理并不是一回事，领导是管理过程中的一项职能。管理职权与领导的影响力是有区别的。管理的职权是建立在组织合法性、强制性的基础上的对下级的命令行为；领导的影响力可能建立在组织职权的基础上，但更可能是建立在个人影响权、专长权和模范作用的基础上，以非职权因素影响下级。因此，管理者与领导者经常会出现分离。组织中的个人可能是领导者，但并不一定是管理者，非正式组织中具有影响力的人就是典型的例子。一个管理者，如果没有下级的真心追随与服从，就不是真正意义上的领导。

一、领导的效能

（一）领导的作用

领导是管理的重要职能。成功的管理者在组织中的领导作用体现在以下几方面：

第一，指挥作用。在组织活动中，管理者必须为员工指明行动的目标和达到目标的途径，对组织的各项经营活动发出指示、命令和施加影响，以引导和督促员工为实现组织目标而努力。

第二，协调作用。组织面临内外环境的广泛影响，会产生各种各样的矛盾与问题。管理者要协调组织内外的各种关系，保证组织的活动有效率地进行。

第三，信息沟通。为了达到组织目标，管理人员必须接收和传达有关组织内外情况变化、影响组织发展的各种信息，这是组织信息传递过程中的重要环节。

第四，激励作用。员工的工作热情高低是影响组织效率的关键因素；管理人员要使组织充满活力，必须经常激励下属，使他们处于积极的心理状态，同心协力完成组织目标。

（二）领导理论

为了解决领导的有效性问题，研究人员对领导人及领导职能的行使进行了广泛研究，提出了多种领导理论。

1. 性格与特性理论

性格理论主要研究领导人的个人特性或性格对领导成败的影响，认为成功的领导者应该具备一些与普通人有所差异的品质与性格特点。美国管理学家提出了企业家应具备的条件：合作精神、决策能力、组织能力、善于授权、善于应变、敢于求新、勇于负责、敢于承担风险、尊重他人、品德高尚。我国理论界也对领导性格或特性进行了研究，认为优秀的领导人应具备良好的政治素质、知识素质和能力素质。传统的领导特性理论认为领导者的个人性格特点是天生的，由遗传因素决定。而现代特性理论认为，领导者的性格与品质特性虽然与遗传因素有一定的联系，但更主要是在后天的实践过程中形成的，可以通过教育训练进行培养。

2. 领导人行为理论

由于领导人的行为方式的差异，在日常管理过程中，领导对待员工及任务会采取不同的态度，形成了不同的领导方式。领导行为理论主要包括以下几种：

①专制、民主和放任式领导方式。从领导者的工作作风来看，存在着三种不同的工作作风，即专制作风、民主作风和放任自流作风。专制型作风的领导人依靠权力和强制命令让人服从；具有民主作风的领导人以理服人，以身作则来影响员工；放任自流的领导人则对工作事先无布置，事后无检查，权力完全放给个人，一般没有规章制度的限制。最早对领导作风问题进行研究的心理学家勒温认为：采用放任自流的领导作风，组织的效率最低，只能达到社交目标，一般完不成工作目标；具有专制作风的领导可以通过严格管理完成工作任务，但会造成组织内部矛盾重重；民主型领导作风工作效率最高，不但能很好地完成工作任务，而且组织内人际关系融洽，员工积极性高涨。

②利克特的领导系统模式。美国学者利克特提出了四种领导方式：专制-权威式、开明-权威式、协商式、群体参与式。采用专制-权威式的管理人员非常专制，对下属缺乏信任，多使用使人恐惧的或惩罚的方法激励员工，决策权主要集中于高层。实行开明-权威式管理的管理人员对下属有一定信任，采取奖罚并用的激励方法，在一定程度上听取并采纳下属的意见，授予下属一定的决策权，但集中掌握重大问题的决策权。协商式管理一般设法采纳员工的意见，多用奖赏偶尔也用惩罚的方法激励员工；在最高层进行总体决策和制定主要政策的同时，允许基层部门就一些具体问题进行决策；并在某些情况下进行协商，让员工有一定程度的参与。采用群体参与式管理方式的管理人员对下属抱有充分的信心和信任，积极采纳下属的意见和建议，组织内信息沟通顺畅，决策分权化，员工参与充分。利克特发现，采用群体参与式管理方式的领导人会取得最大成就，能够最有

效率地实现组织目标。

③领导行为四分图。从二战时期开始，美国俄亥俄州立大学与密歇根大学对领导者的行为特点进行了研究，认为领导行为的内容可以分为两个方面，即关心组织与体贴精神。据此，领导者的行为可以归纳为四种类型：高组织与高体贴、低组织与低体贴、高体贴与低组织、高组织与低体贴，如图 4-1。

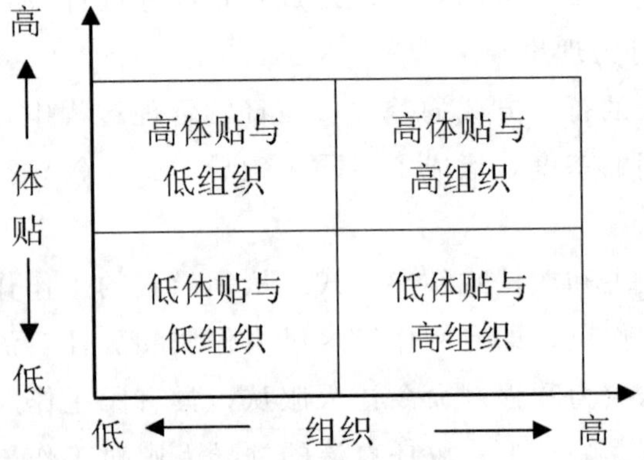

图 4-1　领导行为四分图

该理论认为，高组织与高体贴的领导行为类型管理效果最好。但从研究的实例来看，究竟哪一种行为方式更为有效，结论是不肯定的。看来，仅从关心组织与体贴精神两个方面来分析领导者行为还是不够的，还应考虑环境因素的影响。

④管理方格理论。在俄亥俄州立大学研究的基础上，布莱克与莫顿提出管理方格图。他们将领导行为四分图中的体贴精神改为对人的关心度，将关心组织改为对任务的关心度，将这两类领导行为的坐标都划分为九等分，形成 81 个方格。如图 4-2。

方格图的纵轴表示管理者对人的关心度，横轴表示对任务的关心度。当领导者纵轴的积分越高时，表示他越重视人的因素；当领导者横轴的积分越高时，表示他越重视生产任务。其中 5 种典型的类型是：

1.1 贫乏型：管理者用最小的努力来完成工作和维持人际关系，对员工和任务都不关心。

9.1 任务型：管理者只注意有效地组织和安排生产任务，不注意关怀下属；只关心任务，不关心人。

1.9 俱乐部型：管理者只注意搞好人际关系，营造和谐的组织气氛，不关心生产效率。

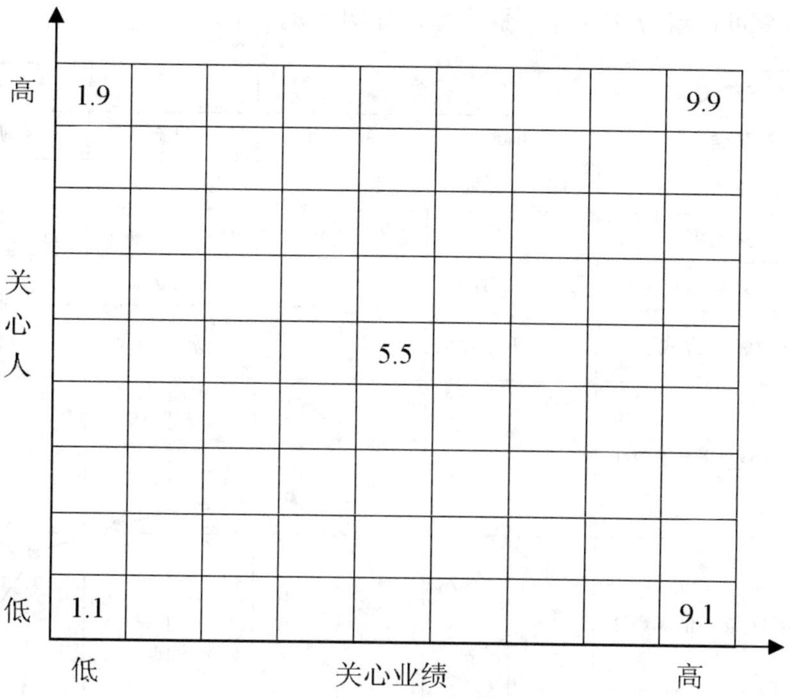

图 4-2　管理方格图

5.5 中庸之道型：管理人员对员工与任务都有适度的关心，注意维持足够的组织效率和令人满意的士气，在完成任务与关心员工之间寻求二者的平衡。

9.9 团队型：管理者对任务及员工都极为关心，通过协调和综合工作相关活动而提高组织效率与员工士气，高效率地完成任务并保持旺盛的士气和融洽的人际关系。

布莱克和莫顿认为，团队型领导效果最佳，最有利于组织的发展。不过，管理方格理论只是提出了领导风格概念化的框架，并没有解决如何培训管理者达到最佳状态的问题。

3. 领导的权变理论

权变理论又叫情景理论，该理论认为，某一具体的领导方式并不是到处都适用，而是要受内外情景因素的限制。主要的权变理论有：

①费德勒模型。费德勒认为，任何领导类型都有可能有效，关键取决于其是否适应所处的环境。影响领导有效性的环境因素主要有三个方面：领导者与被领导者的关系；职位权力，指领导者所享有的正式权力和上级管理部门给予支持的程度；任务结构，即工作任务的规范化程度。三个方

面的因素可以组合成8种情景类型。如图4-3。

上下级关系	好				差			
任务结构	明确		不明确		明确		不明确	
职位权力	强	弱	强	弱	强	弱	强	弱
情景类型	1	2	3	4	5	6	7	8
所处环境	有利			中间状态				不利
有效领导方式	任务导向型			关系导向型				任务导向

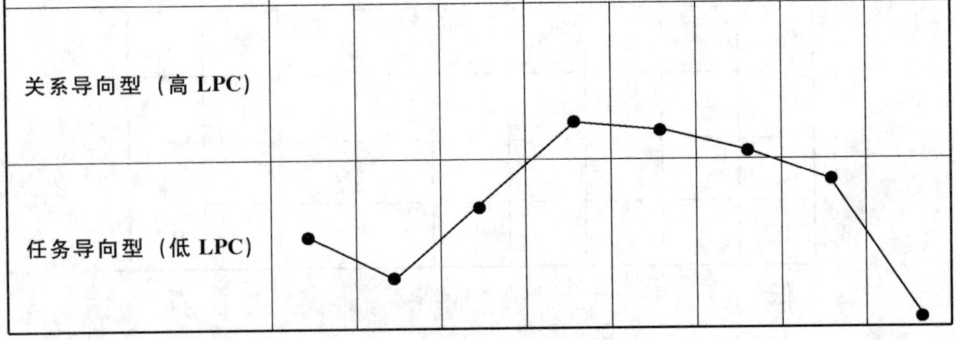

图4-3　费德勒权变理论模型

费德勒用最难共事者（LPC）问卷进行调查，确定管理者个体的领导风格。费德勒把领导风格分为关系取向型和任务取向型两种。关系取向型善于处理人际关系，任务取向型则更关心如何完成任务。通常情况下，任务取向型领导适宜于1、2、3、7、8类型的情景，关系取向型领导适宜于4、5、6类型的环境。

②赫塞-布兰查德的领导生命周期理论。该理论认为，领导者所采用的领导类型的有效性与被领导者的成熟度有关。所谓成熟度是指个体对自己的行为负责的能力和意愿，它包括两个因素：工作成熟度与心理成熟度。工作成熟度指完成工作的知识、经验与能力，心理成熟度指工作的意愿和动机。员工的成熟度可分为四个阶段：第一阶段，既不胜任工作又无执行任务的意愿；第二阶段，缺乏能力，但有完成任务的积极性；第三阶段，有能力却不愿意做管理者所希望的工作；第四阶段，既有能力又愿意做管理者所指派的工作。

该理论与费德勒模型一样，用任务取向和关系取向作为划分领导行为的依据。与费德勒模型不同的是，该理论认为任务取向与关系取向都有高低之分，从而组合成四种具体的领导的风格：高任务低关系，领导者具体指示员工应如何工作；高任务高关系，领导者既提供指导又要给予信任与尊重；低任务高关系，领导者提供便利条件，允许下属参与决策；低任务低关系，领导者给予极少的指导或支持，充分授权。

赫塞与布兰查德认为，应根据员工不同的成熟阶段，相应采取适当的领导类型。具体地说，在成熟度的第一阶段，应采用高任务低关系；在第二阶段，采用高任务高关系；在第三阶段，采用高关系低任务；在第四阶段，采用低关系低任务。

③路径-目标理论。由加拿大多伦多大学教授罗伯特·豪斯提出。他把期望理论与领导行为结合起来，提出领导者的行为应符合员工的激励需要。他依据行为特点将领导的类型分为支持型、参与型、指导型和成就导向型。支持型领导非常友善，关心下级的需求；参与型领导则与下级共同磋商，并在决策前充分考虑他们的建议；指导型领导让下级知道组织对他们的期望，以及完成任务的时间安排，并对如何完成任务进行具体指导；成就导向型的领导设置富有挑战性的目标，并以此期望下级达到其最佳水平。

员工的激励需要受两方面因素的影响：一是环境权变因素，如任务结构、正式权力系统、工作群体等；二是员工的权变因素，如经验、控制力、知觉能力等。各种影响因素的不同组合分别需要不同的领导方式。当任务不确定性较强时，指导型领导比较适宜；任务较为明确和具体时，则应采用支持型领导方式；员工能力较强时宜采用参与型领导方式；当任务结构不规范且员工有一定能力与经验时，成就导向型领导方式则更为适宜。

④领导参与决策模式。也称决策参与权变理论、常规决策理论。由弗洛姆和耶顿于 1973 年在合作出版的《领导与决策》一书中提出。其基本要点是：有效的领导者应该让员工不同程度地参与决策。他们根据员工参与决策程度的不同，把领导风格（决策方式）分为独裁方式Ⅰ、独裁方式Ⅱ、协商方式Ⅰ、协商方式Ⅱ与集体决策方式三类五种。该理论认为，各类决策的有效性取决于决策者对决策质量、决策的可接受性以及决策耗时等因素的重视程度，同时也取决于采用不同的决策方法所获得最终结果的差别程度。不存在对任何环境都适用的领导（决策）方式。有效的领导应该以决策者有正确经验为基础，根据不同的环境来选择最为合适的领导风格。

二、激励

（一）激励概述

管理人员必须懂得和依靠激励的知识与技巧来调动员工积极性，才能对员工产生号召力，有效行使领导职能。

人在社会生活过程中，在内在生理与心理作用和外部环境刺激下，会出现各种各样的需要，由需要而产生行动的动机。人类有目的的行动都是出于对某种需要的追求。未得到满足的需要是产生行为的起点，也是激励作用的源泉。需要的满足与不满足都会对人产生相应的激励作用。管理人员对下级的激励就是针对员工的各种需要或愿望，采取满足或不满足的措施，引导员工按照组织要求的目标和方式去行动。

在激励的理论研究方面，行为科学学派做出了突出的贡献，形成了完整的理论体系。如梅奥的人际关系理论、马斯洛的需要层次论、亚当斯的公平理论、斯金纳的强化理论、赫茨伯格的双因素理论、麦格雷格的X—Y理论等，从不同的角度探讨了人们在生产过程中心理活动的规律，分析了激励对人的行为的重要影响，以及激励的因素、过程及条件，提出了激励的操作方法，使激励成为领导职能的重要组成部分。

（二）激励的实施程序

激励一般按以下程序进行：

首先是了解需要。管理者必须要知道员工有什么要求，需要的强度如何，才能采取相应的激励措施。否则，激励措施便没有针对性，难以取得满意的效果。

其次是分析需要，制定计划。要对员工需要的性质、结构等因素进行深入分析，抓住关键问题，也要对影响个人行为的环境因素进行分析，并据此制定激励员工的方案。

再次是实施激励措施，调动员工积极性。

最后是信息反馈。根据激励措施实行情况，对员工的需要和激励的有效性进行分析，对激励措施进行适当改进，并进一步发现员工新的需要，为新的激励准备条件。

管理中的激励是一个不断进行的过程。通过激励，原先的需要满足了，又会出现新的需要，就要进行新的激励。组织要在不断进行激励的过程中提高管理水平，增加组织效益。

（三）激励方法

管理过程中出现的激励方法方式不胜枚举，主要有以下几类：

第一，工作激励。工作激励是通过工作安排来激发员工的工作热情，提高工作效率，包括三个方面的内容：

一是分配工作要考虑员工的爱好与特长。每个人都有自己的优势和劣势，安排工作时必须认真研究每个员工的特点，用人之长，避人之短，把工作对知识和能力的要求与员工的自身条件结合起来进行安排，以充分发挥每个人的才能。在使工作的性质与内容符合员工的特点的同时，还应尽量照顾员工的个人爱好，使个人兴趣与工作更好地结合起来。员工对工作有兴趣才更容易发挥主观能动性，自觉提高工作的技术水平和效率。

二是充分发挥员工的潜能。工作安排应有一定的挑战性，能激发起员工奋发向上的精神。在工作所需能力与员工能力的匹配方面，应使工作的能力要求略高于员工的实际能力。如果员工的能力远远高于任务要求，就会对工作失去兴趣，产生厌倦情绪；如果员工的能力远远低于任务的要求，则会丧失信心，放弃努力。如果把任务交于略低于要求的员工，只要他积极努力，则既可以顺利完成工作任务，又可以在工作中不断提高自己的各方面能力。

三是工作丰富化。工作丰富化不是职务内容的简单扩展，而是要改善工作的性质，提高工作与生活的质量，在工作中建立一种更高的挑战性和成就感来提高员工的工作热情。使工作丰富起来的措施包括：在工作的各环节中给员工更多的自由，尽可能多地赋予他们解决各种问题的权力；鼓励下级员工参与管理；让员工对个人的工作任务有个人责任感；使员工认识到自己的工作对组织的贡献；改善员工工作条件；等等。

第二，报酬激励。对员工的工作成果进行评价，并给予相应的奖罚。考评要有严格的考核制度与科学系统的考核指标，做到客观公正。应主要从工作实绩、态度、个人能力等方面对员工进行考查，以对员工的个人业绩和发展潜力等问题得出正确的结论。报酬分物质报酬与精神报酬两种。物质报酬主要是指工资、奖金或物质方面的处罚，精神报酬是指各种荣誉表彰或批评。物质或精神方面的奖惩，都会直接影响人们的行为。

为了持续有效地调动员工的积极性，使用报酬激励要注意两个问题：一是做到合理付酬。亚当斯的公平理论已非常清楚地说明了员工是如何评价自己所得到的报酬是否是公平的。要使员工感到公平，就必须真正做到按劳分配，将员工的报酬与其劳动成果紧密结合起来。而且报酬的考评标准与付酬标准应该统一。二是处罚合理。有效的处罚同样可以起到明显的激励作用。当员工在工作中出现错误或失误时，应及时给予必要的批评教育。对员工的批评要出于良好的目的，对事不对人，要有说服力。必要时应给予经济处罚。不管是口头批评还是经济处罚，都要注意把握分寸，合理运用技巧。否则，可能起到适得其反的效果。

第三，教育与培训。员工的劳动积极性与其自身的素质有直接的关系。自身素质高的人，进取精神一般都比较强，容易产生自我激励，在工作中表现出较高的工作热情。通过教育与培训提高员工的自身素质，增强员工自我激励能力，是管理者重要的激励方法。

教育与培训的内容可以分为两大部分：政治思想教育与业务技能培训。

政治思想教育工作应当常抓不懈，经常进行，以培养员工高尚的道德情操、爱国主义与集体主义精神，为形成良好的组织文化与组织精神奠定坚实的基础。为了保证思想教育的效果，达到预期的激励目的，思想教育工作要理论联系实际，防止空洞说教；要平等对待员工，防止以势压人；注意以身作则，用行动影响员工；进行思想教育与解决实际生活困难相结合。只有这样，思想教育工作才能有吸引力和号召力。

业务技能培训是提高员工素质、有效激发劳动积极性的重要手段。业务素质与员工的进取精神是相互促进的。强烈的进取精神可以促使员工努力工作，取得良好的业绩，提高业务素质；而较高的业务素质会使员工有更多的成功机会，并带来心理上的满足，这种满足感能够促使员工努力争取更大的成功。业务培训应根据组织的需要和个人特点进行。对管理人员应培训其现代化管理的理论知识及处理实际问题的能力；对普通员工则需要进行文化知识教育及岗位操作技能的培训，提高作业水平。针对员工的特点的教育与培训能切实提高业务素质。

三、沟通

（一）沟通的概念与类别

沟通是管理者激励下级，实现领导职能的基本途径，是把组织中的成员组织起来实现共同目标的手段。从某种意义上来说，整个管理工作都与沟通有关。在行使领导职能的过程中，沟通显得尤为重要。没有信息沟通，就不能协调各成员和各要素之间的关系，也就不能进行群体活动。管理者只有与下级进行有效沟通，才能对下级有足够的影响力。

沟通是可理解的信息在两个或两个以上的人之间传递或交换的过程。沟通的过程是信息发送者通过选定的渠道把信息传递给接收者的过程。沟通过程开始于有了某种想法或思想的发送者，他们把信息用发送者与接收者都能理解的方式进行编码，通过一定传播渠道传递给接收者，接收者接收信息并回译成思想。

组织中的沟通可以分为各种类别。按照沟通的方法，可分为书面沟通和口头沟通；按照沟通的目的与功能，可分为感情式沟通和工具式沟通，其中工具式沟通的目的是影响和改变信息接收者的行为，感情式沟通则是为了交流信息的各方表达感情、改善相互之间的关系；按照组织系统，可分为正式沟通和非正式沟通，即以正式组织系统为渠道的信息传递和以非正式组织系统或个人为渠道的信息传递；按照沟通的信息流向，可分为下行沟通、上行沟通和平行沟通；按照有无反馈，可分为单向沟通和双向沟通；等等。

（二）沟通的障碍

沟通的障碍是客观存在的。各种各样的原因都可以造成沟通障碍，使信息丢失或被曲解。阻碍沟通有效性的因素主要有以下几类：

第一，发送者方面的原因。信息发送者缺乏信息沟通的计划，没有选择合适的渠道和适宜的时间和方式，或发送者缺乏应有的沟通技巧，未能把要传达的信息表述清楚等都会给沟通带来困难。

第二，接收者方面的原因。人们各自的出发点不同，考虑问题的角度也不同。人们一般都愿意接受自己心理上有所准备或对自己有利的信息，而往往拒绝或片面接受与他们期望不一致的信息。当然接收者个体差异的原因也会影响沟通效果。

第三，人际关系因素。信息传递涉及沟通双方，双方的诚意和相互信任至关重要。沟通双方如果相互猜疑，抱有偏见，就会极大地阻碍信息的传递过程。

第四，结构性因素，如组织系统的结构与规模、信息传递网络、沟通双方的地位差别等。随着组织的层次变多，信息传递经过的环节增加，信息失真率会增大。当组织规模较大时，沟通会变得较为困难。不同的信息传递网络类型适用于不同的组织，信息网络的选择错误也会增加沟通困难。地位差异是沟通的重要障碍，信息趋向于从地位高的流向地位低的，地位高的人一般处于沟通的中心，故下行沟通比较顺畅，而自下而上的沟通则比较困难。

第五，技术性因素，如信息超负荷、媒介的有效性等。不受限制的信息流动会造成信息过量，使接收者无所适从而无法有效沟通。沟通的准确性依赖于双方对信息载体——语言和文字的理解。大多数情况下，双方对同一语言或词语的理解存在差异，容易对信息产生误解。而人们进行交谈时，常常伴随一系列含有意义的动作，这些动作有非常重要的暗示作用，与语言共同构成了完整的信息。如果组织忽略面对面的交流及非语言暗示的作用，就难以达到预期的效果。在正式组织的沟通交流过程中，沟通工具的选择也容易出现问题。书面沟通较为准确，易于储存，可以作为各种检查的依据；但欠灵活，不利于感情交流，且大量的文字信息会使管理人员陷于文牍主义，无法注意真正有用的信息。

（三）改善沟通的措施

第一，选择适宜的沟通网络。沟通网络关系到信息传递的畅通无阻和完整性。应根据组织目标的要求，选择适合组织特点的网络形式。提倡直接沟通、口头沟通和双向沟通，尽量缩短信息沟通链，使信息传递更加迅速和完整。加强平行沟通，促进横向交流，强化子系统间的合作，促进组织整体目标的实现。组织信息网络中应注意一些组织机构的作用，如建立由管理人员与普通员工组成的特别委员会，成立非管理工作小组等，在整个组织范围内加强广泛交流与沟通。企业的职工代表大会更是企业负责人与员工沟通的良好渠道。

第二，沟通要有明确的目的和确切的内容。信息发送者必须有明确的目的，制定符合实际的沟通计划。发送者自身对沟通的内容应有正确、清晰的理解。沟通的内容要确切，有针对性，并尽量通俗化、具体化、数量化，避免因语意模糊造成理解困难。

第三，沟通要符合信息接收者的需要。信息对接收者有价值才会引起接收者的兴趣，产生应有的作用。信息发送者在制定沟通计划时，应从接收者的角度出发考虑问题，制定政策，使他们产生共鸣。这样，沟通才能收到预期的效果。

第四，沟通中注意协调人际关系。沟通的效果既与沟通的内容有关，也与沟通双方的感情因素有关。管理者要与员工建立良好的人际关系，要有足够的诚意，去取得员工的信任，并与他们建立感情上的紧密联系。管理者应有高尚的品德、民主的作风，欢迎员工发表意见，尤其是要能听得进不同意见。

第五，改进沟通技巧。管理人员与下级的沟通要讲究方式方法，要注意倾听下级的意见。员工在发表意见时，管理人员应以同情的态度对待谈话者，要有耐心，不能随意打断对方的谈话。沟通过程中及时给予对方反馈，也要注意得到对方反馈，以使双方正确理解所传递的信息。管理者发布书面信息要根据不同的场合进行精心加工，使沟通对象乐于接受，并能正确理解信息的含义。书写文体应符合应用的情景与场合，语言要简明，使用人们熟悉的词汇，提供帮助理解的实例、图表等。

第六，使用现代技术与设备。现代化电子媒介在信息沟通中正发挥着越来越重要的作用，如电子计算机、电子邮件、博客、微博、无线电通讯等已经影响到管理过程的各个阶段。这些新生的媒介和手段，不仅可以大大节约沟通的成本和时间，而且能够使人们非常经济地迅速得到各种数据与信息，满足经营管理的需要。

第六节 控 制

一、控制概述

（一）控制的概念

控制是组织对内部的管理活动及其效果进行衡量和校正，以确保组织的目标和计划得以实现的管理活动。

控制与计划是互相依存、紧密联系在一起的。计划对组织行为起着指导性作用，是管理活动的依据，而控制则是为了使实际工作与计划一致而产生的一种职能。计划预先指出了组织所期望的行为与结果，控制则保证计划所规划的行为与结果变为现实。如果没有计划来表明控制的目标，管理者就不可能进行有效的控制，也就无所谓控制。同时，控制也对计划有着重要的影响。管理者只有获取各子系统及整个组织过去与现在的信息才能制定出合理和有效的计划，而计划所需要的信息大多来源于控制过程。一般情况下，控制过程中所采取的措施是纠正实施过程中的偏差，使实施过程符合原来的计划目标。但有时控制过程也会导致更换目标和计划，甚至会引起组织机构改变、人员变更或其他重大变革。

控制的基本过程至少应包括以下几方面的内容：首先，确立标准。控制必须有一个或一系列清楚的标准，根据这种标准可以对计划的实施情况进行监测。其次，确定测评手段。组织需要用各种监测手段来监测和分析各子系统及员工的工作情况。第三，衡量绩效。能够使用某种数据准确地进行比较，以确定实际实施情况是否与计划相吻合。第四，纠正偏差。当实际实施情况与计划进行比较时，任何差异都是纠正管理活动的依据，组织必须采取实际行动来矫正重大的偏差。

（二）控制的类型

按照不同的分类标准，控制可分为多种类型。如按照业务范围，可分为生产控制、质量控制和成本控制等；按照控制对象的全面性，可分为局部控制和全面控制等；按照控制的组织分工，可分为集中控制、分散控制和等级结构控制等。这里我们重点介绍的是按照控制信息的性质和纠正措施的作用环节划分的反馈控制、前馈控制与同期控制。

1. 反馈控制。反馈控制是根据已发生的情况来指导和控制将来的行为，是最常用的控制类型。信息反馈能发现行为过程中的差错，并引发更正错误的行为过程。反馈控制几乎适用于一切控制过程。即使是人类社会这样复杂而巨大的系统，也是靠不断分析过去的信息来矫正将来的行动。管理控制当然也不例外。企业管理人员通常是采用信息反馈来监测员工的工作情况，并对员工的工作业绩进行评价。如果认定工作质量低于规定的标准，就要进行必要的更正行动，或让员工对产品进行返工，或对以后的工作提出改进意见，以确保达到预期的目标。反馈控制的缺点在于信息反馈需要一个过程，使控制有一定的滞后性，管理者获得信息反馈采取行动时，差错或损失已经发生了，这种控制便成了亡羊补牢。但反馈控制也有其固有的优势：反馈控制应用范围广，限制条件少，在很多情况下是唯一的控制方式；反馈控制为管理者提供了关于计划效果的真实信息，如果信息反馈显示计划与现实之间只有很小的差异，说明计划的目标是符合实际的并基本达到了，否则管理者就应利用信息反馈控制行动或修正计划，使计划更有效；反馈控制还可以有效调动员工的工作积极性。

2. 前馈控制。由于反馈控制存在时滞问题，往往影响到控制的有效性，于是，人们便期望能利用有效的控制来避免预期出现的问题，前馈控制可以满足这样的要求。前馈控制是指导将来的控制。管理人员利用最新的信息进行预测，把所期望的结果同预测的结果进行对比与分析，发现可能出现或即将出现的问题，预先采取控制措施，避免问题的发生。如文化企业根据经营预测，在旺季到来之前招聘和培训一部分新员工，以满足经营旺季的需要，就属于前馈控制。前馈控制的关键是在实际问题发生之前就采取管理行动，是防止出现偏差或问题，而不是等出现偏差或问题后再补救。从理论上讲，前馈控制是比较理想的方式，但对未来的预测需要非常及时、准确的信息和精确的预测分析技术，在实际管理过程中常常是难以做到的。

3. 同期控制，也叫现场控制，是发生在活动进行之中的控制。最常见的同期控制方式是现场直接观察，发现问题并立即采取相应的控制措施进行纠正。随着现代科学技术的进步，信息的收集、传递和储存技术飞速发展，使同期控制在技术上更加可行，具有了更为广泛的应用范围。不过同期控制对管理人员的管理水平和领导能力要求高，因此多应用于较为简明的管理活动，因为在许多情况下，对问题的分析要耗费相当长的时间，难以立即对一些问题或偏差进行纠正。

二、控制技术与方法

针对组织活动的不同对象和不同环节的控制需要采用不同的技术与方法。常用的控制技术有：预算控制、质量控制、库存控制和目标管理。

（一）预算控制

组织的预算是一种最基本、运用最广泛的典型的控制手段，它通过编制财务计划或综合计划来控制管理对象，清晰地表明了计划与控制的紧密联系。

长期以来，预算控制被作为一种反馈控制使用。职能部门根据以往的销售数、生产成本、预期销售量等数据编制预算，组织的最高管理层和各职能部门都是对照预算指标，衡量和分析实际执行情况，采取各种控制措施。如果某一职能部门超预算，又不能说明其合理性，就会被认为出现差错，最高管理层可能就会采取矫正行动。随着预算控制理论的发展，越来越多的组织将其作为一种前馈控制机制来使用。在这种机制下，预算是灵活的，可以根据环境因素的变化及时进行修改，而不是等报告期结束后才检验计划的准确性与合理性。在计划期内，如果确有必要，管理人员可以对预算进行修改，使差错在发生之前就得到纠正。

预算控制要发挥应有的作用，必须注意以下几方面的问题：首先，明确各责任中心。编制预算时，要使各部门的责任与其职权相吻合。如把销售部门定为利润中心，对库存量、销售量和产品获利能力负责；指定生产部门为成本中心，对物质消耗、包装、产量等问题负责。责任中心法可以明确各部门的职责，将预算指标落到实处，并能减少部门间的相互冲突。其次，合理确定标准成本。为了给控制系统提供可靠的数据资料，管理部门要建立标准成本系统，按照既定的标准和方法对成本要素进行科学测算，使确定的标准成本能够正确地反映现时情况。再次，编制零基预算。传统的编制预算的方法都是以前次预算的执行结果为基础，结合相关变动因素加以适当增减调整。而零基预算则是对任何一个预算期的任何一个项目的预算支出，都是以零为基础，从根本上逐一说明每项预算项目的必要性与合理性，从而有效地清除一些并不需要的开支项目。

（二）质量控制

产品或服务的质量是一个组织业绩的主要影响因素。顾客对质量的要求越来越高已成为世界性的趋势。有效地进行质量控制，不断改进质量，对于获得和保持良好的效益是必要的。组织的质量控制包括以下内容：质量政策、质量体系、质量监督等。

质量政策是组织总的方针政策的重要组成部分，组织的最高管理者要根据实际情况，确定总的质量宗旨和质量方向。在总的质量方针政策的指导下，组织要确定某一时期的质量目标，即建立具体的数量化的质量标准。确立质量政策与质量标准是一项非常复杂的工作，要对市场需求、竞争状况、投资回报等因素进行深入调查与研究，才能做出正确的判断。

在组织中实施质量控制，必须建立科学、完善的质量管理体系并使其能够有效运作。质量体系由组织结构、职责、程序、过程和资源等因素构成。其中，组织结构、职责、程序等是软件；资源是物质基础，包括人力资源及必需的设施、设备和物资。在建设质量体系的过程中，只有把软件建设与物质基础的建设有机地结合起来，才能提供优质的产品或服务，满足顾客与社会的需要。

质量监督是管理人员根据质量标准对质量状况进行的监测与评价。质量控制是一项全局性的系统工程，涉及组织内的各个部门，组织中的每一个部门或员工都承担着质量控制的责任。目前，世界上许多国家都是通过推行全面质量管理来进行组织的质量控制。全面质量管理（TQM）是指组织以质量为中心，建立在全员参与基础上的一种管理，其目的是通过使顾客、本组织成员和社会受益来达到长期成功。全面质量管理强调质量在组织活动中的中心地位，强调全体员工参与对质量进行全方位控制。

（三）库存控制

库存控制亦称存货控制，就是从保证供应、节约资金和提高经济效益的基本思想出发，寻求最佳的存货方案。库存水平对组织的生产经营活动及组织的经济效益有很大的影响。如果过量存货，会占用大量资金，造成成本失控；同时，库存又必须保持足够的水平才能及时满足顾客的需要。库存控制的目的就是要在成本控制与满足顾客需要之间寻找平衡。库存控制主要包括物料需求计划模型、经济订货批量模型、库存订货点模型三个方面的内容。

物料需求计划模型是指具体的产品确定以后，把每件产品进行分解以确定它需要的材料和零配件的数量，以此数据来指导采购、存货及其他相关工作。各种产品间零部件有通用性时，物料需求计划模型更能发挥其应有的作用。随着计算机技术的发展，该模型得到广泛的应用。

经济订货批量模型是在订货费用与保管费用中寻求一种平衡，使订货费用与保管费用之和为最小。随着订货数量的增大，平均库存量增加，保管费用也随之增加。大量订货使订货次数减少，订货费用下降；反之，如订货量降低，则保管费用下降而订货费用上升。经济订货批量模型就是寻求两种费用之和的总成本曲线的最低点。在这个点上，订货费用等于保管费用，与之相对应的订货量就是经济订货批量。经济订货批量的计算公式如下：

经济批量＝2×每次订购费用×年需用量/单位物资年保管费用

库存订货点模型是对每项产品或物品的库存水平进行管理。根据这种方法，要对每一产品或库存物品确定订货点量，当库存达到这一水平时，就要进行采购，以保持最优库存量。

（四）目标管理

目标管理是美国管理学家德鲁克提出的一种管理制度：由管理人员与员工一起制定组织目标，在工作中让各级管理人员和员工实行自我管理以完成拟定目标。目标管理把经营的目的和根本任务转化为组织的目标。确定组织目标的过程需要上下级共同参与，一方面确定组织的总目标，另一方面确定上下级的责任和分目标。即把总目标层层分解，最终将目标责任落实到个人。目标的层层分解形成了目标锁链与目标体系，引导着全体成员共同努力去实现组织的总目标。这些总目标和分目标是单位经营和个人活动的依据，是对单位经营业绩和个人贡献进行评估与奖惩的标准。目标管理重在实现组织的效益目标，强调发挥各级管理人员和员工的自觉性与积极性，注意对经营成果与个人贡献的评估与奖惩。因此，从本质上看，目标管理是一种控制技术。

目标管理一般分为三个步骤：首先是设置目标。目标要具体化、定量化，做到明确而合理，便于测量与评估。要对实现目标的条件进行认真分析与研究，使确定的目标既有挑战性，又要有实现的可能性。目标责任要明确到个人，上下级要对实现目标后的奖惩事宜达成一致意见。其次是目标的实现过程。在实现目标的过程中应对工作情况进行定期检查，及时处理出现的问题。按照目标责任的规定，检查上级与下级双方对目标协议的执行情况。必要时，经过一定程序，可以对原定目标进行适当修改。再次是总结评估。达到目标期限之后，上下级共同对目标完成情况进行考核，总结经验教训，决定奖惩，并同时讨论下一轮的目标，开始新的循环。

目标管理是一种比较流行的管理与控制方法。它有利于提高组织的效益，改进组织结构和组织分工；有利于调动员工的工作积极性，增强管理人员与员工的自我控制能力，从而有利于实现组织的总目标。当然，目标管理也存在一些问题。目标管理是建立在Y理论基础上的，在实际管理过程中，这种对人性的假设并不一定具有普遍的适用性，使上下级之间无法建立目标管理所必需的相互信任关系。组织目标的商讨与确定也非常困难，许多岗位的工作特性使目标难以具体化与定量化，上下级之间对目标指标的意见容易出现矛盾。而且，如果奖惩措施与目标成果不能有效配合，就会挫伤员工积极性，导致控制工作失效。

三、管理信息系统与控制

管理信息系统（MIS）是为管理人员提供所需信息的各种信息传递方式的总称。管理学中所讲的管理信息系统是指以计算机和通讯技术为基础的信息传递方式。它是一个以人为主导，利用现代信息处理技术与设备进行信息收集、传输、加工、储存、更新和维护，以提高企业效益和效率、实现最佳经营目标为目的，支持企业高层决策、中层控制、基层运作的集成化的人机系统。

组织活动过程中随时都在产生着大量的信息，运用管理信息系统处理信息不但迅速、准确、简便，而且便于管理人员及时掌握组织活动的全貌，在管理中发现、了解并纠正偏差，达到有效控制。

文化企业在经营过程中各方面的情况错综复杂，会产生大量的数据。未经过加工的数据，对管理者来说，基本上没有什么用处。管理信息系统可以快速便捷地进行数据分析与处理，及时将数据变为有用的信息，提供给有需要的管理人员。

管理信息系统的应用正在改变着管理者的管理方式和组织经营方式。管理信息系统能极大地提高管理者的决策能力。管理者要依靠信息进行决策，管理信息系统能极大地提高决策者获得信息的数量、质量和速度。而且，依靠计算机能够对大量数据资料进行分析与模拟，对各种方案进行充分的分析与比较，迅速确定最优方案。管理信息系统正在改变着组织的结构，使组织的层次更少，更有机化。在不同的环境中，组织的经营管理更容易实现集中化与分散化。如果组织的经营环境是比较稳定的，完善的管理信息系统使最高管理层能够非常迅速地获得经过计算机处理的各种信息，有效地对经营管理活动进行指导与控制。当组织面临的外部环境不确定性较强，需要低层管理人员承担更大的责任时，管理信息系统可以帮助低层管理人员充分利用信息进行各种必要的决策，迅速对环境变化做出反应；而最高管理者又可以通过管理信息系统迅速对各种决策进行评价，对不符合要求的决策进行纠正，做到既能够合理分权又能有效控制组织活动。管理信息系统的不断发育与完善，能使管理人员对组织进行更有效的控制，也有利于组织更好地应付外来因素的挑战，促进组织机构健康发展。

管理信息系统的建立一般分为系统分析、系统设计和系统实施三个阶段。管理信息系统日趋复杂，其设计应遵循以下原则：信息系统的设立应主要针对责任中心的需要，而不能以特定的管理人员为对象，因为管理人员的流动较多，为特定人员设计的系统难以发挥应有的作用；管理信息系统的自动化程度应与组织发展水平和组织的需要相一致，符合组织的特点，不能盲目照搬其他组织的信息系统，设计出的信息系统要能够满足组织活动的特殊需要；管理信息系统的设计与建立要留有一定的余地，因为管理工作是复杂的，管理人员需要的信息既有明确的也有模糊的，并处于不断发展变化之中，信息系统的设计应该考虑到这一点，使信息系统有扩展的余地和高度的灵活性。

第五章　文化产业行业管理概述

第一节　文化产业与文化行业

一、产业与行业的区分

（一）行业与产业

所谓行业，一般是指从事同性质的生产、具有相同的工艺过程、生产同类产品或提供同类劳动服务的经济活动类别。行业是根据人类经济活动的技术特点划分的，反映的是以生产要素组合为特征的各类经济活动。它按照反映生产力三要素（劳动者、劳动对象、劳动资料）不同排列组合的各类经济活动的特点划分。例如，铁匠与木匠，律师与医生，我们从他们各自的劳动对象、劳动资料很容易地就能看出他们各自的技术特征，从而区分这四种行业。

所谓产业，是对各类行业在社会生产力布局中所发挥不同作用的称谓。行业划分的着眼点是生产力的技术特点这一微观领域，产业划分的着眼点是生产力布局的宏观领域。如上述铁匠、木匠、律师、医生四个行业按它们在生产力发展总链条中所发挥的不同作用归类，铁匠与木匠同属于加工制造业，律师与医生都属于服务业。加工制造业与服务业又分别被人们称为第二产业和第三产业。

“产业”一词最早是由重农学派提出的，特指农业。在人类迈入资本主义大生产时代后，产业又主要被用来指工业。在英文中，产业与工业、行业的表示方式都是“industry”。马克思主义政治经济学曾将产业表述为“从事物质性产品生产的行业”，并被我们长期普遍接受为唯一的定义，也正是因为其“物质性产品生产”的定位。

在国民经济行业分类中，一个行业（或产业）是指从事相同性质的经济活动的所有单位的集合。在统计分类中，行业与产业的概念是等同的，英语中都作“industry”。国际上的有关分类一般翻译为“产业”，而我国相对应的分类叫“行业”。目前，在我国使用“产业”一词往往更强调其经营性或经营规模。

20世纪50年代以后，随着服务业和各种非生产性产业的迅速发展，产业的内涵发生了变化，不再专指物质产品生产部门而是指“生产同类产品（或服务）及其可替代品（或服务）的企业群在同一市场上的相互关系的集合”。

也可以说，“产业”是居于微观经济的细胞（企业）和宏观经济的整体（国民经济）之间的一个“集合”概念。它既是同一属性的企业的集合，也是根据某一标准对国民经济进行划分的一部分。

在概括人类生产行为发展演变的理论研究中存在着多种研究思路。目前在国际上普遍流行的是三次产业划分思路，即按照人类生产发展的历史顺序，第一农业、第二加工制造业、第三服务业来划分，并用来反映国民经济中各类活动的不同的特征。

1985年，国家统计局明确地把我国产业划分为三大产业，把农业（包括林业、牧业、渔业等）定为第一产业，工业（包括采掘业、制造业、自来水、电力、蒸汽、煤气等）和建筑业定为第二产业，把第一、二产业以外的其他各行业定为第三产业。这是我国政府关于经济结构改革的一项重大决策与举措。

（二）不同行业和产业在社会化大生产中的功能

第一产业农业，是整个社会大生产的基础。人类吃、穿、住等基本生活资料都离不开农业。农业是人类生活资料的主要来源，是人类生存和进行其他生产的先决条件，是国民经济中其他产业部门独立的基础，更是人类社会进一步发展的基础。

第二产业主要是加工制造业（简称工业），它是社会化大生产的主导。工业是采掘自然物质资源和对各种原材料进行再加工、深加工的物质生产领域。它所包含的行业和门类较多，按照劳动对象可分为采掘工业和加工制造业。工业在社会化大生产中的主导功能表现在为国民经济各部门提供先进的技术装备，是各部门进行技术改造、实现现代化的物质技术先导。例如，传统农业主要靠人畜类肥来发展地力，靠精耕细作提高单位面积产量，而在工业化基础上的现代化农业则是用优良品种、化肥、农药、除草剂、农用机械等工业产品提高产量和质量。总之，工业在国民经济中占有非常重要的地位，发挥着主导作用。

第三产业主要是服务业，是指除第一、第二产业以外的向全社会提供各种各样劳务的服务性行业。第三产业的内涵非常丰富，且是随着生产力的发展而变化的，它所包括的部门不断扩大、增多，因而第三产业是个发展性的概念。

第三产业可具体分为两大部门：一是流通部门，二是服务部门。再细分又可分为四个层次：第一层次为流通部门，包括交通运输行业、邮电通讯行业、物资供销和仓储行业。第二层次是为生产和生活服务的部门，包括金融业、商业、饮食业、保险业、地质普查业、房地产业、公用事业、技术服务业和生活服务修理业务；第三层次是为提高科学文化水平和居民素质服务的部门，包括文化教育业、广播电视业、科学研究业、卫生、体育和社会福利业；第四层次是为社会公共需要服务的部门，包括国家机关、党政机关、社会团体以及军队、警察公安、司法机关等。

第三产业以第一、第二产业所创造的物质产品为基本条件，通过服务的形式生产出非物质形态的产品，满足第一、第二产业及社会生活的多种需要。这种服务性的产业活动就像润滑剂和增效剂，渗透到第一、第二产业，物化于各物质生产要素之中。

（三）职业和行业、产业之间的关系

职业反映以社会分工为纽带的社会形式和社会关系；行业反映以生产要素组合为特征的各类经济活动；产业反映各行业在社会生产力布局中发挥的不同作用。职业、行业、产业三者之间既有区别又有密切的联系，而在狭义的范围内三者又可以“混为一谈”，互相代替。

二、文化行业、文化产业与文化事业

文化行业是以文化类生产要素组合为特征的、具有相同或相近工艺过程、生产和经营文化类产品或提供文化类劳动服务的行业的通称。

文化产业是生产文化产品或提供文化服务以满足社会精神文化需要、取得经济效益的行业门类的总称。

文化事业的概念则分几个层次：第一层次是泛指整个文化；第二层次是指与文化产业相对的整个文化事业，主要目的是为了满足公众文化生活需要，而不是盈利；第三层次是指文化事业单位。所谓文化事业单位是指受国家各级文化行政部门直接管理的、生产文化产品和提供文化服务的独立的社会组织。文化事业单位既不同于文化行政管理机关，也不同于文化企业单位，其资金主要是由国家财政拨款，没有创利创税任务，服务对象是全社会的公众。

从严格意义上来说，文化行业与文化产业是有区别的。相对而言，文化产业更强调文化的经济性，而文化行业则涵盖文化的经济性与社会性。但在习惯上，文化行业与文化产业又往往被混用。

文化产业与文化事业则既有区别又有联系。文化产业与文化事业的区别是：

生产目的不同。文化产业部门为市场生产商品，以市场需求为转移；文化事业部门则生产公共产品，以国家和社会公共需要为转移。

机构性质不同。文化产业机构是企业单位，以企业法人的方式进行经营活动；文化事业机构是政府部门的附属单位，以行政方式进行管理。

资本来源不同。文化产业经营领域更多地吸纳全社会资本包括民营资本加入；文化事业的经费由国家或社会提供。

运营机制不同。文化产业是按企业的方式运营，是以少投入、多产出、追求最高经济效益为原则；文化事业机构是由国家财政提供经费维持其生产与服务活动，以寻求最高社会效益为原则。

调控方式不同。文化产业的经营活动，由国家以法律、税收政策、价格杠杆进行调控；文化事业则由国家以行政命令直接调控，为大众提供文化产品和服务。

文化产业与文化事业的联系是：

文化事业为文化产业“领航”。文化事业引发民众的文化兴趣，在文化领域进行直接或间接的投资，开拓文化市场，激发文化企业提升文化产品的文化含量和文化品位、增强市场竞争力。

文化产业为文化事业“加油”。文化产业为文化事业提供财力、物力，是文化事业经济基础的一部分。文化产业同时也在活跃着文化市场，满足民众的精神文化需求，增强文化事业的活力。

文化产业与文化事业可以互相转化。如，文化事业领域中的教育已经开始向文化产业转化，文化产业领域中的戏曲等传统艺术则开始向文化事业转化。文化产业需要文化事业提供文化资源，文化事业需要产业化手段来支持自身发展。

第二节　文化产业的行业构成

一、国际上的对文化产业的行业界定

国际上对文化产业的行业界定始于法兰克福学派。法兰克福学派所谓的文化工业，包括了传统的或前工业化时代的文化产品，如书籍和报纸、广播和电影等。

但是，迄今为止，文化产业究竟包括哪些行业？世界各国也没有一个统一的分类标准。这主要是因为文化产业的行业界定既涉及文化概念本身的模糊性和多义性，也涉及各国国家政策的制定和调整、科学技术的不断发展、各国历史文化的差别等诸多方面，具有一定的难度和复杂性。

就目前来看，国际上对文化产业的行业界定和分类标准基本上是在各种产业分类标准的基础上延伸出来的。在目前国际上的产业分类标准中，三次产业分类法的历史最长久，并广为人知。除三次产业分类法之外，目前国际上最具权威性的产业分类标准，当属联合国统计署的产业分类系统——《全部经济活动的国际标准产业分类》(ISIC)。它是联合国为了统一世界各国的产业分类而制定的，于1971年第一次颁布。1988年的第三次修订本将全部经济活动分为A—Q共17个部门99个行业类别，使不同国家的统计数据具有了可比性。2006年第四次修订本把全部经济活动分为A—U共21门类，不同层级的类别名称仍与前版修订本保持不变。另外，各个国家和一些国际组织也有自己的产业分类标准。如世贸组织在《服务贸易总协定》中的分类标准、欧盟经济活动统计分类体系（NACE）等；如美国有《标准产业分类》(SIC)，日本有《日本标准工业分类体系》(JSIC)。

（一）联合国教科文组织对文化产业的行业界定

在法兰克福学派之后，最早建立文化产业分类标准的是联合国教科文组织。1986年，联合国教科文组织为了收集各国的文化统计数据，率先制定了文化统计框架，并于1993年做了进一步修正，成为规范各国文化统计工作以及建立本国文化产业体系的参考标准。这个框架把文化产业定义为以艺术创造表达形式、遗产古迹为基础的各种活动和产出，具体包括文化遗产、出版印刷业的著作文献、音乐、表演艺术、视觉艺术、音频媒体、视听媒体、社会文化活动、体育和游戏、环境和自然等十大类。

（二）国外学者对文化产业的行业界定

英国著名媒体理论家尼古拉斯·加纳姆（Nichoals Garnham）将文化产业定义为“生产和传播文化产品和文化服务”的机构，如报刊和书籍的出版部门、影像公司、音乐出版部门、商业性体育机构等等。

英国人贾斯汀·奥康纳认为，文化产业首先包括传统文化产业的广播、电视、出版、唱片、设计、建筑、新媒体和传统艺术的视觉艺术、手工艺、剧院、音乐厅、音乐会、演出、博物馆等。

英国人戴维·赫思蒙德哈尔什将文化产业分为核心的文化产业和边缘的文化产业两部分。核心层包括广告、广播电视、影像、音乐、网络、出版、电脑游戏等，而戏剧表演等传统文化事业、体育、电视机等与文化有关的电子产品被他归为边缘文化产业。

澳大利亚人戴维·索斯比在《经济与文化》一书中把文化产业的范围比作一个由大小不同圆圈组成的同心圆：创造性行业是核心，包括音乐、舞蹈、戏剧、文学、视觉艺术、工艺、多媒体等；第二层是具有文化产出的行业，包括书籍、杂志、广播、电视、电影等；最外围是具有文化内容的行业，包括广告、旅游、建筑等。

（三）文化产业发达的国家政府对文化产业的行业界定

澳大利亚通讯、信息技术和艺术部 2001 年颁布了《全国文化娱乐业统计分类》，同时澳大利亚统计局下属的全国文化和休闲统计中心也制定和颁布了《澳大利亚文化和娱乐分类》。他们把文化和娱乐产业划分为遗产类、艺术类、体育和健身娱乐类、其他文化娱乐类等四大类。其中遗产类又包括博物馆、古董和收藏品，环境遗产，图书馆和档案馆；艺术类包括文学和印刷媒体，表演艺术，音乐创作和出版，视觉艺术和手工艺，设计，广播、电子传媒和电影，其他艺术；体育和健身休闲类包括赛马和赛狗，体育和健身休闲场所，体育和健身服务，体育和健身休闲产品的制造和销售；其他文化娱乐类包括赌博，娱乐行业，饭店，户外娱乐，社区和社会组织，其他文化和娱乐服务，文化和娱乐设备的建设，其他文化和娱乐产品的制造和销售。

法国政府对文化产业的范围界定相对较窄，主要包括为展现传统文化服务的文化基础设施建设、文化设施的管理、图书出版、电影、旅游业等几个方面。而体育健身、广告咨询等文化产业的边缘产业以及信息传播和信息服务等文化产业与信息产业的交叉行业不在政府文化政策所强调的范围内。

英国是世界上第一个提出创意产业政策的国家。英国的创意产业总共包括了13个行业，分别是：广告、建筑、艺术和古董市场、手工艺、设计、时尚设计、电影、互动休闲软件、音乐、电视和广播、表演艺术、出版、软件。广告和建筑这两个产业在许多国家最多只被看作文化产业的相关产业，甚至延伸产业，在英国却被列为创意产业的头两项。体育健身、旅游观光、娱乐休闲等难以展示创造性的产业反而没有被纳入13项大名单中。

芬兰的内容产业（content industries）又称为节目产业，是指生产、包装、传播、销售文化内容或节目的产业。其范围可以涵盖所有传统产业，包括服装和其他商业品牌。这实际上是对文化产业所做的最为宽泛的一种界定。

日本的文化产业以文化服务为主。2002年12月，日本内阁会议确定了振兴文化艺术的主要领域：艺术、媒体、传统工艺、民间艺术、文化生活、国民娱乐出版物以及文化遗产。此外，国民的鉴赏活动、文化设施的充实、信息通讯技术的完善等，也被纳入文化艺术的振兴范围。文化产业更多地被称为娱乐观光业，具体包括：文化艺术业（音乐及戏剧演出、电影制作及放映、美术展览）；信息传播业（出版、电视、网络、体育与健身）；个人爱好与创作（包括历史、文学、摄影、登山及相关的各种讲座等）；娱乐（包括各种游戏、博彩、竞赛等）；观光旅游业。

韩国的文化内容产业包括“动画、卡通、漫画、电影、音乐、电子图书、移动/互联网内容、游戏、娱乐内容、广播电视”等。

新加坡将创意产业分为3大类13个行业。第一类艺术与文化：摄影、表演及视觉艺术、艺术品与古董买卖、手工艺品；第二类设计：软件设计、广告设计、建筑设计、室内设计、平面产品及服装设计；第三类媒体：出版、广播、数字媒体、电影。

真正在整个产业分类系统中对文化产业进行明确界定和分类的目前只有以美国为首的北美自由贸易区三国。1994年，美国、墨西哥与加拿大三国共同制定了《北美产业分类系统》（NAICS），取代三国各自原有的产业分类系统。在北美产业分类系统中，文化产业包括信息文化产业与艺术、娱乐和消遣两大类，前者包括出版业（不包括因特网）、电影和录音业、广播（不包括因特网）、因特网出版和广播、电讯业、因特网服务提供、其他信息服务等；后者包括表演艺术、体育比赛和相关的行业，古迹遗产机构，游乐、赌博和娱乐业，等等。

该分类标准根据现代信息技术对传统文化产业不断渗透的趋势，把计算机和通信设备的生产排除出信息产业，归入传统的制造业，而把传统文化领域中的出版、电影、广播电视等纳入信息产业领域。

由上可以看出，各国对文化产业的行业划分大同小异，但是无一例外地，文化产业所包含的行业都是非常多的。

二、国内对文化产业的行业界定

我国政府对文化产业的行业划分和界定可以追溯到 1985 年。这一年国务院转发了国家统计局《关于建立第三产业统计的报告》，首次将文化艺术作为第三产业的一个组成部分列入国民生产统计项目中，标志着我国迈出了建立文化产业行业分类标准的第一步。

(一)《文化及相关产业分类 (2004)》标准

为贯彻落实党的十六大关于文化建设和文化体制改革的要求，建立科学可行的文化产业统计，规范文化及相关产业的范围，2003 年 7 月，中央宣传部、国家统计局、文化部、广电总局、新闻出版总署、国家文物局等相关部门组成"文化产业统计研究课题组"。课题组依据《国民经济行业分类》(GB/T4754—2002)，制定《文化及相关产业分类》。2004 年 3 月 29 日，《文化及相关产业分类》作为国家统计标准通过国家统计局正式颁布实施。

《文化及相关产业分类 (2004)》将文化产业界定为："为社会公众提供文化、娱乐产品和服务的活动，以及与这些活动有关联的活动的集合。"该分类标准将文化及相关产业分为"文化服务"和"相关文化服务"两大部分，下分 9 个大类 24 中类 99 个小类。其中"文化服务"部分包含新闻服务、出版和发行服务、广播电视电影服务、文化艺术服务、网络文化服务、文化休闲娱乐服务、其他文化服务（包括文化艺术商务代理服务、文化产品出租与拍卖服务、广告与会展文化服务）等 7 个大类，"相关文化服务"部分包含文化用品、设备及相关文化产品的生产，文化用品、设备及相关文化产品的销售等 2 个大类。

《文化及相关产业分类 (2004)》是依据活动的同质性原则划分的，没有按照公益性和经营性划分，因此，其中既包括了公益性的文化单位，又包括了经营性的文化单位，无法用其划分公益性文化单位和经营性文化单位。另外，这个分类既包括文化产品的生产、销售和各类文化服务的提供，也包括文化用品、设备的生产、销售和相关文化产品的制作和销售，这为从文化产业的整个生产链条出发制定有关的政策提供了参考。

为反映党中央关于文化建设和文化体制改革的要求，《文化及相关产业分类（2004）》还提出《文化及相关产业分类》的内容可进一步组合出文化产业核心层、文化产业外围层和相关文化产业层。其中文化产业核心层包括新闻服务，出版发行和版权服务，广播、电视、电影服务，文化艺术服务四大类；文化产业外围层包括网络文化服务，文化休闲娱乐服务，其他文化服务三大类；相关文化产业层包括文化用品、设备及相关文化产品的生产，文化用品、设备及相关文化产品的销售两大类。

《文化及相关产业分类（2004）》是我国第一次对文化产业各行业进行系统界定及分类，它是以当时我国文化发展状况和发展方向为依据，以国民经济行业分类为产业基础，以活动的同质性和文化的自身特征为原则制定的。它首次从统计学意义上对文化产业概念和范围做出了权威界定，并成为有约束力的国家统计标准，为建立科学、系统、可行的文化产业统计制度，推动当前文化体制改革和文化产业发展奠定了重要基础。

（二）《文化及相关产业分类（2012）》标准

党的十七届五中全会提出推动文化产业成为国民经济支柱性产业的战略目标，党的十七届六中全会进一步强调推动文化产业跨越式发展，使之成为新的增长点、经济结构战略性调整的重要支点、转变经济发展方式的重要着力点，对文化产业统计工作提出了新的要求。同时，由于新的《国民经济行业分类》(GB/T4754—2011) 颁布实施、联合国教科文组织《文化统计框架 2009》的发布和文化新业态的不断涌现，对 2004 年制定的《文化及相关产业分类》进行修订被提上议程。2012 年 7 月 2 日，国家统计局国统字［2012］63 号文印发了新修订的《文化及相关产业分类(2012)》标准。

本次修订是在《文化及相关产业分类（2004）》的基础上进行的，延续了原有的分类原则和方法，调整了类别结构，增加了与文化生产活动相关的创意、新业态、软件设计服务等内容和部分行业小类，减少了少量不符合文化及相关产业定义的活动类别。与《文化及相关产业分类（2004）》相比，本次修订突出表现在以下几个方面：

首先，对文化及相关产业的定义做了完善。《文化及相关产业分类(2004)》中把文化及相关产业定义为“为社会公众提供文化、娱乐产品和服务的活动，以及与这些活动有关联的活动的集合”。本次修订进一步完善为“为社会公众提供文化产品和文化相关产品的生产活动的集合”，并在范围的表述上对文化产品的生产活动（内涵）和文化相关产品的生产活动（外延）做出解释。根据这一定义，文化及相关产业包括了四个方面的内容，即文化产品的生产活动、文化产品生产的辅助生产活动、文化用品的生产活动和文化专用设备的生产活动。其中文化产品的生产活动构成文化及相关产业的主体，其他三个方面是文化及相关产业的补充。

其次，为适应我国文化产业发展的新情况新变化，对原有的类别结构和具体内容做了调整。具体调整情况如下：

从整体结构来看：一是《文化及相关产业分类（2004）》中第一层“文化服务”和“相关文化服务”两部分的名称，《文化及相关产业分类（2012）》调整为“文化产品的生产”和“文化相关产品的生产”。二是第二层的大类由原来的9个调整为10个，包括：合并原大类“新闻服务”和“出版发行和版权服务”为“新闻出版发行服务”一个大类，所含内容略有调整；保留“广播电视电影服务”“文化艺术服务”“网络文化服务”“文化休闲娱乐服务”四个大类，所含内容也有所调整，其中“网络文化服务”更名为“文化信息传输服务”；新增“文化创意和设计服务”“工艺美术品的生产”“文化产品生产的辅助生产”三个大类；取消原大类“其他文化服务”，将其中的广告服务移至新增的“文化创意和设计服务”大类中，其他内容移至新增的“文化产品生产的辅助生产”大类中；将原“文化用品、设备及相关文化产品的生产”和“文化用品、设备及相关文化产品的销售”两个大类修订为“文化用品的生产”和“文化专用设备的生产”两个大类。三是第三层的中类由24个修订为50个，第四层的小类由99个修订为120个（其中新增19个、减少5个，因执行新《国民经济行业分类》增加7个），带“*”的小类由17个修订为23个（其中新增11个、减少4个，因执行新《国民经济行业分类》减少1个）。四是取消过渡层，在带“*”的小类下设置29个延伸层。

从内容增减来看，增加的内容包括：一是文化创意服务，包括建筑设计服务（指工程勘察设计中的房屋建筑工程设计、室内装饰设计和风景园林工程专项设计）和专业设计服务（指工业设计、时装设计、包装装潢设计、多媒体设计、动漫及衍生产品设计、饰物装饰设计、美术图案设计、展台设计、模型设计和其他专业设计等服务）。二是文化新业态，包括数字内容服务中的数字动漫制作和游戏设计制作，以及其他电信服务中的增值电信服务（文化部分）。三是软件设计服务，包括多媒体软件和动漫游戏软件开发。四是具有文化内涵的特色产品的生产，主要是焰火、鞭炮产品的制造，珠宝首饰及有关物品的制造、销售，陈设艺术陶瓷制品的制造，等等。五是其他，包括文化艺术培训、本册印制、装订及印刷相关服务、幻灯及投影设备的制造和舞台照明设备的批发等。减少的内容包括：旅行社、休闲健身娱乐活动、教学用模型及教具制造、其他文教办公用品制造、其他文化办公用机械制造和彩票活动等。

第三，关于文化事业和文化产业的划分有了明确标准。本次修订继续使用“文化及相关产业”的名称，分类涉及范围既包括了公益性单位，也包括了经营性单位，其范围与联合国教科文组织的《文化统计框架 2009》规定的范围基本一致。在制定 2004 年的分类时，由于文化体制改革刚刚起步，从单位的行业属性很难区分其公益性和经营性，在很多行业内部公益性和经营性单位共存，公益性和经营性的统计分类标志尚未确定。到了 2012 年，文化体制改革取得重大进展，多数行业的公益性或经营性属性可以确定，特别是经过两次全国经济普查，使用是否执行企业会计制度来区分经营性文化产业单位和公益性文化事业单位的原则已经确定。因此，在本分类公布后，统计上所称的“文化及相关产业”指本分类所覆盖的全部单位，“文化产业”仅指经营性文化单位的集合，“文化事业”仅指公益性文化单位的集合。

第四，取消了文化产业核心层、文化产业外围层和相关文化产业层三个层次的划分。鉴于我国文化体制改革已取得新突破，文化业态不断融合，文化新业态不断涌现，许多文化生产活动很难区分是核心层还是外围层，因此本次修订不再保留三个层次的划分。

另外，在本次修订中，对于争议较大或目前尚把握不准的生产活动暂不纳入（如手机和微型家用计算机的制造）；对于虽有部分活动与文化有关但已形成自身完整体系的生产活动，如属于农业、采矿、建筑施工、行政管理、体育、自然科学研究、国民教育、餐饮、金融、修理等的生产活动以及宗教活动均不纳入分类，以免削弱《文化及相关产业分类》的文化特征。

第三节　文化产业行业管理的任务与目标

一、文化产业行业管理的概念

（一）行业与行业管理

1. 行业

“行业”缘起于中世纪，原本是按照所生产的商品种属和形态对手工业进行的一种分类。生产同一类或大致相同种类商品和服务的即为同一行业。这一概念的形成是社会自然分工和手工业发展的结果，同时又是市场竞争的产物。行业大致包括以下三方面的含义：

第一，行业的包含量比较大，凡是生产同类商品和服务的都应当纳入同一类行业。

第二，行业内部各成员之间是平等的，大家在一个大市场上平等竞争。

第三，行业是变化的，一方面是行业总体的变化，另一方面是行业内部和行业之间的变化。在社会经济发展的漫长过程中，各个行业的各个方面都在发生各种各样的变化。尤其是在现代经济条件下，企业的经营内涵越来越丰富，行业的外延逐步扩大，行业的界限也越来越难以确定。

行业的划分不仅是市场组织的需要，也是管理的需要。

2. 行业管理

行业管理是按照技术经济同一性原则、根据产品和劳务的不同特点对社会经济活动在分类基础上进行的专业化分类归口管理，是通过贯彻国家的产业政策、行业法规与行业契约对行业内的生产经营活动实行的间接的规范化的管理。它是由政府部门或行业组织按照市场经济体制有效配置资源的要求，通过规划、控制总量和制定政策、标准等手段实现的一种总体上的管理与协调。它主要由同行业组成的行业协会按照行业规划、行业组织、行业协调以及行业沟通来统一规划、协调、指导和沟通同行业的生产经营活动，促进行业发展。行业管理以维护本行业利益为目的，行业管理的主体是行业协会以及相关企业联合会，它们与相关政府部门密切配合。

行业管理是介于宏观经济管理与企业微观经济管理之间的管理层次，也是一种适应社会化大生产和市场经济需要的社会经济管理形式，是市场经济体制的有机组成部分。行业管理的提出是市场和行业自身发育到一定程度的结果，行业管理的实施则需要市场的进一步完备和行业发展机制的形成。行业发展机制代表了行业内所有成员的共同利益，它包括行业的自我保护机制、行业的自我约束机制和行业的市场促进机制三个方面。行业发展机制的形成又要依赖于行业管理体制的完善。

（二）文化行业与文化产业行业管理

1. 文化行业与文化产业各行业

文化作为一种行业的划分，既具有与其他行业相似的特性，又具有特殊性。一般行业的划分是依据所生产的商品和劳务的不同特点和不同种类进行的，而文化行业在很大程度上是根据文化消费者的消费范围确定其行业范围的，这就使文化行业的范围变得既广泛又具有很大的模糊性。

既然文化行业是以文化消费者为对象、为文化消费者提供所需要的商品和服务的综合性行业，那么所有直接或间接为文化消费者提供所需商品和服务的都可划归文化行业的范畴。而文化产业也是以文化消费者为对象、为文化消费者提供所需要的商品和服务的综合性行业，从这个意义上讲，文化产业各行业都属于文化行业的范畴。其区别仅仅在于，文化产业各行业是从产业的角度，重点强调的是文化各行业的营利性或经济性，而广义上的文化行业则是既包括营利性的文化产业，也包括非营利性的文化事业。从狭义的角度，文化产业各行业也可直接称为文化行业。本章所指称的文化行业管理就主要是从狭义的文化行业角度展开的，并直接称之为文化产业行业管理。

2. 文化产业行业管理

文化产业行业管理也就是政府文化主管部门及各类文化行业组织通过对文化产业的总体规划和总量控制，制定出促进文化产业发展的方针、政策和标准，并以此为手段，对各种类型的文化企业进行宏观的、间接的管理。也就是说，无论是哪个部门创办的，无论是什么性质的企业，只要是从事文化业务、以文化消费者为对象、为文化消费者提供所需要的商品和服务的，都要接受文化行业部门的管理。

从管理的主体来看，文化行业管理部门一般分两类：一是政府主管部门，二是行业组织。

政府主管部门的职能是行政功能。长期以来，在计划经济体制影响下，我国文化产业的产业地位没有确立，造成文化行业管理难度加大。即使是在当前文化产业行业地位基本确立的情况下，由于文化产业的意识形态属性，政府文化管理部门的职能仍没有实质的改变。从市场经济的角度看，在文化产业的行业地位确立之后，政府文化管理部门要实现三个转变：由管微观转向管宏观；由直接管理转向间接管理；由部门管理转向行业管理。为此，政府的行业管理职能要向两个方面分解：一方面是融入大的行业管理部门，一方面是转入自律性的行业管理组织。

当然，不同特点行业的行业管理主体会有不同的侧重。一般说来，行业规模稳定、界限相对清晰、国际化程度和综合程度较高的，适宜以自律性的行业管理部门为主体；反之，则适宜以行政性的行业管理部门为主体。但是，两者的管理对象是相同的，即都以管理市场为主。

二、文化产业行业管理的方式与内容

（一）文化产业行业管理的方式

行业管理要求超越各种建制隶属关系，从管理本部门的企业转为管理全行业；变直接管理为间接管理，由管理微观经济活动转变为管理宏观的经济运行。为此，文化产业行业管理就必须由单一的指令性方式逐渐向复合式的指导性的管理方式转变。概括起来说，文化产业行业管理可以分为协调、规范、指导、检查、监督、审批六个方面。

1. 协调

所谓协调，就是通过协商而调整，争取达到认识的一致、政策的认同、操作的支持和实施的有效。文化产业行业管理的每一次工作都包含协调，而难度最大的也是协调，可以说协调是文化产业行业管理的关键。如前所述，文化产业包含的行业众多，《文化及相关产业分类（2004）》中包罗的行业就有9个大类24个中类80个小类，新修订的《文化及相关产业分类（2012）》中的文化产业行业更是涉及10个大类50个中类120个小类。这种纵横交错的复杂业务和职能结构，使得文化产业的任何一项政策建议和发展计划都需要取得广泛的支持才能进行下去。因而协调活动对实现文化产业的宏观和微观目标十分重要。

文化产业的协调活动是多层次和多部门的：既有中央层次，也有地方层次；既在部门之间，也在企业之间；既有政策活动，也有经营活动。其中的核心则是部门协调。由于各个部门的侧重点和既定目标不尽相同，因此部门协调经常表现为利益上的妥协和力争。这种协调作为多方面、多部门的复合式协调，往往需要行政首长从推动和发展文化产业的战略目标出发，采取有取有舍的大胆决策。

中央层次的协调通常包括：为采取共同行动施行某项措施而进行的政策协调；在物价和相关方面进行价格政策协调；为批准某一项目而进行的技术协调；等等。另外，在中宣部、文化部、国家新闻出版广电总局之间，在相关部委的各司室、各处室之间，为保持政策的一致性和行动的协调性，也经常进行正式的和非正式的协调。

当然，无论采取哪一种形式的协调，所有的协调活动都有一个共同的政策指向，即都是为了实现国家文化产业发展的总体战略目标。无论妥协还是力争，都不应妨碍战略全局。随着文化产业新问题的不断出现和行业管理的逐步深入，协调的作用会日益重要，任务也会越来越重。

2. 规范

规范活动的出发点是促进文化产业的健康发展，落脚点是市场秩序，重点是调整企业间、行业管理部门与企业间、市场主体与消费主体（即企业与消费者）间的关系，而所有这一切的实现都有赖于市场的规范。

市场经济在解放和发挥人的积极性和创造性方面具有巨大的作用，但前提是市场必须是规范的，竞争也必须是公平的。文化产业是我国引入和运用市场经济机制较晚的行业，一直到目前市场机制发育仍不健全。随着近年来消费市场供求的失衡，本来就不健全的市场出现了紊乱现象，不正当竞争和违法行为时有出现。

市场经济从本质意义上来说应该是法制经济，市场的规范必须依靠法律。当前我国规范市场的活动已重视运用法律、政策以及技术标准等手段，但相关的各项法律法规并不健全，尤其是文化方面的法律和法规。由于法律制定程序相当复杂，一些重要的文化产业法律法规难以在短期内出台，因此我国目前对文化市场的规范仍较多采用政策规范手段。虽然其时效性较强，但稳定性较差，也缺乏强制力。

近年来比较受重视的技术标准实际上也是一种技术法规。文化产业是服务业的一个组成部分，由于“服务”较难定型化和规格化，而技术标准可以覆盖文化产业的各个方面，在很大程度上弥补了服务行业先天上难以定型的缺陷，因此技术标准的发展前景十分广阔。

3. 指导

在行政管理中，指导具有指示前进方向和引导的双重含义。在文化产业行业管理中，指导应包含三方面内容：

首先，指导是指明发展的总趋势和基本方向；

其次，指导是通过一种协商渐进的方式说服大家从事某一工作或遵循某些规定；

第三，指导意味着管理上的开诚布公和态度上的从善如流，具有较多的民主色彩。

由于文化行业引入和运用市场机制较晚，指导这种管理方式在我国的文化产业行业管理活动中一直与指令性方法并存，但已在行业管理上体现了经济民主的政策导向。

指导作用的发挥，在很大程度上取决于政策行为和政策质量。指导性决策的形成一般需要经过酝酿、研究、宣传、协调、修订、试行、反馈、再修订、施行等不同阶段。通过吸收各方面的意见，兼顾到各方面的利益，做出初步决策，再通过不断加深认识，不断宣传说服，做出修订，使政策较易为多方接受和采纳。这种非发号施令式的管理方式不仅行之有效，也有助于企业追求利益最大化目标的实现。

4. 检查

检查是一种刚性的管理手段，是行政执法的具体行为。检查手段被广泛应用于各类文化经营活动中违规违纪行为的查处。检查的目的是维护市场秩序。检查的对象既可能是企业，也可能是个人。多年来，我国文化市场的检查主要是以各有关部委的行业法规及其实施细则为法规依据。

与日益发展的市场相比较，我们的文化产业行业管理手段偏弱，与管理目标的高要求不相符。虽然各地文化行业管理部门在法规手段相对不健全的条件下发挥了行业管理的高度自主性，创造了不少成功的经验，但存在的问题也不少。尽快加强和完善文化立法，解决管理手段弱的问题已经成了迫切需要解决的问题。

另外，从20世纪80年代起，关于建立一支受文化部门和公安部门双重领导的“文化警察”队伍的呼声越来越高。然而在我国建立一支专门的文化警察队伍的计划，受到警察体制、观念、财政等方面条件的限制，难以全面推开。目前文化市场检查的任务基本上仍由各地文化管理部门自身抽调人员组成的文化稽查大队来承担。但是，由于管理权限和执法手段上的限制，管理对象基本限于行业内部；至于一些与文化行业有关的社会性的问题，只能靠文化市场的综合治理来解决。

5. 监督

监督是实行行业管理和进行宏观调控的重要手段。对文化行业实行全面的、严格的监督，有利于文化产业有计划地协调发展，有利于提高文化企业的经济效益。监督不仅可以保证文化行业的各企业、各部门贯彻执行党的方针政策，遵守国家法令法规，保证文化活动健康、有序地发展，还可以促进文化企业不断地改进经营管理、提高管理水平。为保证行政监督的合法性和有效性，文化行业监督必须遵循合法性、经常性、广泛性和有效性等原则，做到客观、公正、准确、及时，做到违法违纪必究，执法必严。

6. 审批

审批是最能体现政府行为特性的手段。政府机构是社会公共利益的代表，也是面向各方的社会公共服务机构。就文化产业本身来说，文化行政管理机构的审批权限并不多，但是仍有不少机构掌握着文化产业经营活动各个方面的审批权。

审批既是履行法律义务与授权的形式，又是以行政方式确认某个个人或企业行为达到了设定的标准，前者涉及控制市场出入的闸门，后者涉及市场活动的公正性。审批权对企业或个人的切身利益有直接的联系，因此必须坚持“公开、公平、公正”的原则，使审批标准化、程序化，防止滥用权力损害行政机关的公正形象，否则就难以树立必要的政府权威，阻碍政府的既定政策和方针的实施。

（二）文化产业行业管理的内容

文化产业行业管理的内容是由文化产业的自身发展情况决定的。不同的发展时期，其管理内容不完全一样。现阶段我国文化产业管理的主要内容可归纳为以下几方面：

1. 制定文化产业行业规划和发展计划，据此确定资金在文化产业各行业中的合理配置和文化产业各行业的发展速度。

2. 制定文化政策法规，使行业管理有章可循，并通过行业性服务来组织和培育市场。

3. 抓文化产业的宣传促销，统一制定宣传促销战略。

4. 抓统计、信息工作，运用各种手段，大量收集、整理和分析国内外文化产业方面的各种信息，供决策参考。

5. 抓文化产业的标准化和规范化管理，制定文化产品和服务的质量标准，建立文化产业的标准化管理网络。

6. 加强对文化资源的调查、开发、利用、建设和保护。

7. 做好文化行业监督检查工作，奖优罚劣。

8. 加强人才培训，提高从业人员素质。

9. 指导和协调文化产业内部各行业、各部门的关系，同时协调好文化行业与其他行业或部门的关系。

10. 加强文化产业各行业的国际合作，建立国际合作体制。

三、文化产业行业管理的目标和任务

（一）文化产业行业管理的目标

文化产业行业管理的目标通常围绕三个方面展开：

一是实现政府发展文化产业的社会、经济、就业等各项收益目标；

二是使文化产业各行业的发展处于政府可控制、可调整的范围内，使文化产业与其他行业、文化产业内部的各行业之间保持良好的秩序和合理的比例关系；

三是维持处于弱势地位的文化消费者的权益。

上述三种政策目标是相互联系、相互作用的，但在不同的国家和地区的文化政策中，其侧重点不同。这既反映了各国文化产业发展所处的阶段和达到的水平，也与政府所能扮演的角色和管理能力有关。

第一种目标一般称为“发展驱动型”目标。

采用这种政策目标的国家通常处于文化产业发展的初、中期阶段，政府发展文化产业的目标主要是追求经济利益，包括平衡外汇、发展区域经济、改善经济结构、推动人民就业等。由于处在发展的初、中期，文化产业所处的经济环境和基础设施状况都较差，需求的巨大压力和供给的严重滞后是这一过程的突出矛盾。有限的资金和人力必须用于解决这种供求矛盾中最薄弱的环节，国家和地方的文化机构的配置也必须向负责发展问题的部门倾斜。

第二种目标可称为“秩序驱动型”目标。

文化产业经过第一阶段的急剧膨胀，供求关系逐渐趋于缓和，需求虽然仍有所增长，但供给扩张速度明显加快，产业规模不断扩大。在这一过程中，一方面由于经济利益的驱动，文化产业内部的经济活动和纠纷频繁；另一方面面对急剧扩张，行政机构未形成相应的法律框架和执法力量，市场处于相对的紊乱状态，行业内外、上下要求维护秩序的呼声高涨。因而政策目标除了发展的主题外，对于维护经营活动的秩序会给予较大的关注。

这样，政府为了使文化产业有序地发展，就必须面临两项挑战：一是必须仔细划分规则与反规则之间的区别，制定涉及文化企业之间、文化企业与文化消费者之间的行为规范，这个规范调整的范畴相当广，而且也比较复杂。二是形成有效、有力、严格的执法力量。最好的办法当然是设立一支独立或半独立的文化警察部队，另一种方法则如我国目前仍在实行的，加强半专业性的文化市场检查执法队伍的建设。

第三种目标又称为“质量驱动型”目标。

文化产业经过了高速起飞和持续增长阶段之后，文化行业的经济规模达到了基本不再扩张的程度，文化产业经济活动进入了相对成熟的阶段。经过了初期的恶性竞争之后，出现了竞争有序化的理性复归，文化企业在追求经济利益时，更重视质量的竞争，质量意识具体转变为文化企业的经营理念和发展战略。文化消费者也日益成熟和挑剔，其需求从简单的粗放式消费转为全面的服务和享受。政府也更多地侧重于保护居于弱势地位的消费者的权益。当然，在文化产业实际发展过程中，对质量的重视应是全过程的，质量是文化产业生存和发展的关键，也是文化产业行业管理工作的落脚点和支撑点，必须长期重视和逐步加强。

从我国文化产业发展的现状来看，各个地区的发展水平很不平衡，但整个行业基本仍处在第一种“发展驱动型”和第二种“秩序驱动型”阶段。我国的文化产业近年来在政府的推动下，虽然取得了长足的发展，但政府发展文化产业的目标仍主要是追求经济利益，包括平衡外汇、发展区域经济、改善经济结构、推动人民就业等。文化产业发展所处的经济环境和基础设施状况都较差，有限的资金和人力物力难以解决发展中存在的问题。

为了文化产业的长远健康发展，我们应尽量缩短“发展驱动型”和“秩序驱动型”阶段的时间，争取提前进入“质量驱动型”阶段，并提前做好准备。具体说来就是：建设公平的市场环境，建立良好的市场秩序，促进规范的市场运行，培育高效的市场主体；加强文化产业的行业立法，尽快建立健全文化产业的法律体系；还要努力形成一个动态的管理体系，同时要注意管理手段与服务手段的相互转化和结合，以保证我国文化产业健康、顺利、稳定地发展。

（二）文化产业行业管理的任务

根据文化产业管理的总的目标，我国文化产业行业管理的主要任务可归纳为以下几点：

第一，从我国实际出发，根据世界文化产业发展的现状和我国产业政策的要求，确定文化产业行业发展的战略目标，并在此基础上做出决策。文化产业虽然是一个新兴产业，尤其在我国才起步不久，基础差，资金不足，从业人员素质较低，但发展却十分迅猛，产业规模不断扩大。在这种情况下，如何确定文化产业的发展目标就成了行业管理的首要任务。一方面，文化产业是一个与国际市场息息相关的行业，目前国际市场竞争日益激烈，如何在现有基础上增强我国文化产业的国际竞争力是亟待解决的问题；另一方面，我国的国内文化消费市场巨大，早已成为各国瞄准的目标，但目前仍没受到足够的重视。而且，我国文化产业内部各行业之间、各地区之间发展严重失衡，如何按照国际惯例和我国文化产业发展的实际确定总的行业发展目标、调整行业内部结构已经成了目前我国文化产业行业管理的当务之急。另外，文化产业还面临加速发展以充分体现国家软实力和维护国家文化安全的双重任务，如何在加强文化产业的国际竞争力和维护国家的文化安全上找到一个平衡点更成了我们必须正视的现实问题。

第二，制定并组织实施产业发展计划，组织协调好文化产业内部各行业以及行业内部各企业、各部门之间的分工协作关系。文化产业是一个综合性很强的产业，在制定和组织实施产业发展计划时，要充分考虑到相关产业的发展前景和总体规划，以达到国民经济各部门的综合平衡。目前，为了适应国家加快产业结构调整的总要求，我国文化产业实施的是适度超前的发展战略，并被列入了国家产业振兴规划之中，以求带动其他行业共同发展。为了达到这一目的，加快文化产业的发展，加强文化行业管理部门与其他各部门之间、文化产业内部各个不同的行业和部门之间、行业内各企业和部门之间以及不同行业的企业之间、处于同一产业链的企业之间的协作是十分必要的。

第三，不断改进和完善行业管理体制，探索具有中国特色的文化产业行业管理体制和管理模式。改革和完善现有管理体制是我国文化产业行业管理的一个十分重要的任务。由于历史原因，我国文化产业管理体制存在诸多弊病：政企不分，文化企业分属不同部门，政出多门，缺乏统一管理；市场机制不健全，行业市场极度混乱；忽视宏观管理和间接管理；等等。这些问题给文化产业的健康有序发展带来了极大的负面影响，更影响到文化行业与国际接轨。因此，必须尽快探索出一条适合中国特色的管理体制与管理模式，以促进文化产业向更高层次发展。

第四，加快制定和健全有关的行业管理法规，将文化产业各行业的管理尽快纳入法制化轨道。长期以来，我国处在计划经济的体制下，指令性的行政命令剥夺了企业和行业的自主权，企业的生产、流通、分配与消费几乎全靠行政指令。在市场经济条件下，生产与流通等各个环节都要靠市场媒介自主实现，而市场主体间的关系是靠契约联系在一起的。为了保证这些契约的公正和竞争的公平，就需要有完备的法律法规来规范和保障。这样除了国家的一般性法律法规外，行业性法规的制定也是实行文化产业行业管理必须先行解决的问题。

第五，加快市场中介性行业组织的建设。行业组织是行业管理的一种重要形式。行业组织既不是行政管理机构，也不是经济实体，而是介于政府和行业之间，在国家相关部门指导下对行业进行管理和服务，因此往往起到相当重要的作用。尤其是在市场经济的条件下，行业组织的管理作用是其他组织或机构所无法替代的。

第四节　文化产业对国民经济的作用与影响

发展文化产业，是新时期新阶段我国经济和文化建设一项十分重大而又紧迫的战略任务，对于推动经济社会发展、增强综合国力、实现中华民族的伟大复兴，具有十分重大而深远的意义。

发展文化产业是推动社会主义文化大发展大繁荣的迫切需要，是社会主义市场经济条件下满足人民群众多样化、多层次、多方面精神文化需求的必然选择，也是推动经济结构调整、加快经济发展方式转变的重要着力点。

（一）发展文化产业是推动我国国民经济科学发展的重要途径

文化产业是21世纪的朝阳产业、绿色产业，对于促进我国经济增长、提升经济发展质量发挥着重要作用。在发达国家，文化产业对GDP的贡献度是相当高的。国际知识产权联盟（IIPA）2009年公布的数据显示：2003—2007年，美国核心版权产业各年度的实际销售额分别为7000.05亿美元、7570.65亿美元、7900.48亿美元、8370.28亿美元、8890.13亿美元，其占当年度GDP的比重分别为6.39%、6.48%、6.36%、6.35%、6.44%；其全部文化产业的产值占GDP的比重更高，不少论著认为达到了20%—25%；英、日等国文化产业占GDP的比重也都在10%以上。据国家统计局提供的数据，自2003年开展文化体制改革试点工作以来，我国文化产业年均增长率达15%以上，高于GDP年均增长5—7个百分点。2009年，我国文化产业增加值达到8400亿元，约占同期GDP的2.5%；2010年，全国文化产业的增加值更是突破了1.1万亿元，占国内生产总值的2.785%。中共十七届六中全会将发展文化产业提升到了空前重要的地位。业界因此估计，“十二五”期间，我国文化产业在GDP中的比重有望从2010年的2.785%增至5%以上，达到3万亿元，新增产值超过1.8万亿元。因此，文化产业对于推动我国经济社会科学发展，开辟国民经济发展的新途径新空间将起到不可替代的作用。

（二）发展文化产业是加快我国经济发展方式转变和经济结构调整的重要着力点

当前我国第一、二、三产业比重分别为10.3%、46.3%和43.4%，与发达国家相比，高资源消耗和高污染的第二产业占比过高，第三产业具有较大的提升空间。文化产业作为第三产业，是现代服务业的重要组成部分，是经济结构调整的重要支点。加快发展文化产业，不仅可以拉动经济增长，还可以大大提高第三产业在国民经济当中的比重，从而使产业结构得到进一步优化。抓住文化产业，就抓住了经济结构和产业结构调整的突破口。

文化产业是知识经济时代迅速崛起的一个新兴产业。它以非物质文化资源为加工对象，为市场提供文化意义的消费，对自然资源依赖程度低，消耗物质资源少，环境污染小，科技含量高，需求弹性、发展潜力和市场空间大，产品附加值高，价值链长，可持续发展性强，是典型的绿色经济，在加快经济发展方式由粗放型向集约型转变、促进资源优化与产业升级、优化经济结构和产业结构过程中可以担当重要的角色、担负重要的任务。作为拥有五千年悠久历史的文明古国，我国是世界四大文明古国中唯一一个历史文化传统没有中断的国家，历史文化资源积淀之丰厚举世罕见，且尚未得到有效的开发和利用。这与自然资源匮乏和过度开采、后续资源不足严峻约束我国经济发展形成了鲜明对照，因此发展文化产业的比较优势和优越条件极为明显。这一国情特点，决定了在产业选择方面，应当把文化产业作为调整和优化经济结构、推动经济发展方式转变、实现国民经济可持续发展的战略性新兴产业，在产业政策上给予重点扶持；依托我国历史文化资源的比较优势，促使文化产业超常规发展；发挥文化产业作为绿色产业的特点和带动相关产业发展的作用，推动资源节约型、环境友好型的和谐社会建设，实现经济社会又好又快发展。

（三）发展文化产业是有效扩大内需的重要手段

文化产业与物质生产和服务业相融合，可以有效提高物质产品和服务业的文化含量与创意附加值，促进消费升级；同时，文化产品和服务可以形成新的消费需求和消费热点，直接拉动消费的增长。随着社会经济的发展和生活水平的提高，居民消费重心由追求物质条件享受向追求精神文化满足转移。在这种情况下，加快发展文化产业，能更好地满足人们在精神文化方面的需求，从而有效扩大内需，加快经济发展方式由主要依靠外需向主要依靠内需转变。我国人口众多，内需市场庞大，目前正处于消费结构转换的节点和快速发展的城市化进程中，对文化产品和服务的消费需求增长强劲。据测算，我国每年文化消费可达 4 万亿元，但目前实际消费不足 1 万亿元，巨大的文化消费潜力和产业发展空间将是我国发展经济、扩大内需、加快经济发展方式由主要依靠外需向主要依靠内需转变的重要保证。因此，挖掘文化消费潜力、拓展文化消费空间，将成为我国扩大内需的重要引擎。

（四）文化产业强大的关联带动作用将为社会提供大量的就业机会

众所周知，人口众多，就业难度大，是我国的基本国情。在经济快速发展的同时，如何实现充分就业，保持社会稳定，是我国社会各界广泛关注的重大战略问题。文化产业是现代服务业的核心产业，它的行业和门类众多，产业链条长。按照国家统计局2012年最新修订的《文化及相关产业分类》标准，我国的文化产业从上游、中游到下游，包罗的行业已经从2004年的9大类、24个中类、80个小类进一步发展为10大类、50个中类、120个小类。文化产品和服务是最具创造性的生产要素，对国民经济各个部门具有广泛的关联带动作用。新技术革命为文化功能的扩展提供了新的手段，使得文化产品和服务的经济属性日益凸显，催生出一系列新的文化业态，如网络服务、动漫游戏、数字媒体、手机视频等，对经济发展的贡献率明显提高。目前，文化产业与信息、旅游、体育、教育等国民经济产业部门正在发生普遍的渗透和融合，形成了以文化内容为纽带、关联度日益密切的庞大产业链和产业集群。文化产业的各行业主要是属于第三产业和第二产业的相关行业，可吸纳的就业容量非常大，就业形式也具有灵活多样的特点，不仅适合个体、自由职业者和掌握传统技艺者等各类不同群体就业，而且，作为知识经济和服务行业，特别适合大学生、研究生等知识阶层就业和创业。据有关专家估算，在北京多达数十万人的“北漂”群体中，有一半以上属于灵活就业的各类文化人和应届毕业的大学生、研究生。发展文化产业，可以大大促进就业增长。

（五）文化产业是提高国家文化软实力、维护国家文化安全的支撑性产业

经济全球化进程使得世界各国之间的利益关系越来越密切，促使国际竞争日益向以经济、科技和文化力量为重心的综合国力和软实力方面转移。文化软实力作为综合国力的重要组成部分，在国际竞争与合作中发挥着日益重要的作用。文化产业承载着一个国家的文化理念、文化价值和文化追求，反映着一个国家的文化软实力。当今世界，思想文化交流交融交锋趋势更加明显，一些发达国家更加注重通过文化产业、借助文化产品，输出其价值观念和生活方式。近年来，美国一直控制着世界主要的电视和广播节目制作，每年向国外发行的电视节目总量达3万小时，并占有世界

2/3的电影市场总票房。我们要在激烈的国际竞争中赢得主动，扭转文化贸易逆差，维护国家文化安全，就必须加快发展文化产业，增强我国文化的整体实力和国际影响力。与此同时，随着我国综合国力的不断增强和国际影响力的日益提升，国际社会对中国发展道路和发展模式更加关注，了解中华文化和我国科学发展的愿望更加强烈，我国所承载的国际期待和国际责任明显加重。这些迫切需要我们加快发展文化产业，统筹国际国内两个市场、两种资源，积极探索市场化、产业化的运作手段，以企业为主体、以文化贸易为主要方式，推动更多的文化产品和服务“走出去”，参与国际竞争、形成特色品牌，不断扩大中华文化影响力，增强国家文化软实力。

（六）发展文化产业可以更好地满足人民群众精神文化需求

市场经济条件下，文化产业是满足人民群众多样化、多层次、多方面精神文化需求的主要途径，是改善文化民生、提高国民文化素质、生活质量和幸福指数的重要手段。国际经验表明，人均国内生产总值达到3000美元时，居民消费进入物质消费和精神文化消费并重时期；超过5000美元时，居民消费将进入精神文化需求的旺盛时期。2010年，我国人均国内生产总值已经达到4500美元，居民消费正由生存型、温饱型，向小康型、享受型转变，人民群众精神文化需求呈“井喷”之势。随着经济条件的宽裕、教育水平的提高、闲暇时间的增多，人们追求自我文化表达、参与自主文化创造活动的愿望更加强烈，实现和维护自身文化权益的意识更加高涨。相比之下，我国文化产业发展水平还不高，总体上还不能很好地适应人民群众精神文化需求快速增长的新形势和人们繁荣文化市场的新期待。可以说，文化产业是目前国内少数几个总供给还不能满足总需求的朝阳产业之一，文化产业发展具有非常广阔的市场空间，这对加快转变发展方式、提高发展质量和水平提出了更高要求。为能满足好群众精神需求、维护好群众文化权益、引导好群众文化消费，使全体公民在“文化享有”上健康向上、各得其利，在“文化创造”上迸发活力、各尽其能，我们需要在构建公共文化服务体系的同时，深化文化体制改革，加快文化发展方式转变，推动文化产业又好又快发展。

第六章 文化产业行业管理组织与国家行业政策

第一节 国际文化产业行业机构（组织）

与文化产业相关的国际性组织与机构有很多，与文化产业相关的各行业几乎都有国际性的行业协会，但最著名的、对全球文化产业影响最大的则是联合国教科文组织和世界知识产权组织。

一、联合国教科文组织（UNESCO）

联合国教科文组织的全称为联合国教育、科学及文化组织，是联合国（UN）专门机构之一，总部设在巴黎。

1942 年，正值第二次世界大战肆虐之际，欧洲国家政府在英格兰召开盟国教育部长会议，讨论恢复和平后重建教育体系问题。这一设想引起包括美国在内的很多国家的响应。二次世界大战结束后的 1945 年 11 月 1 日至16 日，根据盟国教育部长会议的提议，在伦敦举行了旨在成立一个教育及文化组织的联合国会议（ECO/CONF）。约 40 个国家的代表出席了这次会议。会议决定成立一个以建立真正和平文化为宗旨的组织。按照他们的设想，这个新的组织应建立“人类智力上和道义上的团结”，从而防止爆发新的世界大战。会议结束时，37 个国家签署了《组织法》，这标志着联合国教育、科学及文化组织（UNESCO）的诞生。

1946 年 11 月 4 日，《组织法》获得南非、沙特阿拉伯、澳大利亚、巴西、加拿大、中国、丹麦、埃及、美国、法国、希腊、印度、黎巴嫩、墨西哥、挪威、新西兰、多米尼加、英国、捷克斯洛伐克和土耳其等 20 个国家的批准，开始生效。同年 12 月该组织成为联合国专门机构。截至 2011 年 11 月 1 日，联合国教科文组织共有成员国 195 个。

中国是联合国教科文组织创始国之一。1972 年 10 月中国恢复在该组织的活动，首次出席大会即当选为执行局委员，此后中国一直连任这一职务，并在该组织的各项活动中发挥积极的作用。

（一）教科文组织宗旨与职能

教科文组织宗旨是：通过教育、科学及文化来促进各国之间的合作，以增进对正义、法治及联合国宪章所确认的世界人民不分种族、性别、语言、宗教均享有人权与自由的普遍尊重，对世界和平与安全做出贡献。

教科文组织五大职能：一是前瞻性研究，研究明天的世界需要什么样的教育、科学、文化和传播；二是知识的发展、传播与交流，主要依托研究、培训和教学来进行；三是制订准则，起草和通过国际文件和法律建议；四是知识和技术，以“技术合作”的形式帮助会员国制订发展政策和发展计划；五是专门化信息的交流。

教科文组织具体负责教育、科学、文化和交流几个领域的事务。教育方面：召开地区性教育部长会议，讨论教育政策和规划问题，并对教科文组织在本地区的教育活动和国际合作问题提出建议；组织开发（发展）中国家的学生到已开发（发达）国家留学；帮助发展中国家兴办学校；提供教育仪器和设备；研究世界教育动向和问题；出版教育期刊和著作。

自然科学方面：召开地区性科技部长会议，协助会员国制订、协调科技政策；组织基础科学研究，培训基础科学研究人员；组织某些学科国际合作科研项目。

社会科学方面：组织人权问题（包括妇女地位问题）与和平问题的研究、宣传和教育活动；组织社会科学研究的国际合作和有关社会经济分析法的研究与应用，包括人员培训活动；开展人类住区条件和社会文化环境的研究；组织人口问题的研究、宣传和教育活动；组织哲学和跨学科的研究，加强社会科学的出版工作和情报资料工作。

文化方面：召开世界文化政策会议，协助会员国制订、协调文化政策；组织世界各地区文化和历史研究；组织世界文化遗产的保护、恢复和展出工作，培训文物保护人员；组织国际文化交流，举办会员国巡回展览、翻译并介绍世界文学名著。

传播与信息方面：在新闻、出版、广播、电视、电影等交流方面，召开交流政策会议，协助会员国制订、协调交流政策；推动实施国际交流发展计划；组织有关交流问题的调查和经验交流；通过办理培训班等方式，为发展中国家培训新闻工作者；促进书籍的出版、推广工作和信息传播工作。

（二）组织机构

联合国教科文组织主要设大会、执行局和秘书处。

大会：由全体会员国的代表组成，是教科文组织的最高权力机构。一般每两年召开一次。负责决定政策和计划，通过预算，选举执行局委员，任命行政首脑即总干事，向会员国提出有关教育、科学及文化方面的建议。

执行局：由58个会员国的代表组成，是大会闭幕期间的管理和监督机构；为召开大会做准备，负责大会决议的有效实施。一般每年至少举行2次会议。委员任期4年，总干事任期6年，可以连任。

秘书处：是教科文组织的日常工作机构和执行机构。全体工作人员在当选后，在任期6年的总干事的领导下，实施会员国大会通过的计划。分成若干部门，分别实施教育、自然科学、社会科学、文化和交流领域的事务活动或进行行政和计划工作，各部门由一名助理总干事领导。

秘书处由巴黎总部及各地区办事处的国际公务员组成。目前，秘书处的工作人员约有2100人，来自170多个国家，包括干部（专业人员）和非干部（一般事务人员）类。由于采取了非集中化措施，约2/3的人员在总部工作，700多人在总部外工作。总部外由50个办事处、2个联络处和1个中心组成。

195个会员国中189个已成立全国委员会，由教育、科学和文化等各界代表组成。588个非政府组织与教科文组织保持正式关系，约1200个非政府组织与该组织开展不定期的合作。5700所联系学校帮助年轻人树立宽容意识和加强国际了解。6670个教科文组织俱乐部、协会和中心在基层宣传教科文组织的理想和行动。173个会员国在巴黎设有驻该组织的常驻代表团。

（三）与文化产业相关的主要活动

联合国教科文组织在其主管的教育、科学、文化、传播与信息等业务范围内设立了十多个政府间机构及大型合作计划，以推动国际智力合作。其中主要有：国际教育局、人与生物圈计划、国际地质对比计划、国际水文计划、政府间海洋学委员会、社会变革管理计划、世界遗产委员会、促使文化财产归还原主国或归还非法占有文化财产政府间委员会、世界版权公约政府间委员会、国际传播发展计划、综合信息计划、政府间信息学计划、政府间体育运动委员会等。教科文组织大会选举产生的各执行理事机构负责规划和管理各计划的活动，并建立各自的国际或地区合作网络。

教科文组织一向重视文化在发展中的地位和作用。1991年，教科文组织发起成立了以联合国前秘书长佩雷斯·德奎利亚尔为首的世界文化和发展委员会，着手研究文化与发展的关系。1995年秋，教科文组织发表了该委员会编写的题为“我们创造性的多样性”的报告。为落实该报告提出的有关建议，1998年3—4月，教科文组织与瑞典政府合作在斯德哥尔摩召开了“文化政策促进发展政府间会议”。会议对文化多样性、文化与发展的关系、文化权利、国际文化合作等问题进行了广泛讨论，通过了《文化政策促进发展行动计划》。

对促进文化多样性的关注是教科文组织在文化领域所开展行动中的一个优先事项。2001年执行局第31届会议发布《世界文化多样性宣言》，宣告联合国教科文组织创建了全球文化多样性联盟。该联盟催生了发展中国家的公共部门与私营部门之间为支持当地文化产业而缔结的新型伙伴关系。

为了方便收集联合国各成员国的文化统计数据，联合国教科文组织于1986年召集了欧洲和北美20多个发达国家，制定了第一个国际性的文化统计框架，作为规范各国文化统计工作的指导性文件。1993年根据世界文化发展形势，对这一框架又做了进一步修正。

1998年，联合国教科文组织和世界银行分别出版了《世界文化报告：文化、创造性与市场》和《文化与可持续发展：行动框架》，这两份文件都强调了文化在经济和社会发展过程中具有不可比拟的重要性。1999年10月，在意大利佛罗伦萨会议上，世界银行提出，文化是经济发展的重要组成部分，文化也将是世界经济运作方式与条件的重要因素。一种新的经济形态——文化经济（Culture Economy）正在迅速崛起，标志着经济与文化在不断接近以后开始走向融合。在全球范围内，文化经济改变了传统的经济形态，对世界市场格局、经济发展趋势、可持续发展产生了重要影响。

2000年，联合国教科文组织根据1986年制定的文化统计框架，发布了《世界文化报告：文化、创新与市场》，对于世界文化多样性和文化遗产的保护做出了重要阐述。值得注意的是，2000年的世界文化报告指出，在新媒体大发展的形势下，世界文化开始展现出新的发展趋势。此外，这份报告总结了加拿大、法国等国家在文化统计方面的成功经验，并初步提出建立国际统一的文化统计框架的必要性。

1986年的文化统计框架主要是根据发达国家的文化体系建立的，进入

21世纪后，1986年的框架显然已经不能反映世界文化的新变化。为此，联合国教科文组织起草完成了“文化统计框架2009”。这一新框架更多关注发展中国家的文化、经济和社会的发展，既为国际社会研究世界各国文化的差异性和相关性提供了依据，也为某个具体国家找出本国文化的特殊之处并制定相应的政策提供了依据。

二、联合国教科文组织世界遗产委员会

（一）世界遗产公约与世界遗产委员会

联合国教科文组织世界遗产委员会是在联合国教科文组织内建立的文化遗产和自然遗产保护的政府间组织。1972年11月16日，联合国教科文组织大会第17届会议在巴黎通过了《保护世界文化和自然遗产公约》。公约主要规定了文化遗产和自然遗产的定义，以及文化和自然遗产的国家保护和国际保护的措施等。在不影响国内立法所规定的国家主权和知识产权的情况下，公约缔约国承认，保护世界遗产是整个国际社会的义务。公约规定了各缔约国可自行确定本国领土内的文化和自然遗产，并向世界遗产委员会递交其遗产清单，由世界遗产大会审批。凡是被列入世界文化和自然遗产的地点，都由其所在国家依法严加保护。公约还决定设立世界遗产委员会（World Heritage Committee）和世界遗产基金（World Heritage Fund）。

《保护世界文化和自然遗产公约》1975年正式生效，目前在全球范围内共有187个国家和地区加入该公约，该公约成为目前加入缔约国最多的公约之一。为保证《保护世界文化和自然遗产公约》的有效实施，1976年11月，联合国教科文组织世界遗产委员会成立，委员会由21个成员国组成，负责《保护世界文化和自然遗产公约》的实施。中国于1985年加入该公约，成为缔约方。1999年10月29日，中国当选为世界自然与文化遗产委员会成员。

由于世界遗产逐年增多，世界遗产委员会的日常工作日益繁重。1992年联合国教科文组织正式设置了世界遗产中心（World Heritage Centre），即“公约执行秘书处”，与教科文组织总部同在巴黎。该中心协助缔约国具体执行《保护世界文化和自然遗产公约》，对世界遗产委员会提出建议，执行世界遗产委员会的决定。

（二）世界遗产委员会的工作任务

世界遗产委员会承担四项主要任务：

一是定期编制《世界遗产名录》，并在挑选录入《世界遗产名录》的文化和自然遗产地时，负责对世界遗产的定义进行解释。在开展这项工作时，该委员会得到国际古迹遗址理事会（ICOMOS）和国际自然资源保护联盟（IUCN）的帮助；这两个组织仔细审查各缔约国对世界遗产的提名，并针对每一项提名写出评估报告。国际文物保护与修复研究中心（ICCROM）也对该委员会提供建议（例如文化遗产方面的培训和文物保护技术的建议）。世界遗产委员会审议确定由缔约国申报要求列入世界遗产名录的项目，并提交缔约国代表会议通过并公布。

二是审查世界遗产保护状况报告。对已经列入世界遗产名录的文化、自然项目的保护和管理情况进行检测，以促进其保护与管理水平的改善和提高。当遗产得不到恰当的处理和保护时，该委员会让缔约国采取特别性保护措施。

三是经过与有关缔约国协商，该委员会可以决定把濒危遗产列入《濒危世界遗产名录》。

四是管理世界遗产基金。审定各缔约国提出的财政和技术援助的申请项目，对为保护遗产而申请援助的国家给予技术和财力援助。世界遗产基金的来源主要是缔约国固定缴纳其向联合国教科文组织所缴纳会费的1%的款项，和缔约国以及其他机构和个人的捐献。

世界遗产委员会每年召开一次会议，主要决定哪些遗产可以录入《世界遗产名录》，对已列入名录的世界遗产的保护工作进行监督指导。委员会成员每届任期6年，每两年改选其中的1/3。委员会内由7名成员组成世界遗产委员会主席团，主席团每年举行两次会议，筹备委员会的工作。第一届世界遗产委员会于1977年召开，会上通过了工作原则和方法。

最近几次世界遗产委员会分别在：意大利那不勒斯（21届/1997年）、日本京都（22届/1998年）、摩洛哥拉巴特（23届/1999年）、澳大利亚凯恩斯（24届/2000年）、芬兰赫尔辛基（25届/2001年）、匈牙利布达佩斯（26届/2002年）、法国巴黎（27届/2003年）、中国苏州（28届/2004年）、南非德班（29届/2005年）、立陶宛维尔纽斯（30届/2006年）、新西兰克赖斯特彻奇（31届/2007年）、加拿大魁北克（32届/2008年）、西班牙塞维利亚（33届/2009年）、巴西巴西利亚（34届/2010年）、法国巴黎（35届/2011年）、俄罗斯圣彼得堡（36届/2012年）召开。

联合国教科文组织还为保护特殊遗产提供技术援助。教科文组织制定了第一部旨在保护非物质文化遗产的国际法律文书《保护非物质文化遗产公约》，并设立一个国际评审委员会，从2001年开始，定期将世界上的一些非物质文化遗产杰作列入《人类口述和非物质遗产代表作名录》。

中国于1986年开始向联合国教科文组织申报世界遗产项目。截至2012年7月，中国先后被批准列入《世界遗产名录》的世界遗产已达43处，其中文化遗产30项，自然遗产9项，文化和自然双重遗产4项，位列世界第三，是名副其实的遗产大国。另外，截至2011年，我国共有昆曲、古琴艺术等29个项目入选联合国教科文组织“人类非物质文化遗产代表作名录”，羌年、中国木拱桥传统营造技艺等7个项目入选“急需保护的非物质文化遗产名录”，成为世界上入选“非遗”项目最多的国家。

三、WIPO世界知识产权组织

世界知识产权组织（World Intellectual Property Organization，简称WIPO）是一个致力于促进使用和保护人类智力作品的国际组织，是联合国组织系统中的16个专门机构之一。它与世界贸易组织、联合国教科文组织是现今三个最主要的管理知识产权条约的国际组织（后两个国际组织不是知识产权专门机构）。世界知识产权组织的总部设在瑞士日内瓦，在美国纽约联合国大厦设有联络处。

（一）历史沿革

世界知识产权组织的历史可追溯到1883年。1883年，《保护工业产权巴黎公约》诞生，这是第一部旨在使一国国民的智力创造能在他国得到保护的重要国际条约。这些智力创造的表现形式是工业产权，即发明（专利）、商标、工业品外观设计。《巴黎公约》于1884年生效，当时有14个成员国，成立了国际局来执行行政管理任务。

1886年，随着《保护文学和艺术作品伯尔尼公约》的缔结，版权走上了国际舞台。该公约的宗旨是使其成员国国民的权利能在国际上得到保护，对其所创作作品的使用进行控制并收取报酬。这些创作作品的形式有：长篇小说、短篇小说、诗歌、戏剧，歌曲、歌剧、音乐作品、奏鸣曲，以及绘画、油画、雕塑、建筑作品。同《巴黎公约》一样，《伯尔尼公约》也成立了国际局来执行行政管理任务。

1893年，这两个国际局合并，成立了被称为保护知识产权联合国际局（常用其法文缩略语BIRPI）的国际组织，总部设在瑞士伯尔尼，当时只有7名工作人员。1960年，知识产权联合国际局总部从伯尔尼搬到日内瓦，以便与联合国及该城市中的其他国际组织更加邻近。1967年7月14日，

“国际保护工业产权联盟”（巴黎联盟）和“国际保护文学艺术作品联盟”（伯尔尼联盟）的51个成员在瑞典首都斯德哥尔摩共同建立了世界知识产权组织，以便进一步促进全世界对知识产权的保护，加强各国和各知识产权组织间的合作。1970年后，《建立世界知识产权组织公约》生效。经历了机构和行政改革并成立了对成员国负责的秘书处之后，保护知识产权联合国际局变成了世界知识产权组织。

1974年12月，世界知识产权组织成为联合国的16个专门机构之一，肩负着管理知识产权事务的任务，这一任务得到了联合国会员国的承认。1978年，世界知识产权组织秘书处搬入总部大楼。截止到2007年6月15日，世界知识产权组织共有184个成员国。

（二）世界知识产权组织的宗旨与职能

1. 世界知识产权组织的宗旨

一是通过国家之间的合作，必要时通过与其他国际组织的协作，促进全世界对知识产权的保护。

二是确保各知识产权联盟之间的行政合作。该组织管理着一系列知识产权条约，其中包括《保护文学和艺术作品伯尔尼公约》《保护录音制品制作者防止未经许可复制其录音制品公约》等条约。

2. 世界知识产权组织的职能

该组织主要职能是负责通过国家间的合作促进对全世界知识产权的保护，管理建立在多边条约基础上的关于专利、商标和版权方面的23个联盟的行政工作，并办理知识产权法律与行政事宜。该组织的很大一部分财力是用于同发展中国家进行开发合作，促进发达国家向发展中国家转让技术，推动发展中国家的发明创造和文艺创作活动，以利于其科技、文化和经济的发展。

3. 世界知识产权组织的相关条约

世界知识产权组织管理着涉及知识产权保护各个方面的24项国际条约（16部关于工业产权，7部关于版权，加上《建立世界知识产权组织公约》）。除《建立世界知识产权组织公约》外，世界知识产权组织通过的条约分三大类：

一是知识产权保护条约（Intellectual Property Protection Treaties）。包括《保护文学和艺术作品伯尔尼公约》《发送卫星传输信号布鲁塞尔公约》《保护录音制品制作者防止未经许可复制其录音制品日内瓦公约》《制止商品产地虚假或欺骗性标记马德里协定》《保护奥林匹克会徽内罗毕条约》《专利法条约》《保护工业产权巴黎公约》《保护表演者、音像制品制作者和广播组织罗马公约》《商标法条约》《世界知识产权组织版权条约》《世界知识产权组织表演和录音制品条约》等。二是全球保护体系条约（Global Protection System Treaties）。包括《专利合作条约》《商标国际注册马德里协定》《工业品外观设计国际保存海牙协定》《国际承认用于专利程序的微生物保存布达佩斯条约》《保护原产地名称和国际注册里斯本协定》等。三是分类条约（Classification Treaties）。包括《建立工业品外观设计国际分类洛迦诺协定》《商标注册用商品和服务国际分类尼斯协定》《国际专利分类斯特拉斯堡协定》《建立商标图形要素国际分类维也纳协定》等。

此外，世界贸易组织的《与贸易有关的知识产权协议》，于 1994 年 4 月在马拉加什缔结，是不属于世界知识产权组织管理的一个主要的知识产权条约，于 1995 年 1 月生效。

（四）中国与世界知识产权组织

《建立世界知识产权组织公约》规定，只有国家方可成为世界知识产权组织的成员国。中国于 1980 年 6 月 3 日加入该组织，成为它的第 90 个成员国。中国 1985 年加入《保护工业产权巴黎公约》，1989 年加入《商标国际注册马德里协定》，1992 年加入《保护文学和艺术作品伯尔尼公约》，1994 年 1 月 1 日加入《专利合作条约》。至 1999 年 1 月，中国共加入了该组织管辖的 12 个条约。

四、其他有关文化产业的国际组织

除了联合国教科文组织和世界知识产权组织，与文化产业有关的国际组织还有国际广播电视组织、国际广播协会、国际通信卫星机构、伯尔尼国际保护文学艺术作品联盟、发展著作权和邻接权利合作常设委员会、国际奥林匹克委员会、国际版权协会、国际保护工业产权协会、国际保护知识产权联合局、国际保护自然资源联盟、国际笔会（国际诗人、剧作家、编辑、散文家和小说家协会）、国际标准协会、国际标准化组织、国际古生物协会、世界中文报业协会、国际策划业联合会、国际摄影艺术联合会、国际新闻学会、国际新闻工作者协会、国际新闻电影协会、国际翻译工作者联合会、国际自然及自然资源保护联盟、国际音乐理事会、世界汉语教学学会、世界科技城市联盟、国际信息处理联合会等等。

第二节　中国文化产业行业机构（组织）

一、国家与政府行政管理机构（部门）

由于文化产业包罗的行业广泛，目前，我国政府各部门中，与文化产业各行业相关的很多，仅归口负责中国与联合国教科文组织之间合作事务的中国联合国教科文组织全国委员会，就涉及国务院职能部门、国家级公共机构和全国性非政府组织和机构约30个。其中涉及的国务院职能部门就有教育部、外交部、科学技术部、文化部、国土资源部、建设部、水利部、信息产业部、商务部、财政部、国家体育总局、国家新闻出版广电总局、国家海洋局、国家文物局、国家地震局、国务院新闻办公室等16个，这些部门基本都是文化产业相关行业的主管部门；另外，属于旅游行业主管部门的国家旅游局、制订《文化及相关产业分类》标准的国家统计局都与文化产业关系密切，分担着为文化产业相关行业立法的责任。

而文化产业各行业的意识形态属性，决定了文化产业各行业必然受中共中央宣传部的管辖和领导。中共中央宣传部是中共中央主管意识形态方面工作的综合职能部门。中宣部的具体职能可分为八个方面：

第一，负责指导全国的理论研究、学习和宣传工作。

第二，负责引导社会舆论，指导、协调中央各新闻媒体做好新闻宣传工作，搞好舆论引导。

第三，从宏观上指导精神文化产品的创作和生产。

第四，规划和部署全局性的思想政治工作的任务，配合中央组织部做好党员教育工作，负责编写党员教育教材，会同有关部门研究和改进群众思想教育工作。

第五，受中共中央委托，协同中央组织部管理文化部、国家新闻出版广电总局、中国社会科学院的领导干部，会同中央组织部管理人民日报社、新华社等新闻单位及其代管单位的领导干部，对省、自治区、直辖市党委宣传部部长的任免提出意见。联系宣传文化系统的知识分子，协助有关部门做好知识分子的工作。

第六，负责提出宣传文化事业发展的指导方针。指导宣传文化系统制定政策和法规，同时按照中央的统一工作部署，做好宣传文化系统各有关部门之间的协调工作。

第七，为中央领导和中宣部领导的决策和指导全局工作提供舆情信息，并且要负责组织协调和指导宣传文化系统的舆情信息工作。

第八，负责文化体制改革，包括新闻出版、广播电视业的改革和发展的调研，提出政策性的建议。

当下，我国正在积极推进文化体制改革，中共中央宣传部在其中起着举足轻重的作用。

由于我国目前还处在社会主义市场经济的建设阶段，经济体制改革还不彻底，文化体制改革刚刚开始，文化产业方面的立法还不完善，中宣部和上述与文化产业相关的国务院职能部门将在一个相当长的时期内对我国文化产业的行业管理、对文化产业的发展起着决定性的影响。

二、中国联合国教科文组织全国委员会（UNESCO CHINA）

该委员会是由国家教育部领导的跨部门政府机构，归口负责中国与联合国教科文组织之间的合作事务。在借鉴国际经验、指导我国文化产业行业管理与发展方面起着重要作用。

中国联合国教科文组织全国委员会（以下简称教科文全委会）于1979年2月19日正式成立，由教育部、国家科委、文化部、中国科学院、中国社会科学院、外交部、财政部以及其他一些教育、科学、文化等有关单位组成。其主要任务是，为我国政府、有关部门和出席联合国教科文组织大会的代表团提供有关联合国教科文组织的情况和咨询，负责协调我国有关部门涉及联合国教科文组织的工作，并负责与该组织秘书处和会员国全国委员会的联络工作。

教科文全委会目前由以下29个国务院职能部门、国家级公共机构和全国性非政府组织和机构组成：

国务院职能部门：教育部、外交部、科学技术部、文化部、国土资源部、建设部、水利部、信息产业部、商务部、财政部、国家新闻出版广电总局、国家体育总局、国家海洋局、国家文物局、国家地震局、国务院新闻办公室；

国家级公共机构：中国科学院、中国社会科学院、新华社、中央电视台；

全国性非政府组织和机构：中华全国总工会、中华全国青年联合会、中华全国妇女联合会、中国科学技术协会、中国作家协会、中华全国新闻工作者协会、中国教育学会、中国国际文化交流中心、中国对外翻译出版公司。

经国务院批准，教科文全委会具有以下基本职能和职责：

协调和协助中央和地方政府各部门和各机构参与教科文组织各业务领域的活动；

执行中国与教科文组织合作开展的部分活动，主要为教育领域的活动，亦包括科学、文化等方面的活动；

就中国参与教科文组织活动和与之在正常计划、参与计划和预算外财源计划项下开展合作事宜进行对外联络，包括直接或通过中国常驻教科文组织代表团与教科文组织总部各业务部门的联络；与教科文组织亚太地区总办事处和东南亚地区科技办事处，与教科文组织驻北京办事处及与各国教科文全委会的联络；

就中国出席教科文组织大会做准备工作，就参与有关论题讨论、提交决议草案，机构选举等事宜向政府提供咨询建议；

协助教科文组织执行局中国委员准备和参与执行局届会；

对教科文组织总干事寄发的关于编制起草教科文组织中期战略（C/4文件）、双年度计划与预算（C/5文件）、国际法规性文件及其他重要文件的征询意见函进行书面答复，并参与有关问题的磋商会议；

组织出席亚太地区国家教科文全委会会议和分地区会议，与本地区和其他地区国家教科文全委会开展教科文组织主管领域内的交流与合作；

宣传教科文组织开展的重要业务活动和中国与该组织合作情况，传播有用和有参考价值的新的思想、观点、知识、经验。

教科文全委会每年召开一次全体会议，听取并审议全委会关于过去一年的工作总结和新一年的工作计划要点，并就全委会重大方针政策问题发表意见与提出建议。

三、行业协会

行业协会是指介于政府与企业之间、商品生产行业与经营者之间，为本行业服务、咨询、沟通、监督、自律、协调的社会中介组织。行业协会是一种民间性组织，属于《中华人民共和国民法通则》规定的社团法人，是我国民间组织社会团体的一种，在国际上统称为非政府机构（NGO），属非营利性机构。

行业协会的职能主要表现在以下几点：代表本行业全体企业的共同利益；作为政府与企业之间的桥梁，向政府传达企业的共同要求，同时协助政府制定和实施行业发展规划、产业政策、行政法规和有关法律；制定并执行行规行约和各类标准，协调本行业企业之间的经营行为；对本行业产品和服务质量、竞争手段、经营作风进行严格监督，维护行业信誉，鼓励公平竞争，打击违法、违规行为；受政府委托，进行资格审查、签发证照，如市场准入资格认证，发放产地证、质量检验证、生产许可证和进出口许可证等等；对本行业的基本情况进行统计、分析并发布结果；开展对本行业国内外发展情况的基础调查，研究本行业面临的问题，提出建议、出版刊物，供企业和政府参考；狭义的服务职能如信息服务、教育与培训服务、咨询服务、举办展览、组织会议等等。

市场经济和文化产业发达的国家，主要靠行业协会进行行业自律管理来促进行业发展。有的国家是政府相关行政管理部门与行业协会相结合，有的国家则没有专门的政府行政管理部门，基本全依靠行业协会自律。

我国目前已经是世界第一贸易大国，遇到的国际贸易争端越来越多。国际经贸的实践经验表明，国内企业在参与国际竞争时，行业组织在保护国内产业、支持国内企业增强国际竞争力方面，起着重要的协调作用。由于市场经济条件下的国际市场竞争强调自由竞争，政府管理部门的作用受到很大限制。为减弱政府干预的负面影响，行业协会在利用 WTO 争端解决机制，维护本国经贸利益，协助企业实施反倾销、反补贴等法律措施，开拓国际市场等方面都起着至关重要的作用。

我国与文化相关的大多数行业都有自己的行业协会，如中国版权协会、中国科学技术协会、中国广播电视协会、中国作家协会、中华全国新闻工作者协会、中国出版工作者协会、中国教育学会、中国国际文化交流中心、中国对外翻译出版公司、中国策划学会、国家标准化管理委员会等，很多都是我们耳熟能详的。但多年来，受我国长期处于计划经济体制下的影响，各行业协会并没有像发达国家的行业协会一样，发挥其应有的作用。这无论是对我国文化产业的发展，还是对中国文化产业走出国门，都是极为不利的。

第三节　国家文化产业行业政策

党中央、国务院高度重视发展文化产业，先后做出了一系列重要论断和部署，明确提出了加快发展文化产业的重大意义、总体思路、目标任务和原则要求，为进一步加快发展我国文化产业指明了方向。

一、国家文化产业政策脉络

进入21世纪以来，文化产业作为“朝阳产业”，在全球范围内发展迅猛。为适应社会主义市场经济深入发展的新形势和加快发展社会主义先进文化的新要求，2000年10月，党的十五届五中全会通过的《中共中央关于制定国民经济和社会发展第十个五年计划的建议》中，第一次在党中央正式文件使用了“文化产业”这一概念，明确提出，要“完善文化产业政策，加强文化市场建设和管理，推动有关文化产业发展”，“要推动信息产业与文化产业的结合”。

2002年11月，党的十六大报告中，明确提出文化产业的发展和文化体制改革，提出了发展中国文化产业的战略构想，并进一步明确把文化区分为文化事业和文化产业，强调一手抓公益性文化事业、一手抓经营性文化产业，标志着我们党在文化建设的认识上实现了一个重大突破，开启了我国文化产业发展的新阶段，在我国文化产业发展史上具有里程碑的意义。

2003年8月，中共中央专门组织了政治局第七次集体学习，学习讨论世界文化产业发展状况与我国文化产业发展战略。胡锦涛总书记在学习会上明确要求，解放思想，与时俱进，“根据新形势下社会主义文化建设的特点和规律，按照文化事业和文化产业的发展要求，不断推进文化体制和机制创新，支持和保障文化公益事业，增强文化产业的整体实力和竞争力”。2003年10月召开的党的十六届三中全会通过的《中共中央关于完善社会主义市场经济体制若干问题的决定》重申了这一发展战略，强调要深化科技教育文化卫生体制改革，促进文化事业和文化产业协调发展。

2005年4月13日，国务院发布《国务院关于非公有资本进入文化产业的若干规定》，以充分调动全社会参与文化建设的积极性，进一步引导和规范非公有资本进入文化产业，逐步形成以公有制为主体、多种所有制经济共同发展的文化产业格局，提高我国文化产业的整体实力和竞争力。

2005年12月23日，中共中央、国务院下发《关于深化文化体制改革的若干意见》，把加快文化领域结构调整、培育现代文化市场体系、形成以公有制为主体多种所有制共同发展的文化产业格局作为深化文化体制改革的重点任务进行了系统部署。

2006年，新中国第一个专门部署文化建设的五年发展规划——《国家“十一五”时期文化发展规划纲要》公布，明确了“十一五”时期文化产业发展的重点任务、重大工程和重要举措。

2007年10月，党的十七大报告八次提到“文化产业”，从增强国家文化软实力、掀起社会主义文化建设新高潮、推动社会主义文化大发展大繁荣的战略高度，强调要大力发展文化产业，将发展文化产业提高到前所未有的重要位置。

2008年10月，国务院办公厅下发的《关于印发文化体制改革中经营性文化事业单位转制为企业和支持文化企业发展两个规定的通知》，标志着文化体制改革的配套政策日益完善，以及文化体制改革工作的顺利推开。

2009年是中国文化产业发展史上具有转折性意义的一年，我国文化产业的发展进入一个极为重要的关键时期，对加快发展文化产业的战略思路也越来越清晰。2009年7月22日，我国第一部文化产业专项规划——《文化产业振兴规划》由国务院常务会议审议通过。《文化产业振兴规划》系统提出了新形势下发展文化产业的指导思想、基本原则、目标任务、重点项目和扶持政策，这标志着我国把发展文化产业提升为国家战略。

2010年2月，胡锦涛总书记、温家宝总理等中央领导同志在省部级主要领导干部深入贯彻落实科学发展观加快经济发展方式转变专题研讨班上，深刻阐述了发展文化产业在加快经济发展方式转变中的重要性和紧迫性，提出把文化建设作为全党全国要抓的重点任务之一，把加快发展文化产业作为加快经济发展方式转变的八项重点工作之一。

2010年3月，中共中央办公厅、国务院办公厅转发《中央宣传部关于党的十六大以来文化体制改革及文化事业文化产业发展情况和下一步工作意见》，强调加快推进文化产业发展，把文化产业培育成为推动我国经济发展方式转变的战略性新兴产业。

2010年“两会”期间，温家宝总理在政府工作报告中强调，国家发展、民族振兴，不仅需要强大的经济力量，更需要强大的文化力量，要在继续加快文化体制改革、发展文化事业的同时，加快发展文化产业，满足人民群众多样化的文化需求。

2010年4月，为进一步改进和提升对我国文化产业的金融服务，支持文化产业振兴和发展繁荣，中央宣传部、中国人民银行、财政部、文化部、广电总局、新闻出版总署、银监会、证监会、保监会九部委联合发布《关于金融支持文化产业振兴和发展繁荣的指导意见》。

2010年7月23日，中共中央政治局专门就深化我国文化体制改革研究问题进行第二十二次集体学习。胡锦涛总书记在主持学习时强调，要从战略高度深刻认识文化的重要地位和作用，以高度的责任感和紧迫感，顺应时代发展要求，深入推进文化体制改革，推动社会主义文化大发展大繁荣；并明确提出了“三加快一加强”的文化改革发展总体布局，强调要加快发展文化产业，增强文化产业整体实力和竞争力。《人民日报》连续发表了五篇社论，对此进行了阐述。中共中央政治局常委李长春在不同场合多次强调，要深入学习贯彻胡锦涛总书记在中央政治局第二十二次集体学习时的重要讲话精神，进一步加快文化体制机制改革创新，加快发展文化产业，使“十二五”时期成为我国文化建设的加速发展期，为推动我国从文化资源大国向文化强国迈进奠定坚实基础。

2010 年 10 月，党的十七届五中全会通过《中共中央关于制定国民经济和社会发展第十二个五年规划的建议》，对“十二五”时期文化改革发展做出部署，从夺取全面建设小康社会新胜利、推进中国特色社会主义伟大事业的高度，明确提出未来五年要推动文化产业成为国民经济支柱性产业。中共中央政治局常委李长春多次强调，要紧紧围绕加快文化体制机制改革创新、加快构建公共文化服务体系、加快发展文化产业、加强对文化产品创作生产引导的重点任务，按照“十二五”时期文化改革发展的总体部署，加大力度、加快进度、巩固提高、重点突破、全面推进，着力破解文化发展难题，着力转变文化发展方式，在深化文化体制改革上迈出新步伐，促进我国文化又好又快发展。

2011 年 7 月 1 日，胡锦涛总书记在庆祝中国共产党成立 90 周年大会上，对继续大力推动社会主义文化大发展大繁荣、坚定不移发展社会主义先进文化进行了深刻阐述，明确把加快发展文化产业作为形成与我国国际地位相对称的文化软实力、创造出中华文化新辉煌的一项重要举措。

2011 年 10 月，党的十七届六中全会提出要“加快发展文化创意、数字出版、移动多媒体、动漫游戏等新兴文化产业”，进一步强调推动文化产业跨越式发展，使之成为新的增长点、经济结构战略性调整的重要支点、转变经济发展方式的重要着力点，对文化产业统计工作提出了新的要求。

2012 年 2 月 15 日中共中央、国务院颁布的《国家“十二五”时期文化改革发展规划纲要》，将“加快推进新兴文化产业发展”作为“推进文化科技创新的重要组成部分”。

在一系列政策文件的强势推动之下，大力发展新兴文化业态，已经成为国家培育文化产业新的增长点、提升文化软实力、实现文化强国的重要途径。

二、《文化产业振兴规划》

《文化产业振兴规划》（以下简称《规划》）于2009年7月22日由国务院常务会议审议通过，2009年9月26日由新华社发布。这是我国第一部文化产业专项规划，也是新中国建立60年来首部全国性的文化产业专项规划，标志着文化产业已经上升为国家的战略性产业。

（一）《规划》的总体思路、原则和目标

《规划》的总体思路是：按照中央“保增长、扩内需、调结构、促改革、惠民生”的精神，根据文化领域改革发展的实际情况，明确文化产业发展的指导思想、基本原则和目标，提出落实相关任务的政策措施和保障条件，对成长性好、示范带动效应强、具有全局性和先导性的重大项目做出安排。

《规划》的基本原则是五个“坚持”：一是坚持把社会效益放在首位，努力实现社会效益和经济效益的统一；二是坚持以体制改革和科技进步为动力，激发文化产业发展活力；三是坚持重点突破，加快推进重大工程项目；四是坚持以结构调整为主线，着力提高文化产业发展质量和水平；五是坚持内外并重，积极开拓国内国际文化市场。

《规划》的总体目标是：完成经营性文化单位转企改制，文化市场主体进一步完善，文化产业结构进一步优化，文化创新能力进一步提升，现代文化市场体系进一步完善，文化产品和服务出口进一步扩大，活力进一步增强，文化产业规模不断扩大，推动经济社会发展的功能和作用得到较好发挥。

（二）重点任务

《规划》的重点任务共分八个方面：一是发展重点文化产业。以文化创意、影视制作、出版发行、印刷复制、广告、演艺娱乐、文化会展、数字内容和动漫等产业为重点，加大扶持力度，完善产业政策体系，实现跨越式发展。二是实施重大项目带动战略。以文化企业为主体，加大政策扶持力度，加快建设一批具有重大示范效应和产业拉动作用的重大文化产业项目，选择一批具备实施条件的重点项目给予支持。三是培育骨干文化企业。在重点文化产业中选择一批成长性好、竞争力强的文化企业或企业集团，加大政策扶持力度，以增强我国文化产业的整体实力和国际竞争力。

四是加快文化产业园区和基地建设。五是扩大文化消费。创新文化产品和服务，提高文化消费意识，培育新的消费热点。六是建设现代文化市场体系。七是发展新兴文化业态。采用数字、网络等高新技术，大力推动文化产业升级。八是扩大对外文化贸易。落实国家鼓励和支持文化产品和服务出口的优惠政策，在市场开拓、技术创新、海关通关等方面给予支持。

（三）政策措施和保障条件

《规划》的政策措施包括降低准入门槛、加大政府投入、落实税收政策、加大金融支持、设立专项投资基金等，保障条件则包括加强组织领导、深化文化体制改革、培养文化产业人才和加强立法工作等。

《文化产业振兴规划》对我国应对金融危机、加快文化产业发展、推动经济结构调整有着重要意义，意味着我国文化产业经过多年的探索性发展，正迎来一个历史性拐点，将进入一个高速增长周期。

三、《中共中央关于深化文化体制改革、推动社会主义文化大发展大繁荣若干重大问题的决定》

2011 年 10 月 18 日的中共十七届六中全会审议通过该决定（以下简称《决定》)。《决定》共分九个部分：充分认识推进文化改革发展的重要性和紧迫性，更加自觉、更加主动地推动社会主义文化大发展大繁荣；坚持中国特色社会主义文化发展道路，努力建设社会主义文化强国；推进社会主义核心价值体系建设，巩固全党全国各族人民团结奋斗的共同思想道德基础；全面贯彻“二为”方向和“双百”方针，为人民提供更好更多的精神食粮；大力发展公益性文化事业，保障人民基本文化权益；加快发展文化产业，推动文化产业成为国民经济支柱性产业；进一步深化改革开放，加快构建有利于文化繁荣发展的体制机制；建设宏大文化人才队伍，为社会主义文化大发展大繁荣提供有力人才支撑；加强和改进党对文化工作的领导，提高推进文化改革发展科学化水平。

坚持中国特色社会主义文化发展道路，努力建设社会主义文化强国，这是《决定》最突出的亮点。《决定》科学系统地阐述了中国特色社会主义文化发展道路，深刻回答了坚持中国特色社会主义文化发展道路所蕴含的方向性、根本性、战略性的重大问题，从文化的视角拓展、深化了对中国特色社会主义道路的认识，使中国特色社会主义道路内涵更加丰富和完善。

社会主义核心价值体系是兴国之魂，是社会主义先进文化的精髓，决定着中国特色社会主义发展方向。推进社会主义核心价值体系建设是《决定》突出强调的一个重点，这方面的总体要求作为一条红线贯穿全篇。《决定》对推进社会主义核心价值体系建设进行阐述，并从坚持马克思主义指导地位、坚定中国特色社会主义共同理想、弘扬以爱国主义为核心的民族精神和以改革创新为核心的时代精神、树立和践行社会主义荣辱观四个方面做出了工作部署。

《决定》特别在第六大部分专篇就“加快发展文化产业，推动文化产业成为国民经济支柱性产业”做出了一系列符合时代发展要求、符合文化建设需要的部署。

《决定》指出，发展文化产业是社会主义市场经济条件下满足人民多样化精神文化需求的重要途径。必须坚持社会主义先进文化前进方向，坚持把社会效益放在首位、社会效益和经济效益相统一，按照全面协调可持续的要求，推动文化产业跨越式发展，使之成为新的经济增长点、经济结构战略性调整的重要支点、转变经济发展方式的重要着力点，为推动科学发展提供重要支撑。

为此，《决定》提出四方面部署：

第一，构建现代文化产业体系。加快发展文化产业，必须构建结构合理、门类齐全、科技含量高、富有创意、竞争力强的现代文化产业体系。要在重点领域实施一批重大项目，推进文化产业结构调整，发展壮大出版发行、影视制作、印刷、广告、演艺、娱乐、会展等传统文化产业，加快发展文化创意、数字出版、移动多媒体、动漫游戏等新兴文化产业。鼓励有实力的文化企业跨地区、跨行业、跨所有制兼并重组，培育文化产业领域战略投资者。优化文化产业布局，发挥东中西部地区各自优势，加强文化产业基地规划和建设，发展文化产业集群，提高文化产业规模化、集约化、专业化水平。加大对拥有自主知识产权、弘扬民族优秀文化的产业支持力度，打造知名品牌。发掘城市文化资源，发展特色文化产业，建设特色文化城市。发挥首都全国文化中心示范作用。规划建设各具特色的文化产业创意园区，支持中小文化企业发展。推动文化产业与旅游、体育、信息、物流、建筑等产业融合发展，增加相关产业文化含量，延伸文化产业链，提高附加值。

第二，形成以公有制为主体、多种所有制共同发展的文化产业格局。加快发展文化产业，必须毫不动摇地支持和壮大国有和国有控股文化企业，毫不动摇地鼓励和引导各种非公有制文化企业健康发展。要培育一批核心竞争力强的国有或国有控股大型文化企业或企业集团，在发展产业和繁荣市场方面发挥主导作用。在国家许可范围内，引导社会资本以多种形式投资文化产业，参与国有经营性文化单位转企改制，参与重大文化产业项目实施和文化产业园区建设，在投资核准、信用贷款、土地使用、税收优惠、上市融资、发行债券、对外贸易和申请专项资金等方面给予支持。营造公平参与市场竞争、同等受到法律保护的体制和法制环境。加强和改进对非公有制文化企业的服务和管理，引导他们自觉履行社会责任。

第三，推进文化科技创新。科技创新是文化发展的重要引擎。要发挥文化和科技相互促进的作用，深入实施科技带动战略，增强自主创新能力。抓住一批全局性、战略性重大科技课题，加强核心技术、关键技术、共性技术攻关，以先进技术支撑文化装备、软件、系统研制和自主发展，重视相关技术标准制定，加快科技创新成果转化，提高我国出版、印刷、传媒、影视、演艺、网络、动漫等领域技术装备水平，增强文化产业核心竞争力。依托国家高新技术园区、国家可持续发展实验区等建立国家级文化和科技融合示范基地，把重大文化科技项目纳入国家相关科技发展规划和计划。健全以企业为主体、市场为导向、产学研相结合的文化技术创新体系，培育一批特色鲜明、创新能力强的文化科技企业，支持产学研战略联盟和公共服务平台建设。

第四，扩大文化消费。增加文化消费总量，提高文化消费水平，是文化产业发展的内生动力。要创新商业模式，拓展大众文化消费市场，开发特色文化消费，扩大文化服务消费，提供个性化、分众化的文化产品和服务，培育新的文化消费增长点。提高基层文化消费水平，引导文化企业投资兴建更多适合群众需求的文化消费场所，鼓励出版适应群众购买能力的图书报刊，鼓励在商业演出和电影放映中安排一定数量的低价场次或门票，鼓励网络文化运营商开发更多低收费业务，有条件的地方要为困难群众和农民工文化消费提供适当补贴。积极发展文化旅游，促进非物质文化遗产保护传承与旅游相结合，发挥旅游对文化消费的促进作用。

文化引领时代风气之先，是最需要创新的领域。改革开放以来，我国文化建设取得的巨大成绩，从根本上说得益于改革创新；今后文化发展要实现新的更大跨越，归根到底还要靠改革创新。《决定》指出，必须牢牢把握正确方向，加快推进文化体制改革，建立健全党委领导、政府管理、行业自律、社会监督、企事业单位依法运营的文化管理体制和富有活力的文化产品生产经营机制，发挥市场在文化资源配置中的积极作用，创新文化“走出去”模式，为文化繁荣发展提供强大动力。

第七章 文化产业的行业监督与管理

第一节 标准化管理

一、标准化概述

（一）标准与标准化

1. 标准

标准是为在一定的范围内获得最佳秩序，对活动或其结果规定共同的和重复使用的规则、指导原则或特性的规范性文件。该文件经协商一致制定并经公认机构的批准。标准应以科学、技术和经验的综合成果为基础，并以促进最大社会效益为目的。

根据《中华人民共和国标准化法》的规定，我国的标准分为国家标准、行业标准、地方标准和企业标准四级。各级标准的对象、适用范围、内容特性要求和审批权限，由有关法律、法规和规章做出规定。

我国的国家标准由国务院标准化行政主管部门制定；行业标准由国务院有关行政主管部门制定；地方标准由省、自治区和直辖市标准化行政主管部门制定；企业标准由企业自己制定。

按照不同的分类方法，标准可以分为不同的类别。按标准化的对象分，标准可分为技术标准、管理标准和工作标准三大类。按约束力分，国家标准、行业标准可分为强制性标准、推荐性标准和指导性技术文件三种。在我国，那些具有法律属性，在一定范围内通过法律、行政法规等手段强制执行的标准是强制性标准；其他标准是推荐性标准。

根据《国家标准管理办法》和《行业标准管理办法》，下列标准属于强制性标准：

①药品、食品卫生、兽药、农药和劳动卫生标准；

②产品生产、贮运和使用中的安全及劳动安全标准；

③工程建设的质量、安全、卫生等标准；

④环境保护和环境质量方面的标准；

⑤有关国计民生方面的重要产品标准；等等。

2. 标准化

标准化是指“在经济、技术、科学及管理等社会实践中，对重复性事物和概念通过制定、发布和实施标准，达到统一，以获得最佳秩序和社会效益的活动”（GB 3935.1）。它是对产品标准的制定、推广、普及和运用的过程。

广义的标准化，指对同类型的产品和工程规定统一的技术标准，并据以投产和建设。狭义的标准化，即通常所说的标准化，是指产品标准化，即对产品的质量、规格及其检验方法所做的统一的技术规定。标准化主要包括三个方面：①物质资料标准化，如原料、材料、半成品、成品的品种、规格等标准化；②方法和程序标准化，如作业方法、试验方法、检验规程、安全规则等的标准化；③概念标准化，如采用统一的图形、符号、名称、术语等。

“通过制定、发布和实施标准，达到统一”是标准化的实质，而“获得最佳秩序和社会效益”则是标准化的目的。

标准化对象一般可分为两大类：一类是标准化的具体对象，即需要制定标准的具体事物；另一类是标准化总体对象，即各种具体对象的总和所构成的整体，通过它可以研究各种具体对象的共同属性、本质和普遍规律。

在国民经济的各个领域中，凡具有多次重复使用特点和需要制定标准的具体产品，以及各种定额、规划、要求、方法、概念等，都可作为标准化对象。

3. 标准化的基本特性与基本原理

标准化的基本特性主要包括以下几个方面：①抽象性；②技术性；③经济性；④连续性，亦称继承性；⑤约束性；⑥政策性。

标准化的基本原理通常是指统一原理、简化原理、协调原理和最优化原理。统一原理就是为了保证事物发展所必需的秩序和效率，对事物的形成、功能或其他特性，确定适合于一定时期和一定条件的规范，并使这种规范与被取代的对象在功能上达到等效。

简化原理就是为了经济有效地满足需要，对标准化对象的结构、形式、规格或其他性能进行筛选提炼，剔除其中多余的、低效能的、可替换的环节，确定出满足全面需要所必需的高效能的环节，保持整体结构精简合理，使功能效率最高。

协调原理就是为了使标准的整体功能达到最佳，并产生实际效果，必须通过有效的方式协调好系统内外相关因素之间的关系，确定为建立和保持相互一致、适应或平衡关系所必须具备的条件。

按照特定的目标，在一定的限制条件下，对标准系统的构成因素及其关系进行选择、设计或调整，使之达到最理想的效果，这样的标准化原理称为最优化原理。

二、文化产业标准化管理的作用与意义

标准化是工业化大生产的产物。只有按照统一的规格尺寸等技术要求生产出来的产品才能最大限度地发挥工业化的优势，降低成本和提高劳动生产率。文化产业既然是具有一定规模的产业，当然也同样需要标准化。

（一）标准化是文化产业行业管理的主要内容和手段。实行标准化管理，是提高文化企业管理水平的基础，也是组织和管理生产的重要手段，便于对文化企业及其生产过程实行科学化、现代化管理。它不仅能够促进文化艺术与现代科技紧密结合，提高文化产品和文化服务的质量，还是减少浪费、降低成本、提高劳动生产率、获取最佳经济效益的重要技术保障。

（二）标准化是文化产业质量管理的基础和依据。标准是评价和衡量文化产品质量和服务工作质量的尺度，也是文化产业质量管理的依据。正确制定和修订文化产品和服务标准是进行文化产业质量管理的关键环节和核心工作，而各种标准得以贯彻是文化产业质量管理得以实施的保证。

（三）标准化是文化设施设备质量与安全管理的重要手段。一种产品的质量和性能，主要取决于它的执行标准。文化设施器材如果缺乏统一的标准，就会出现因设备不兼容而引起的混乱，在安全方面也将造成很大隐患。目前发达国家的剧场，用尽一切高新技术手段，其技术含量不亚于汽车、建筑等行业。

（四）标准化是规范文化市场的重要手段。文化市场如果缺乏相应的技术规范，不仅会对文化产品质量的提高、技术的发展带来阻力，还会对市场秩序的规范造成不良的影响。从某种意义上讲，文化产业标准化建设是推动文化法制建设的重要手段。市场经济从本质上说是法制经济，标准

化常常就是法制化的前奏。而法制的完善，又为文化产业的发展提供了更加强有力的保障。

（五）标准化管理是促进文化产业技术进步和升级的客观需要。当今世界，技术标准与知识产权之间的联系越来越密切，标准化已成为专利技术的最高体现形式。发达国家和跨国公司往往将专利标准化，形成国际标准或事实上的国际标准，以获得最大的经济利益。拥有完善的标准和法规体系的欧美国家往往凭借苛刻的技术法规、商品标准保护本国企业，打压其他国家的企业。我国许多产业因为标准化水平低，根本无法与海外企业竞争，更不用说建立自己的技术壁垒。文化产业亦不例外。文化产业要升级，也必须实现工业化和标准化。

（六）标准化可以更好地促进文化产品出口和国际文化交流。商品流通、社会分工和专业化生产促使市场产生了对产品的通用性和互换性的需求，也要求有统一的技术标准。实行标准化管理可以保证生产与技术上实现集中统一、协调互换和专业化协作，并可以最大程度上消除贸易障碍，促进国际文化贸易与交流合作，提高文化产品在国际市场上的竞争能力。

三、文化产业标准化管理的原则

（一）政府主导、上下协调原则。标准化工作是一项全局性、战略性的工作，必须加强政府宏观指导和政策导向，大力推动标准化规划的实施。西方发达国家一般采取政府授权民间机构负责管理国家的标准化活动。我国目前设有专门的标准化管理机构，即国家标准化管理委员会。但由于文化产业有其自身的特殊性，包罗的行业范围广，涉及的部门也很多，协调难度很大，而且文化产品和文化服务的标准确定起来非常困难。加之我国文化产业刚起步不久，行业发展时间短，各方面积累较弱，单纯依靠行业自身的力量，很难在短期内完成各项标准的制定和宣传贯彻工作。因此，在相当长的一个时期，我国的文化产业标准化工作，虽然要坚持强调以企业为主体，但必须明确政府主导这一重要原则。

（二）重点保障、滚动发展、稳步提高原则。由于我国的文化行业标准化工作起步较晚、基础较弱，一些重要的基础标准、安全标准都还相对缺乏。随着文化建设的迅猛发展，文化标准数量少、水平低、适用性较差、缺乏统一规划等问题日益凸显。但完成标准体系建设非一日之事，标准化工作应面向文化建设的中心工作，重点加强基础性标准、行业急需标准以及涉及公共文化安全和文化环境保护的标准建设，逐步开展面向社会的文化服务标准、技术标准、管理标准、基础标准的建设工作。在具体标准的制订上，应该立足于我国文化产业的实际情况，不一定要求一步到位；应该面向基础性标准，先全面推开，滚动发展，再谋求稳步提高。

（三）合理性与可操作性原则。制订标准时，要注重标准的合理性与可操作性，立足于标准的贯彻实施，使标准真正成为文化建设的规范，成为广大文化艺术工作者自觉遵循的行为准则。坚决避免为制标而制标、脱离现实无限拔高的形式主义作风。

（四）国际性与先进性原则。目前国际上出现了“标准趋同”的大趋势。为了制约和消除技术贸易壁垒，世界各国的标准都在向国际标准靠拢，国际标准的数量扶摇直上，国际标准化机构日益壮大，活动空前频繁。而发达国家又利用其经济和技术的先发优势，极力推出更先进的国家标准，也就是我们所谓的国外先进标准，以此来设置贸易壁垒，并形成事实上的国际标准，抢占国际标准的制高点。所以，我们必须学习和借鉴国外先进的标准化经验，全面提升我国文化产品和文化服务的国际竞争能力，积极采用国际标准和国外先进标准，加强与国际有关标准组织的交流与合作。同时，在条件成熟的领域，要争取我国的文化产业标准成为国际标准或事实上的国际标准，以站在国际文化产业标准化的制高点上。

四、我国文化产业标准化管理的主要任务

（一）贯彻执行国家关于标准化工作的方针政策，加强文化产业标准化基础建设。应尽快完成文化行业标准化基础研究，推出一批文化行业标准化基础理论研究成果；全面推进文化标准体系研究，形成涉及文化领域安全、环保、质量、工艺、功能、技术、检验检测、资质、等级评定、保护消费者权益的标准体系；建立较为完善的图书馆、博物馆、文化馆、美术馆、演出场所、社会艺术教育、文化娱乐场所、网络文化、动漫游戏、乐器、工艺美术等文化行业分类标准。有计划、有步骤地每年培训一定数量的文化产业标准化专业人才，逐步建立文化产业标准专家库。鼓励学术交流、国际合作等多种形式培养文化产业标准化专业人才。

（二）适时研究、制定和修订文化产业行业标准，健全文化产业标准体系。包括编制文化产业急需标准，制定涉及文化安全、文化环境保护、公共文化活动场所安全等的相关标准，研究和制定文化资源数字化等涉及文化资源安全的技术标准和管理标准，研究和制定关于抢救和保护物质的、非物质的文化遗产的管理技术规范，加强文化服务标准化建设，加快

文化标准制（修）订速度。

（三）组织宣传、贯彻各项标准和监督检查标准化的落实情况。加强文化产业标准化的推广宣传力度，扩大文化标准的宣传范围，充分利用各种媒体，切实做好标准化知识宣传和普及工作，提高标准化在生产经营和消费者中的认知度和普及率。增强社会各界的标准化意识，营造全社会了解标准化知识、参与标准化活动、享用标准化成果的良好社会氛围。加强文化标准的国内国际交流，广泛宣传我国文化行业标准化建设的意义和成果。切实加强文化标准贯彻实施的宣传措施，通过文化标准行政主管部门出台行政法规，建立文化标准宣传的奖励机制，鼓励和调动文化企事业单位、社会团体积极参加文化标准研究制定和标准实施。激励全社会各行业的专家学者对文化行业标准化建设的创新。

（四）加强标准化专家队伍建设。标准化队伍建设，是推进文化产业标准化建设的一个重要条件。目前，我国的文化产业标准化人才十分缺乏，通过培训造就一批政治觉悟高、业务精、懂标准、外语好，既有标准化知识，又懂专业技术的复合型人才，形成层次分明、结构合理、专业实用的文化产业标准化队伍，已经成为文化产业标准化管理的当务之急。要加强标准化科研队伍建设，提升标准科研水平，积极创造有利于标准化科研人才成长的良好环境；有针对性、分层次地开展地方专业标准化人员的培训，强化责任意识，提高标准制定修订的质量；要加强企业标准化人才队伍建设，积极探索建立标准化工程师制度。

（五）健全文化行业标准化管理组织，完善文化行业标准化管理制度。根据文化行业的发展，逐步建立健全专业标准化组织，并加强归口管理工作；全面推动文化行业标准监督、检验和认证机构的建设，加强对涉及公共文化安全标准的监督管理；逐步建立科学、合理的文化标准课题研究制度。发达国家有关标准都是由有关行业联盟、行业协会制定并监督执行的，中国加入世界贸易组织（WTO）后，政府部门将逐渐从市场一线中退出。这就需要有相关的中介机构协助政府有关部门，来完成文化、艺术、科技行业标准的制定，并在标准推广执行中，担负推广、解释、检测、验收、监督实施等等一系列工作，这也有利于我们加强国际间的交流与合作。

（六）指导地方和文化企业进行标准化管理。地方标准化工作作为我国标准化工作的重要组成部分，已成为地方经济和社会发展的重要技术支撑。应该加强对地方文化产业标准化工作的指导，帮助各地发挥当地的文化资源优势，促进区域经济文化发展，提高当地的综合竞争力。而文化企业是文化产业标准化管理的主体，要加强对文化企业标准化工作的分类指导，引导文化企业参与标准化活动，积极承担行业、国家、国际标准制（修）订，参与国家标准化项目的科学研究、全国专业标准化技术委员会等工作；鼓励文化企业积极采用国际标准或国外先进标准；推动文化企业建立健全符合自身发展需要的包括技术标准、管理标准、工作标准在内的企业标准体系；强化文化企业产品标准责任主体意识，做好企业标准备案工作；实行文化企业标准化动态管理，建立健全文化企业执行标准登记制度。

五、我国文化产业行业标准化工作的规划与实施

（一）我国标准化管理体制

我国标准化工作实行统一管理与分工负责相结合的管理体制。

按照国务院授权，在国家质量监督检验检疫总局管理下，国家标准化管理委员会统一管理全国标准化工作。国务院有关行政主管部门和国务院授权的有关行业协会分管本部门、本行业的标准化工作。省、自治区、直辖市标准化行政主管部门统一管理本行政区域的标准化工作。省、自治区、直辖市政府有关行政主管部门分工管理本行政区域内本部门、本行业的标准化工作。市、县标准化行政主管部门和有关行政主管部门，按照省、自治区、直辖市政府规定的各自的职责，管理本行政区域内的标准化工作。

（二）文化产业行业标准体系的建立

我国文化产业的行业标准体系整体上分为三个类别：一是综合基础标准，包括文化行业经营、文化行业管理和文化行业标准化工作的基本原则等；二是基础设施服务质量标准，主要包括文化设施的质量标准和文化服务的质量标准，如广播电视传输设备设施标准、电影放映服务设施标准等；三是产品质量标准，包括文化产业相关企业生产的各种文化产品和服务的质量标准，如图书质量标准、电影电视质量标准、文化演出质量标准、旅游接待服务标准等。

（三）文化产业行业标准化的规划与实施

“十一五”以来，文化行业标准化工作得到了快速发展，取得了显著的成绩。

2007 年文化部发布了《文化标准化中长期发展规划（2007—2020）》，

这是文化行业第一个标准化规划。规划提出了文化行业标准化工作的指导思想、基本原则、主要目标和任务，为今后一个时期的标准化工作指明了方向。

根据《文化标准化中长期发展规划（2007—2020）》的部署，2008年，为了加强文化行业标准化工作的组织建设，在国家标准化管理委员会的指导和帮助下，全国文化行业完成了全国剧场标准化技术委员会、全国文化馆标准化技术委员会、全国图书馆标准化技术委员会、全国网络文化标准化技术委员会、全国文化娱乐场所标准化技术委员会、全国社会艺术水平考级服务标准化技术委员会、全国文化艺术资源标准化技术委员会和全国剧场标准化技术委员会舞台机械分技术委员会等8个全国专业标准化技术委员会（分技术委员会）的组建工作。这标志着我国文化行业标准化体系框架基本形成，文化领域的标准化专家队伍和标准化组织建设逐步走向完善，为文化领域标准化工作的长足发展打下了良好的工作基础。

2010年初，按照国家标准化管理委员会的统一部署，文化部组织各“标委会”，在有关专家的努力配合下，编写、整理完成了文化行业标准体系框架。

2011年7月《文化行业标准化工作管理办法（暂行）》正式印发。该办法的发布填补了文化行业标准化工作无管理规定的空白，为文化行业标准化工作有序开展提供了制度保证。

2012年，全国动漫游戏产业标准化技术委员会也宣告成立。

“十一五”以来，文化行业各标准化技术委员会获批国家标准立项超过30项，2008年发布实施了文化行业第一个国家标准《古籍修复技术规范与质量要求》（GB/T21712—2008）。此后文化部又发布实施了国家标准《公共图书馆服务规范》以及多项文化行业标准，行业标准总数超过35项。文化产业的核心行业如广电行业、新闻出版行业的标准化工作也在顺利推进之中。

但是，由于我国的文化行业标准化工作起步较晚、基础较弱，一些重要的基础标准、安全标准依然缺乏。随着文化建设的迅猛发展，文化标准数量少、门类缺、水平低、内容陈旧、更新慢、适用性差、缺乏统一规划、宣传贯彻不力等问题日益显现。在我国现有体制下，“全国专业标准化技术委员会”是组织专家、整合资源、推动标准化工作的基本组织，目前全国有数百个标准化技术委员会，但涉及全文化系统的标准化技术委员会仍未建立。

六、国际标准与国外先进标准

（一）国际标准与国际标准化组织[①]

国际标准是指国际标准化组织（ISO）、国际电工委员会（IEC）和国际电信联盟（ITU）制定的标准，以及国际标准化组织确认并公布的其他国际组织制定的标准。国际标准在世界范围内统一使用。

1. 国际标准化组织（International Organization for Standardization，简称 ISO）

国际标准化组织是目前世界上最大、最有权威性的国际标准化专门机构。1946 年 10 月 14 日至 26 日，中、英、美、法、苏等 25 个国家的 64 名代表集会于伦敦，正式表决通过建立国际标准化组织。1947 年 2 月 23 日，ISO 章程得到 15 个国家标准化机构的认可，国际标准化组织宣告正式成立。参加 1946 年 10 月 14 日伦敦会议的 25 个国家，为 ISO 的创始人。

ISO 是联合国经社理事会的甲级咨询组织和贸发理事会综合级（即最高级）咨询组织。此外，ISO 还与 600 多个国际组织保持着协作关系。

国际标准化组织的目的和宗旨是：在全世界范围内促进标准化工作的发展，以便于国际物资交流和服务，并扩大在知识、科学、技术和经济方面的合作。

其主要活动是制定国际标准，协调世界范围的标准化工作，组织各成员国和技术委员会进行情报交流，以及与其他国际组织进行合作，共同研究有关标准化问题。

按照 ISO 章程，其成员分为团体成员和通讯成员。团体成员是指最有代表性的全国标准化机构，且每一个国家只能有一个机构代表其国家参加 ISO。通讯成员是指尚未建立全国标准化机构的发展中国家（或地区）。通讯成员不参加 ISO 技术工作，但可了解 ISO 的工作进展情况，待条件成熟，可转为团体成员。ISO 的工作语言是英语、法语和俄语，总部设在瑞士日内瓦。ISO 现有成员 162 个。至今，ISO 已制定发布了 17000 多个国际标准。

1978 年 9 月 1 日，我国以中国标准化协会（CAS）的名义重新进入 ISO，并在 1982 年 9 月当选并连任理事国（1983—1994 年）。1988 年起改为以国家技术监督局的名义参加 ISO 的工作。2001 年起，在 ISO 代表中

---

① 部分数据来源：国家标准化管理委员会网站，http://www.sac.gov.cn.

华人民共和国会籍的会员机构是国家标准化管理委员会。1999 年 9 月，我国在京承办了 ISO 第 22 届大会。

2. 国际电工委员会（International Electrotechnical Commission，简称 IEC）

国际电工委员会（IEC）成立于 1906 年，至今已有 90 多年的历史。它是世界上成立最早的国际性电工标准化机构，负责有关电气工程和电子工程领域中的国际标准化工作。

IEC 的宗旨是，促进电气、电子工程领域中标准化及有关问题的国际合作，增进国际间的相互了解。为实现这一目的，IEC 出版包括国际标准在内的各种出版物，并希望各成员在本国条件允许的情况下，在本国的标准化工作中使用这些标准。

近 20 年来，IEC 的工作领域和组织规模均有了相当大的发展。当今 IEC 成员国已从 1960 年的 35 个增加到超过 60 个。他们拥有世界人口的 80%，消耗的电能占全球消耗量的 95%。

目前 IEC 的工作领域已由单纯研究电气设备、电机的名词术语和功率等问题扩展到电子、电力、微电子及其应用、通讯、视听、机器人、信息技术、新型医疗器械和核仪表等电工技术的各个方面。IEC 标准已涉及了世界市场中的 50%的产品。

IEC 标准的权威性是世界公认的。IEC 每年要在世界各地召开 100 多次国际标准会议，世界各国的近 10 万名专家在参与 IEC 的标准制定修订工作。IEC 标准在迅速增加，1963 年只有 120 个标准，目前，IEC 已制定颁布了 6000 多个国际标准。

我国 1957 年参加 IEC，1988 年起改为以国家技术监督局的名义参加 IEC 的工作，现在以中国国家标准化管理局（SAC）的名义参加 ISO 的工作。目前，我国是 IEC 理事局、执委会和合格评定局的成员。1990 年我国在京承办了 IEC 第 54 届年会，2002 年 10 月在京承办 IEC 第 66 届年会。2011 年 10 月 28 日在澳大利亚召开的第 75 届国际电工委员会（IEC）理事大会上，正式通过了中国成为 IEC 常任理事国的决议。目前，IEC 常任理事国有美国、德国、英国、法国、日本和中国。

3. 国际电信联盟（International Telecommunication Union，简称 ITU）

国际电信联盟是联合国的一个专门机构，也是联合国机构中历史最长的一个国际组织，简称“国际电联”“电联”。

该国际组织成立于1865年5月17日，是由法、德、俄等20个国家在巴黎会议上为了顺利实现国际电报通信而成立的国际组织，当时定名“国际电报联盟”，1932年改为“国际电信联盟”。

1947年国际电信联盟成为联合国的一个专门机构，总部由瑞士伯尔尼迁至日内瓦。当时，还成立了国际频率登记委员会（IFRB）。

为了适应电信科学技术发展的需要，国际电报联盟成立后，相继产生了3个咨询委员会。1924年在巴黎成立了“国际电话咨询委员会（CCIF）”，1925年在巴黎成立了“国际电报咨询委员会（CCIT）”，1927年在华盛顿成立了“国际无线电咨询委员会（CCIR）”。这三个咨询委员会都召开了不少会议，解决了不少问题。1956年，国际电话咨询委员会和国际电报咨询委员会合并成为“国际电报电话咨询委员会”，即CCITT。

国际电信联盟的实质性工作由三大部门承担，即国际电信联盟标准化部门（ITU-T）、国际电信联盟无线电通信部门和国际电信联盟电信发展部门。其中电信标准化部门由原来的国际电报电话咨询委员会（CCITT）和国际无线电咨询委员会（CCIR）的标准化工作部门合并而成，主要职责是完成国际电信联盟有关电信标准化的目标，使全世界的电信标准化。

我国于1920年加入了国际电报联盟，1947年被选为行政理事会的理事国和国际频率登记委员会委员。1972年5月30日恢复在国际电信联盟的合法权利和席位后，我国积极参加了国际电信联盟的各项活动。

4. 国际标准化组织确认并公布的其他标准化组织

被国际标准化组织确认并公布的其他标准化组织还有：国际计量局（BIPM）、国际人造纤维标准化局（BISFA）、食品法典委员会（CAC）、时空系统咨询委员会（CCSDS）、国际建筑研究实验与文献委员会（CIB）、国际照明委员会（CIE）、国际内燃机会议（CIMAC）、国际牙科联盟会（FDI）、国际信息与文献联合会（FID）、国际原子能机构（IAEA）、国际航空运输协会（IATA）、国际民航组织（ICAO）、国际谷类加工食品科学技术协会（ICC）、国际排灌研究委员会（ICID）、国际辐射防护委员会（ICRP）、国际辐射单位和测试委员会（ICRU）、国际制酪业联合会（IDF）、万围网工程特别工作组（IETF）、国际图书馆协会与学会联合会（IFTA）、国际有机农业运动联合会（IFOAM）、国际煤气工业联合会（IGU）、国际制冷学会（IIR）、国际劳工组织（ILO）、国际海底组织（IMO）、国际种子检验协会（ISTA）、国际理论与应用化学联合会（IU-PAC）、国际毛纺组织（IWTO）、国际动物流行病学局（OIE）、国际法制计量组织（OIML）、国际葡萄与葡萄酒局（OIV）、材料与结构研究实验所国际联合会（RILEM）、贸易信息交流促进委员会（TarFIX）、国际铁路联盟（UIC）、经营交易和运输程序和实施促进中心（UN/CEFACT）、联合国教科文组织（UNESCO）、国际海关组织（WCO）、国际卫生组织（WHO）、世界知识产权组织（WIPO）、世界气象组织（WMO）等。

（二）国外先进标准

通常我们所说的国外先进标准是指未经国际标准化组织（ISO）确认并公布的、比国际标准先进的其他国际组织的标准，如发达国家的国家标准、区域性组织的标准和国际上权威的团体标准与企业（公司）标准中的先进标准。

例如：美国标准（ANSI），德国标准（DIN），英国标准（BS），日本工业标准（JIS），法国标准（NF）以及前苏联国家标准（GOST）等。

第二节　质量管理

质量管理是文化产业行业管理的中心，也是文化产业行业管理的最终目的之一。加强质量管理不仅可以推动文化企业素质和文化产品质量的提高，而且可以提升行业形象，增强我国文化产业的国际竞争力，进一步推动文化产业行业管理的全面深化和强化。

文化产业是一个综合性很强的行业，而且大部分行业都属于第三产业（服务业）的范畴，因此文化产业质量管理的内涵非常丰富。既有设备设施、项目等静态的方面，又有服务观念、技术、态度等动态的内容。

根据ISO9000系列标准中对质量管理的规定，质量管理应包含管理者的职责、质量体系结构、人力和物力资源三种因素。这三种因素的协调程度直接关系到顾客满意的程度。而所谓文化服务质量管理，则应是对文化服务全过程的绩效的度量和控制。

一、我国文化服务质量管理的指导方针和工作目标

文化服务质量工作是文化产业的生命线，是文化产业发展的关键。但是，较之国家的要求和文化产业发展形势的需要，我国文化行业质量管理还有很大发展空间。对于今后的文化质量管理工作，总的方针是强调质量意识，抓好管理监督，实现服务达标，改善文化产业整体形象，增强行业的国际竞争能力。按照这一指导方针，文化质量管理工作的目标就是要建

成一个完善有效的文化产业服务质量保障体系。

这一体系包括：一是一套配套的质量法规和标准体系，涉及文化产业的各个行业和方面，不仅有硬件标准，也必须有完善的软件标准。这些标准都要向国际标准靠拢，并最终达到国际标准。二是一个较为有效的协调机制，主要是政府的行业管理部门之间的协调以及行业主管部门与行业协会之间的协调等，包括法规制定、发布、实施等各个环节上的协调。三是一个权威的管理监督机制。以法规和标准为基础，协调各方力量，动用各种手段，形成一个有权威的管理监督机制。四是企业内部的质量管理机制，包括规章制度、管理手段、提高方式等多个方面，使文化企业内部环境建设与外部环境建设能够同步进行。五是一套适合文化行业各类企业、各个岗位的培训体系、考试方式和资历能力等级制度，使员工不仅注重企业声誉，也注重个人声誉，在人才市场竞争中发展。

当然，这一战略目标的实现需要一个较长的时期，要在具体的工作安排中逐步体现，逐步落实。

二、现行文化服务质量管理手段

（一）投诉处理

投诉是文化消费活动中经常发生的现象。经验表明，公正及时地处理文化消费者的投诉，可以赢得消费者的信任，维护行业声誉，促进文化产业的发展。

处理投诉是文化产业服务质量管理的重要一环，一般应按照下列标准：

1. 受理机制。要求设有投诉处理的专职机构，开设投诉电话，订立投诉管理制度，明确受理范围、受理要求、办理时限等。目前一般是由文化产业的有关行业主管部门和消费者协会受理。

2. 受理范围。受理的投诉必须属于下列范围：不履行合同行为、未向消费者提供相应的标准服务、过失造成消费者财务损失、身体伤害等。

3. 处理程序。处理投诉必须遵循的程序为：受理投诉，建立档案；调查了解，核查事实；分清责任，做出处理；回函致歉，答复消费者。处理投诉应实事求是，耐心慎重。

4. 办理效率。涉及礼节礼貌服务方面的意见反映，应随时随地进行解决；正式投诉状，处理全过程应不超过规定时限，到期限未结案者应及时通报投诉者，并继续处理，直至问题解决。

5. 结案标准。调查清楚事实，取得旁证材料，做出处理决定；用正式文件给消费者答复或解决；备有函电信件存档影印件。

6. 设立档案。卷宗有编号，证明及处理文件齐全，归档及时。

（二）质量评估制度

为了推动各地的质量管理工作，国家做出了行业质量评估的整体安排，包括对行业的年度总体评估、地方评估和企业评估三个方面。国家质量监督检验检疫总局及文化产业相关主管部门负责对全国文化质量的总体水平、各省市和各大类服务质量的评估，各省市则相应安排本省市本地区的评估。评估的主要内容包括：一是对各地方文化产业的质量工作情况评估，包括机构建设、实际工作等，具体涉及各地制定和颁布文化质量管理标准和法规实施细则的情况、质量统计分析工作情况等；二是评估各省市和各门类文化质量的实际水平，这方面主要看国家文化产业相关主管部门委托国家统计局城市社会经济调查总队进行的文化消费者抽样调查的结果，同时还包括专门的文化质量调查和听取汇报及实地考察；三是对各类文化企业以不同方式进行评估，在市场上排位定序。近几年，国家每年都评选中国优秀文化企业，评估结果在全国公布。

（三）质量公报制度

为及时反映全国文化行业质量各个方面的情况，国家文化产业相关主管部门经常发布质量公报。一些行业如旅游行业每季度发布一次质量公报，表扬一批服务质量好的企业和个人，曝光一些服务质量低劣的单位，同时适时公布一些经调查核实的投诉信和投诉信的调查处理情况。在出版社、报纸业、旅行社、饭店等各个方面的质量管理中，也发布了一系列动态性的质量公报，在文化行业质量管理中产生了重要影响。旅行社质量保证金制度的建立和保证金工作的全面启动，除了对旅行社本身有重要作用之外，对规范整个旅游业的经营行为、提高全行业的服务质量都有重要意义。近年来，中央电视台的每周质量报告涉及全国各个行业，影响力和威慑力更大。

同时，积极推行文化服务质量等级管理。文化服务质量等级管理的工作方针是依据文化发展的实际需要提出来的，目标是面向全行业，适应市场需求，完善服务质量管理机制。它涉及文化产业的各个方面。

（四）质量认证制度

ISO9000 质量管理体系标准是国际标准化组织（ISO）颁布的国际标准。1996 年 12 月 24 日国务院发布《质量振兴纲要（1996－2010）》后，

ISO9000族标准引起了国内企业和质量工作者的关注和重视。目前，我国已将ISO正式颁布的ISO9000族19项标准，全部等同转化为国家标准，并在全国各地大力推行ISO9000族标准，开展以ISO9000族标准为基础的质量体系咨询和认证。

2005年5月23日，中华社会文化发展基金会与中国商务部、加拿大国际开发署合作的公共政策选择项目《中国文化服务业质量认证体系实施指南》工作会议在京开幕，确定我国文化服务业将以ISO9000族标准为基础建立质量管理体系，希望以此提高文化服务业的管理水平和服务水平，使我国的文化服务业全面融入世界经济文化体系。

三、ISO9000族质量标准

ISO9000族是国际标准化组织（ISO）在1994年提出的概念。“ISO9000族”不是指一个标准，而是一族标准的统称。根据ISO9000－1：1994的定义，“ISO9000族”是由ISO/TC176（国际标准化组织质量管理和质量保证技术委员会）制定的所有国际标准。

TC176是ISO中第176个技术委员会，成立于1980年，全称是“质量保证技术委员会”，1987年更名为“质量管理和质量保证技术委员会”。TC176专门负责制定质量管理和质量保证技术的标准。TC176最早制定的一个标准是ISO8402：1986《品质—术语》，于1986年6月15日正式发布。1987年3月，ISO又正式发布了ISO9000：1987、ISO9001：1987、ISO9002：1987、ISO9003：1987、ISO9004：1987共5个国际标准，与ISO8402：1986一起统称为“ISO9000系列标准”，此即ISO9000系列标准第一版（1987年版）。

ISO9000系列标准第一版正式颁布后，马上被美国、日本和所有欧洲国家的标准化机构广泛采用。ISO9000标准被欧洲测试与认证组织EOTC作为开展本组织工作的基本模式。许多国家级和国际级产品认证体系都把ISO9000作为取得产品认证的首要要求，把ISO9000结合到产品认证计划中去。

从1990年起，TC176又先后发布了10个标准。1994年，ISO对已经颁布的“ISO9000系列标准”统一做了“有限修改”，分别改为ISO8402：1994、ISO9000－1：1994、ISO9001：1994、ISO9002：1994、ISO9003：1994、ISO9004－1：1994，并把TC176制定的标准定义为“ISO9000族”，于1994年正式颁布实施，即ISO9000族系列标准1994版。

1994 版后，在广泛征求意见的基础上，国际标准化组织又启动了修订战略的第二阶段，即“彻底修改”，于 2000 年 12 月 15 日正式发布实施，即 ISO9000 族系列标准 2000 版。

2008 年 10 月 31 日，ISO9001:2008 版标准正式发布实施。从 2009 年开始所有经认可的认证机构所发放的认证证书均为 ISO9001:2008 认证证书。

根据 ISO/TC176 提出的未来发展设想，ISO9000 族标准在未来的发展中，其结构将可能发生重大变化，有关标准将进行归类和合并，以便提高标准使用的灵活性，更好地适用于各种规模和性质的组织，扩大标准在不同行业的应用。未来的 ISO9000 族标准的新结构将是以 ISO9001 和 ISO9004 两个标准为核心，包括少量的支持性标准。

四、文化服务业质量认证与 ISO 局限的论争

在文化产业各行业实行 ISO9000 质量管理体系认证的好处是很多的，包括：可以完善行业组织及企业的内部管理，使质量管理制度化、体系化和法制化，提高产品质量，并确保文化产品和服务质量的稳定性；可以表明文化企业尊重消费者权益和对社会负责，增强消费者的信赖，使消费者放心地消费其生产的文化产品和文化服务，提高企业的市场竞争力，并可借此机会树立企业的形象，提高企业的知名度，形成名牌企业；ISO9000 质量管理体系认证有利于发展外向型经济，扩大市场占有率，是政府采购等招投标项目的入场券，也是文化企业和文化产品向海外市场进军的准入证，更是消除文化贸易壁垒的强有力的武器；ISO9000 质量管理体系的建立，可以举一反三地建立健全其他管理制度。总之通过 ISO9000 认证可以一举多得，具有综合效益，远非一般广告投资、策划投资、管理投资或培训可比。

ISO9000 标准自 1987 年问世以来，由于其制度的高度概括性和认证模式的严谨性，不仅在发达国家得到广泛的推行，发展中国家也正在逐步加入到此行列中来，ISO 已成为一个名副其实的技术上的世界联盟。其实，ISO9000 族标准之所以能在全世界得到广泛推行，除它能给组织带来上述巨大的实际利益之外，更为深刻的原因在于，ISO9000 族标准是人类文明发展过程中的必然产物。一个组织或一个国家实行 ISO9000 族标准并非是一个外部命令，而是现代组织的本质要求。ISO9000 标准制度浓缩了诸多发达国家近百年来的管理经验和管理方法，并用最简洁的方式指明了企业管理的基本流程。使用这套管理标准，可以帮助企业制定各个层面的管理

制度，并可以选择不同的管理流程以达到质量控制的目的。

ISO9000族标准的推行，与我国实行的现代企业改革具有高度的相关性。两者都是从制度上、体制上、管理上入手改革，不同点在于前者处理组织的微观环境，后者侧重于组织的宏观环境。由此可见，ISO9000族标准非常适合我国国情。因此，国家明文规定“九五”期间全面推行ISO9000族标准。1992年5月，我国决定等同采用ISO9000系列标准，并于1998年1月在广州签订了第一个国际多边承认协议和区域多边承认协议。文化服务业以ISO9000族标准为基础建立质量管理体系，是为促进文化服务业发展而做出的明智选择。

然而，任何管理工具都有其局限性，ISO9000也不例外。ISO9000族标准只是依据PDCA（PLAN制定目标和计划，DO实施计划，CHECK对行动的结果进行检验，ACTION纠正错误、调整方向）的管理模型将企业运作的流程加以标准化；从根本上来说，它只是一种方法和模式，在执行过程中会受到企业管理水平的制约。

加之企业引进ISO9000族标准需要认证机构审核，尽管ISO认证委员会专门对ISO审核人员的素质和培训制定了较为严格的标准，但认证的公正性在很大程度上依赖于审核人员自身的专业水准和职业道德。

由于中国企业对ISO标准比较陌生，不可能完全依赖自身能力导入ISO9000族标准并获得认证通过，基本上都要依赖认证咨询公司，而咨询人员的素质和能力又参差不齐。这一切都会造成ISO9000标准在不同企业有不同效果。

而文化产品和服务质量的难以度量性，更增加了文化行业和文化企业引入ISO9000族标准的疑虑与争议。

对此，文化行业和文化企业应充分体会和发挥ISO9000族标准的益处，通过文本本土化、认证标准化、咨询规范化和戒除取证形式化等手段，真正达到质量控制的目的。

第三节　价格管理

一、文化产品价格与价格管理

（一）文化产品价格的概念

价格是产品价值的货币表现形式。按照马克思主义的经济学理论，产品的价格应该是由产品的价值决定的，这里的产品的价值是指“凝结在产品中的无差别的人类劳动”，其衡量的标准是“社会必要劳动时间”。文化产品作为产品的一种形式，其价格形成也应该遵循这一规律。

但是，文化产品价值的组成和衡量上的特殊性决定了其价格形成上的特殊性和复杂性，因此，对于文化产品的价格的制定，又不能完全遵循这一法则。

相当多的文化产品包括文化服务，其“凝结在产品中的无差别的人类劳动”和“社会必要劳动时间”是很难界定的，而且其文化附加值高，因此，文化产品的价格形成比一般产品要复杂得多。它不仅是一般价值量的体现，还体现着文化产品所特有的价值。

目前我们所说的文化产品价格，一般包含两方面的内容：一是国际文化产品价格；二是国内文化产品价格。由于文化产业的综合性特点，尤其是我国的文化产业才刚起步，价格形成和管理都比较混乱，还没有形成一个统一的价格体系，很多行业价格还没有与国际接轨，因此，我们通常所说的我国文化产品价格基本上都是指国内文化产品价格。

（二）文化产品价格管理

文化产品价格管理是指国家通过制定价格政策、颁布价格管理的法律法规，对文化产品和服务价格的制定、调整和执行进行有效的组织领导、协调和监督等各种行为的总称。

在我国社会主义市场经济体系确立之后，国家现行的价格管理办法是指导性的价格政策，主要依靠市场调节，使价值规律和供求规律自发地对价格起调节作用。

二、文化产品价格形成机制

（一）价格形成的传统经济学论争

1. 价值价格论。价值价格论者认为，文化产品内容的生产具有独立性，只有特定的个人或集团参与其中，所以生产文化产品的个别甚至个人劳动时间就是社会必要劳动时间；文化生产的个别劳动的物化形成文化产品的价值，它是文化产品价格形成的基础和依据。价值价格论只注重价值的作用，忽略了其他因素对价格的影响，简单地将价格理论和劳动价值论等同，没有看到只有当文化产品的交换在市场信息充分、供求均衡、不存在垄断的情况下进行时，价值才能决定价格。

2. 效用价格论。效用价格论者认为，由于文化产品的生产不存在平均化的社会必要劳动，文化产品中没有一个稳定的价值实体，文化产品的价值不能作为比较的统一尺度和共同标准，文化产品的价格只有借助于其效用（使用价值）指标才能正确描述。这种观点比较符合客观实际，它充分肯定了文化产品的使用价值对其价格形成的影响。但是，文化产品的效用比物质产品的效用更为易变，更不易确定，即使是同一文化产品带来的效用也会因用户、时间和地点的不同而大相径庭。因此，用文化产品的使用价值或效用来确定文化产品的价格，在实践上缺乏现实性和可操作性。

3. 成本价格论。成本价格论是指根据文化产品生产过程中消耗的文化资源、物质材料和劳动力的货币表现来确定文化产品价格的理论。它的合理之处，是将效益、成本指数作为决定因素加以考虑，能促使人们在成本和效用之间寻求一个合理的市场价格。但是，从文化产品再生产的无限的规模效应以及文化产品知识内容生产成本的固定性可以看出，文化产品的生产与再生产的成本差是巨大的。如果文化产品的价格由成本决定，那么盗版、非法套录、复制就会有相当的利润，会愈演愈烈。所以，只能说文化产品的生产成本决定了其价格的下限临界值。

4. 供求价格论。供求价格论者认为，文化产品的价格由买卖双方在市场交易中讨价还价、相互制约而决定。在商品经济的条件下，文化产品的供求的确对文化产品价格，特别是短期内对文化产品价格有较大的影响。

5. 垄断价格论。垄断价格论者认为，决定文化产品价格的因素在于卖者的垄断性、买者的需求程度和支付能力。一方面文化产品知识内容生产具有独特性，同一件文化产品只会开发一次，文化产品市场较物质产品市场缺乏激烈的竞争（当然，这并不与同类文化产品的生产有竞争加强的趋势相矛盾）；另一方面，人们为保护文化产品的知识产权，制定了各种产权保护法，如版权法、专利法等，两方面交互作用形成了文化产品的垄断价格。这种价格论反映了文化产品价格的特殊性——易产生垄断，但它完全抛开了价值和使用价值对文化产品的制约作用，使其价格的确定带有某种神秘色彩，随意性较大，适用性差。

（二）文化产品的价值衡量

1. 文化产品的价值组成：实现过程和精神价值

理解文化产品的价值组成问题，我们应该从文化产品的特殊性入手。文化产品以满足人们的精神需求为目的，它的核心就是所含的精神层次的内容；但是因为精神内容是抽象的，必须要以一定的方式和载体来体现，所以文化产品又会有物质的成分在内。或者说，文化产品的内涵是精神层面的，外表是物质层面的。文化产品的这两个层面都应该有自己的相对应的价值。从文化产品的产生过程看，一般来说，文化产品的产生是一个从创意到成品，从精神到物质的过程。文化产品生产最核心的一步就是创意，一个创意付诸实践并配以一定的市场运作，便是一个文化产品的出现。从这方面看，文化产品的价值应该包含创意的价值和实现过程的价值；而这个创意很大程度上就是文化产品的精神内涵的创意，创意实现的过程也就是其表现方式和载体的生产过程。

2. 文化产品精神价值的衡量

文化产品精神价值的衡量是一个比较复杂的问题，也是文化产品价格形成与其他产品价格形成不同的关键所在。根据上面的分析可知，文化产品的精神价值，其实也就是形成这些精神内容的创意的价值。恰恰这一创意过程的“社会必要劳动时间”是很难确定的。因为创意是一个自我的、独立的、个别的劳动过程，它的劳动结果具有专有性。每一个创意都是一个独一无二的过程，无法给创意一个社会的平均劳动条件，也无法给创意一个平均的劳动强度。况且，任何非重复性的精神产品的创作不仅是某个人或少数人能力的耗费，而且还凝结着他人或前人的劳动，而这些前人的劳动也是属于精神性质的劳动。任何人在创意的同时，无论是从知识积累上还是从成果借鉴上看，都在无形中凝结了更多人的创意劳动。因此，对于创意，我们无法找到“社会必要劳动时间”这一要素。

既然“社会必要劳动时间”无法作为创意价值的衡量依据，那么究竟对文化产品的创意价值怎样衡量呢？“知识产权”的出现给了我们解决这一问题的方向。知识产权是一种无形产权，它是指智力创造性劳动取得的成果，并且是由智力劳动者对其成果依法享有的一种权利。它是对创意的一种确认，是一种无形资产，具有财产权。知识产权及相关的法律法规，给了创意一种价值交换和价值实现的保障。在这种交换和实现的过程中，创意的价值一般是以一种大致约定的契约方式来确定的，并确定一个大致的价格。

但是，作为精神层面的创意，其价值的衡量具有较大的主观性，文化创意主体的价值判断和社会整体的价值判断有可能出现不相符的情况。因为创意是一个个体性质的劳动，创意者往往是独立根据自己的知识和思想进行创作，所以比较容易忽略社会整体的价值判断，或者容易与社会的整体价值判断形成偏差。而创意要想形成文化产品，走向市场，所面对的正是社会的整体价值判断；如果它的主体价值与社会整体的价值判断不一致的话，那它就很难取得较大的市场价值。也就是说，创意的市场价值的衡量要以社会整体价值判断为基础。一般来说，满足社会公众的精神要求的范围越大，就越符合社会整体价值判断，在通过知识产权加以衡量时，其价值越高，货币表现也越多。

3. 文化产品实践价值的衡量

文化产品的实践价值也就是其在创意付诸实践形成商品的过程中形成的价值。这里的价值就是衡量一般物质产品价值的“社会必要劳动时间”。在这一过程中，创意将通过某些载体和形式表现出来，即文化创意要同一定的物质或服务相结合。我们可以将这一部分价值分为载体价值和活劳动价值。载体价值就是创意借以发挥的物质载体的价值，类似于物质生产资料的价值；活劳动的价值就是在这一实践过程中直接投入的劳动的价值，也就是劳动力的价值。在这个层面上，文化商品的生产也就变成了一个标准化的商品生产过程，其价值衡量也就可以适用马克思的价值理论。

（三）新的基于文化产品特性的价格形成机制

文化产品交易活动既不符合等价交换定律，也不符合价值定律。利用传统经济学理论来确定文化产品的价格是一种机械主义。因为文化产品是一种特殊的产品，与一般物质产品相比有其特有的内涵和内在规律。文化产品生产是一种创造性生产、一次性非重复生产；作为智力型生产，文化产品生产过程还取决于生产人员本身的知识结构、创新能力以及研究集体的智力结构。因此，很难找到能够量化文化产品中人类抽象劳动量的客观标准，其生产过程无法用社会必要劳动时间来衡量。而且，文化产品出售后，卖方仍掌握着该文化产品中文化元素的语义内容，自然也拥有文化产品的使用价值。这一特性决定了文化产品的几种市场交易形式：同一文化产品一次仅卖给一个买主；同一文化产品同时卖给数个买主；同一文化产品在不同时间相继卖给数个买主。这样，文化产品的价值可以得到多次实现。因此，与价格易于确定的物质产品相比，文化产品的价格具有很大的不确定性。它不能生硬照搬物质产品的价格形成理论，而应建立与其性质和特点相符的、相对独立、自成体系的价格形成机制。

文化产品的价格的形成机制，应该实行以价值为基础的“成本价格论”方法。一般来讲，产品在定价时无论采取什么方法和策略，都是以成本为基础的。这里的成本是“社会必要劳动时间”的另一种表现形式，即成本是社会必要劳动时间的货币量化。对于文化产品而言，成本依然是其价格形成的标尺，只是这里的成本不是简单的社会必要劳动时间的量化。

因为文化产品的价值组成中还有社会必要劳动时间不能衡量的创意的价值，因此在文化产品定价时也就增加了创意的成本化过程。

我们不妨继续将文化产品的价格分为三个部分：创意价格、载体价格和劳动力价格，文化产品的价格的计算公式也就为：创意价格＋载体价格＋劳动力价格。这样就可以清楚地看出创意价格是与创意价值相对应的，载体价格和劳动力价格是与前述的实现过程价值相对应的。划分开来以后，按照成本原则，文化产品的价格形成问题就转化成了这三部分的成本问题了。只是很多的文化产品如影视作品、舞台表演或名人字画等等，它们的劳动力价格会因劳动者的知名度不同而有很大差异。另外，文化产品的价格在流通过程中受供求、垄断、实际效用以及文化内涵的时间性特征等因素的影响也会有所改变，围绕价值上下波动。所以，文化产品价格并非由某个因素单独决定，而是由效用、成本、垄断等因素共同作用、综合决定。成本和效用共同决定文化产品的价格区间，垄断及时间等因素给文化产品带来了超出价格区间的特殊价格。但是不管怎样，文化产品的价格波动总会有一个上下的界限。价格上限决定了消费者是否会选择购买某种文化产品，价格下限决定了生产者是否会选择投资生产某种文化产品。只有在上下限之间的范围内，消费者和生产者才会同时对此种文化产品发生兴趣，此种文化产品才会在市场上出现并流通顺畅。

三、文化产品价格管理的改革模式及原则

从管理体制上来说，我国现行的价格管理体制是中央定价、地方定价和企业自主定价相结合的统一领导、分级管理、分类指导的体制。凡属全国性的价格方针和政策、重要的价格法规、全国价格总体规划、价格调整计划，由国务院制定或批准；重要的产品、生产资料和消费资料的价格，由国家物价局和国务院有关业务主管部门管理；其他指令性计划和指导性计划产品的价格，由地方各级人民政府物价部门和有关业务主管部门管理。国家还赋予工商企业在允许的范围内享有的定价权。这种价格管理体制，也基本上适合我国文化产业发展的需要。

从价格管理的原则来说，价格管理首先应力求保持价格总水平的相对稳定，使文化产品价格的变动在宏观上不致失去控制，以利于国民经济的主要比例关系大体协调；其次是应该有利于调动文化企业的积极性，使微观经济主体具有活力；再次是在维护国家整体利益的前提下，兼顾生产者、经营者、消费者的经济利益。

价格是商品经营者实现利润、增强竞争力的重要因素之一，但价格竞争是有一定限度的，这个限度就是市场承受力。商品价格过高，超过了市场的承受能力，不仅不能使商品经营者增加利润，还会丢失市场。因此，在文化产品价格调整时必须按原则进行。这些原则包括价格调整水平与国际文化产品市场价格水平相衔接原则、价格调整与当地整体效益相协调原则、团体优惠原则、优质优价原则等。

四、文化产品价格管理的主要方法

市场经济中的供求规律、价值规律和竞争等都是自发的市场行为，需要国家的宏观调控作为补充，来弥补市场的一些弊端。价格就是宏观调控的一个重要的方面。我国现行的中央定价、地方定价和企业自主定价相结合的分级管理、分类指导的文化产品价格管理体制将会继续保持，但应该进行必要的修正。为了规范竞争，维护企业利益和全行业的利益，应加大行业管理力度。作为行业管理主体的文化产业管理部门及行业组织应加强以下几方面工作：

（一）价格计划。国家物价部门根据国民经济和文化产业各行业发展状况以及价值规律作用的要求，在对各类文化商品的社会必要劳动量和供求状况进行调查和预测的基础上，制定或调整各种文化商品价格的计划。它是国民经济计划的一个重要组成部分，也是文化产品价格管理的主要环节。文化产业价格计划的任务，是使价格对文化产业各个方面的调节作用得到充分发挥。价格计划的内容主要包括综合各类文化商品价格总水平的指数计划和具体文化商品价格的调整计划。它反映计划期内各类文化商品价格的变动趋势和程度，及其对整个国民经济发展和人民精神文化生活状况的影响；对于维持社会商品价格总水平的稳定和各类商品价格之间的合理比例关系也有着十分重要的作用。

（二）价格指导。国家物价管理部门、各级文化产业管理部门和文化产业行业组织要了解和掌握国际文化产品市场价格行情，进行比较分析，指导国内文化企业正确制定企业的价格策略。同时还必须了解和把握国内的物价走势及国家对国内市场价格的总体安排情况，及时通报并指导文化企业调整价格方案，做好对内对外的价格预报工作。另外，还要根据不同的价格标准，制定出应提供的文化产品和服务的质量和数量标准，指导文化企业提高服务质量。

（三）价格监督。由国家物价部门对文化产业各行业、文化企事业单位在文化商品生产、交换等各种经济活动中发生的价格关系实行监督，是文化产品价格管理的一项重要内容。价格检查是实行价格监督的一种有效手段。价格监督的目的在于，使社会经济活动中的价格关系符合国家价格政策和价格管理法规的要求，保障各方面的合法经济利益，维护正常的经济秩序，制裁违反价格政策和价格纪律的行为，以利于国民经济的健康发展和人民生活的安定。文化产品价格监督的对象是从事文化商品生产、经营和劳务活动的企事业单位以及个体经营者，也包括违反价格政策和价格纪律的业务主管部门。文化产品价格监督的方式包括国家监督、社会监督和企业内部监督。国家监督包括各级人民政府机构、物价部门，以及工商行政管理等各种综合经济管理部门对价格的监督。其中，各级物价部门的物价检查所，是国家授权的法定的价格监督检查机构。社会监督的主体包括职工、干部、街道居民等群众物价监督组织，工会、妇联、消费者协会，以及社会舆论等等。企业内部监督则是指文化企事业单位内部的物价监督组织，对本单位经济活动中执行价格政策的情况进行监督检查。

（四）价格干预和协调。在一些特殊情况下，出于国家利益或是全局的需要，政府也会采取相应的手段来干预产品的价格。文化产品作为一种特殊的产品，涉及意识形态、价值观、民族精神、公民素质和文化安全等很多重要的问题，政府更要多加关注。尤其是目前在我国，文化产业还处于初级阶段，对于文化产品的生产和销售要多多引导，才能有助于其健康发展，因此对文化产品的价格控制和调节在所难免。政府对文化产品的价格干预和控制一般有以下几种形式：

一是价格补贴。主要体现在财政补贴、优先贷款、免税和退税等方面。例如为了鼓励更多的企业涉足文化领域，促进我国文化产业的发展和保护一些传统的文化资源，国家设立专门的文化基金和专门拨款，也会对一些文化企业采取税收优惠，以鼓励文化产品走出国门，走向世界市场。长期以来，在与美国等发达国家的国际贸易中，我国一直处于文化贸易逆差的地位，这是一种非常不利于我国的文化产业和文化安全的局面。采取适当的价格政策，将有利于不利局面的扭转。

二是价格控制。对某些关系到我国的文化市场兴衰和社会公众利益的文化产品，国家要严格地加以控制和调节，甚至是直接干预。而对一般性的文化产品，国家基本上发挥一般的宏观调控的作用，充分尊重企业的自主性。对文化产品的价格干预，政府一般采取两种手段：一种是最低限价手段，这一般是为鼓励某一行业（如软件行业）的发展和扩大而采取的措施，目的是防止盲目竞争和恶性竞争，促进行业健康发展；一种是最高限价手段，这种手段一般是为了抑制物价上涨和照顾大众的利益，例如国家对学费和教材费用的控制就是这种手段的体现。

（五）价格信息服务。文化产业是跨行业、跨地区的综合性行业，文化产品价格的数据采集范围广，涉及部门和行业多。为保证我国文化企业在国际市场上报价及时、准确，国家各级物价管理部门和中央及地方文化管理部门有必要将原有的文化产品价格资料的报送、传递工作形成机制，同时采集各相关行业的价格资料，定期汇总，下发到各级部门和企业。文化产业行业组织也应发挥自身优势，必要时可成立同业公会，增强交流，共谋进取，以加强自我约束和自我保护。

第四节　知识产权管理

一、知识产权与知识产权管理

（一）知识产权的类型与特点

1. 知识产权

知识产权，也称为智力成果权、知识财产权，是指国家法律赋予公民或法人对其在科学、技术、文化等知识领域内创造的智力劳动成果在一定时期内所享有的占有、使用、处分和收益的权利。各种智力创造比如发明、文学和艺术作品，以及在商业中使用的标志、名称、图像以及外观设计，都可被认定为某一个人或组织拥有其知识产权。根据《中华人民共和国民法通则》的规定，知识产权属于民事权利，是基于创造性智力成果和工商业标记依法产生的权利的统称。

知识产权英文为“Intellectual Property”，其原意为“知识（财产）所有权”或者“智慧（财产）所有权”，中国台湾和香港通常称之为智慧财产权或智力财产权。有学者考证，知识产权概念最早于17世纪中叶由法国学者卡普佐夫提出，后为比利时著名法学家皮卡第所发展，将之定义为“一切来自知识活动的权利”。直到1967年《世界知识产权组织公约》签订以后，该词才逐渐为国际社会所普遍使用。

知识产权从本质上说是一种无形财产权，其客体是智力成果或者知识产品，是一种无形财产或者说精神财富，是创造性的智力劳动所创造的劳动成果。它与房屋、汽车等有形财产一样，都受到国家法律的保护，都具有价值和使用价值。有些重大专利、驰名商标或作品的价值远远高于房屋、汽车等有形财产。

2. 知识产权的分类

知识产权可以分为两类：一类是版权（也称为著作权、文学产权），另一类是工业产权（也称为产业产权）。《中华人民共和国民法通则》中规定了6种知识产权类型，即著作权、专利权、商标权、发现权、发明权和其他科技成果权。

版权是指自然人、法人或者其他组织对文学、艺术和科学作品依法享有的财产权利和精神权利的总称，主要包括著作权及与著作权有关的邻接权。

工业产权则是指工业、商业、农业、林业和其他产业中具有实用经济意义的一种无形财产权，包括发明专利、实用新型专利、外观设计专利、商标、服务标记、厂商名称、货源名称或原产地名称等的独占权利，主要是专利权与商标权。

按照内容组成，知识产权由人身权利（精神权利）和财产权利（经济权利）两部分构成。

所谓人身权利，是指权利同取得智力成果者的人身不可分离，是人身关系在法律上的反映。例如，作者在其作品上署名的权利，以及对其作品的发表权、修改权等，即为精神权利。

所谓财产权是指智力成果被法律承认以后，权利人可利用这些智力成果取得报酬或者得到奖励的权利，这种权利也称为经济权利。它是智力创造性劳动取得的成果，也是智力劳动者对其成果依法享有的一种权利。

3. 知识产权的特点

知识产权是法律的产物，具有如下特点：

一是独占性或专有性，是指知识产权的所有人对其智力成果享有的权利具有排他性。知识产权是一种无形产权，是智力创造性劳动取得的成果。这种智力成果不仅仅是思想，而且是思想的表现，但又与思想的载体不同。权利主体独占智力成果，这一点类似于物权中的所有权，所以知识产权一度被归入财产权。

二是属于“智力成果权”。知识产权的对象是人的智力成果，这种智力成果属于一种无形财产或无体财产；但是它与那种属于物理产物的无体财产（如电气）以及那种属于权利的无形财产（如抵押权、所有权）不同，它是人的智力活动（大脑的活动）的直接产物。

三是知识产权取得的利益既有经济性质的也有非经济性质的。这两方面结合在一起，不可分割。因此，知识产权既与人格权、亲属权不同，也与财产权（其利益主要是经济的）不同。

四是地域性。知识产权的地域性是指除签有国际公约或双边、多边协定外，依一国法律取得的权利只能在该国境内有效，受该国法律保护。所以知识产权既具有地域性，在一定条件下又具有国际性。

五是时间性。各国法律对知识产权都规定了一定期限，期满后权利自动终止。知识产权虽然是私权，但人类的智力成果具有高度的公共性，与社会文化和产业的发展有密切关系，不宜为任何人长期独占。各国法律对知识产权的保护期限的长短不完全相同，只有参加国际协定或进行国际申请时，某项权利才有统一的保护期限。

六是法定性。知识产权的产生、种类、内容和取得方式均由法律直接规定，不允许当事人自由创设。

（二）知识产权管理的内容与模式

知识产权管理是指国家有关部门为保证知识产权法律制度的贯彻实施，维护知识产权人的合法权益而进行的行政及司法活动，以及为保障知识产权人的智力成果发挥最大的经济效益和社会效益而制定各项规章制度、采取相应措施和策略的经营活动。

知识产权管理实质上是知识产权人对知识产权实行的财产所有权管理。所有权是财产所有人在法律规定的范围内对由其所有的财产享有的占有、使用、收益和处分的权利。知识产权虽然在形态上有其特殊性，但它仍然是客观实在的财产。所以，我们仍然可以对无形的知识产权进行科学管理，提高知识产权的经营、使用效益。

根据管理主体的不同，知识产权管理可分为国家机关对知识产权的管理及权利主体对由其所有的知识产权的管理。国家的管理主要从知识产权的取得和保护方面进行，权利主体的管理主要从知识产权的合理开发、应用、推广、自我保护等方面考虑。

知识产权管理是知识产权战略制定、制度设计、流程监控、运用实施、人员培训、创新整合等一系列管理行为的系统工程。知识产权管理不仅与知识产权创造、保护和运用一起构成了我国知识产权制度及其运作的主要内容，而且还贯穿于知识产权创造、保护和运用的各个环节之中。从国家宏观管理的角度看，知识产权的制度立法、司法保护、行政许可、行政执法、政策制定也都可纳入知识产权宏观管理的内容；从企业管理的角度看，企业知识产权的产生、实施和维权都离不开对知识产权的有效管理。

从企业角度讲，企业知识产权管理的主要内容包括四个方面：一是知识产权的开发管理。企业从鼓励发明创造的目的出发，制定相应策略，促进知识产权的开发，做好知识产权的登记统计、清资核产工作，掌握产权变动情况，对直接占有的知识产权实施直接管理，对非直接占有的知识产权实施管理、监督。二是知识产权的经营使用管理，如对知识产权的经营和使用进行规范、研究核定知识产权经营方式和管理方式等。三是知识产权的收益管理，即统计对知识产权使用效益情况，合理分配。四是知识产权的处分管理，即企业根据自身情况确定对知识产权的转让、拍卖、终止等。此外，根据企业规模的不同，企业知识产权管理的设置模式也分为产业多元化的集团企业管理模式、产业单一的中型企业管理模式和小型高新技术企业管理模式等多种。企业知识产权管理人员专业化也已经成为大趋势，大中型企业一般都配备有知识产权专业管理人才。

（三）知识产权管理的作用

1. 能够促进知识产权的创造

从企业层面上看，一是知识产权管理可以使知识产权创造的目标更加明确。企业依据其总体经营和创新策略，对知识产权的创造特别是对专利申请的数量、质量、时机、类别制定总的目标和方针。二是知识产权管理可以提高创新研发的起点，避免低水平重复研究，节约人力和资金资源。三是知识产权管理可以提高发明人、设计人的创造积极性，充分发挥发明人的聪明才智。

从国家行政管理和地方知识产权管理层面看，专利、商标等知识产权，都需要国家知识产权行政管理机关依据法律代表国家向申请人授予相应的知识产权。因此，国家和地方政府知识产权行政管理机关管理水平的高低，会直接影响知识产权创造的数量和质量。

2. 能够提高知识产权保护水平

加强知识产权保护，加大知识产权的执法力度，对于鼓励创新、维护公平的竞争环境十分重要。但知识产权保护侧重于事后的补救，而知识产权管理侧重于事前的预防，是治本大计。只有全面加强知识产权管理，才能够提高知识产权保护的水平，并奠定知识产权维权的基础。因而知识产权管理本身也就是对知识产权的保护。例如加强技术人员和技术成果管理，明确技术人员的权利义务以及技术成果的权利归属，可以最大程度地避免因资产流转和人员流动而引发的知识产权纠纷。另外，知识产权管理在降低维权成本等方面也发挥着重要作用。

3. 能够提升知识产权运用的能力

知识产权运用是实施知识产权战略的核心，而知识产权管理水平的高低制约着知识产权运用能力的充分发挥。加强知识产权的创造、管理和保护的目的都是为了提高知识产权的运用能力，全面提高企业的市场竞争力和国家的核心竞争力。从企业管理来看，知识产权管理是企业经营管理活动中的重要环节。知识产权盈利的主要手段是知识产权的实施、转让和许可，实施知识产权管理就能够有效提高知识产权的经济效益。从国家和地方知识产权行政管理来看，强化知识产权的实施和运用，提高国家和本地区的竞争力是知识产权管理的主要任务之一。国家为鼓励运用知识产权，实施扶持自主创新的政府采购政策，在科技投入、税收激励、金融支持、政府采购、知识产权、人才队伍等方面出台了一系列政策。这些政策的落实，将极大地推动知识产权的运用和实施。

二、文化产业知识产权管理

近年来，随着文化体制改革的不断深入，我国文化产业的发展显示出蓬勃旺盛的活力，成为我国国民经济新的增长点。文化产业作为以文化创意为核心的产业，创新是其获得可持续发展的源动力。但如果知识产权保护不力，不仅直接损害权利人和文化企业的切身利益，而且会极大地伤害知识产权创造者的创造热情，最终影响到整个文化产业的发展。因此，加强我国文化产业的知识产权管理与保护，维护文化产业知识产权安全已成为当务之急。

（一）文化产业领域的知识产权类型

文化产业领域的知识产权，可以分为创作性成果权和识别性标记权两大类。

创作性成果权包括版权及邻接权、专利权、商业秘密权等。

版权亦称著作权，是指创作者对其创作的作品依法享有的权利。版权客体即作品，按学科内容可以分为文学作品、艺术作品、自然科学作品、社会科学作品、工程技术作品五大类别；按表现形式可以分为文字作品，口述作品，音乐、戏剧、曲艺、舞蹈、杂技作品，美术、建筑作品，摄影作品，电影作品和以类似摄制电影方法创作的作品，工程设计图、产品设计图、地图、示意图等图形作品和模型作品，计算机软件，等等。版权所有人享有的经济权利包括作品复制权、发行权、出租权、展览权、表演权、放映权、广播权、信息网络传播权、摄制权、改编权、翻译权、汇编权等。图书、报刊、音像、软件、广播、电影、电视、网络等大众传媒行业和美术、展览、表演等传统文化行业均属于典型的版权产业。

邻接权是指与版权相邻的、具有版权性质的权利，主要包括表演者权、录音录像制作者权和广播组织者权。从经济权利角度讲，表演者对其表演，享有许可他人从现场直播、为营利目的录音录像并获得报酬的权利；录音录像制作者对其制作的音像制品，享有许可他人复制发行并获得报酬的权利；广播电台、电视台对其制作的广播电视节目，享有许可他人播放、复制发行并获得报酬的权利。

专利权是指发明人依法定程序取得的、在一定期间内对其发明创造专有使用的权利。发明人的发明创造必须具备新颖性、创造性、实用性三个条件，并且履行法定申请、审批手续才能获得专利。专利权客体即专利技术分为三类：发明，即对产品、方法或其改进所提出的新的技术方案；实用新型，即对产品的形状、构造或其结合所提出的实用的新的技术方案；外观设计，即对产品的形状、图案、色彩或其结合所做出的富有美感并适于工业上应用的新设计。专利权人享有专有制造、使用和销售专利产品或使用专利方法的权利，以及转让其专利或许可他人使用专利并获得报酬的权利。

商业秘密权是指生产经营者对其商业秘密依法享有不被他人以不正当手段窃取、披露或使用的权利。商业秘密是指不为公众所知悉、能为权利人带来经济利益、具有实用性并经权利人采取保密措施的技术信息和经营信息。商业秘密范畴的技术信息，在有的场合称为“非专利技术”，例如宣纸制作工艺、川剧变脸秘诀等。商业秘密范畴的经营信息，包括客户资料、调价预案、促销计划、投（招）标方案等。WTO（世界贸易组织）制定的《与贸易有关的知识产权协定》（TRIPS 协定）所称的“未披露过的信息保护”，就是我们常说的“商业秘密”。

识别性标记权主要包括商标权和地理标志权。

商标权亦称商标专用权，是指商标使用人对其注册、经核准的商标依法享有的独占权利。商标是指能将一个企业、个体经营户的商品或服务与他人的商品或服务区别开的可视性标志。商标一般由文字、图形、字母、数字、颜色以及三维标志等要素组合而成，可以表明企业产品或服务的“出处”，便于消费者“认牌”购买，便于进行产品质量、服务质量监督，便于名优土特产品和优质品牌服务建立市场信誉，从而维护消费者的利益和促进市场经济的发展。商标必须经法定程序核准注册，方能获得法律的保护。注册商标基于品牌效应而形成企业的无形财产。

地理标志权是基于产地自然条件和产品生产经营者智慧而形成的、归产地内生产经营者集体共有的一种权利。地理标志是指标示出某商品或服务来源于某一地域内，该商品或服务的特定质量、信誉或其他特征主要与该地理来源相关联的一种标志。一般地理名称之所以能发展成地理标志，关键在于产品的特定质量或服务特色是由产地内的自然因素和人文因素所决定的。自然因素是指产地内的环境、气候、土质、水源、物种等，人文因素是指在产地内经年积累、流传下来的传统工艺、配方、技巧、秘诀等。

（二）我国文化产业知识产权保护体系

我国目前的文化产业知识产权保护体系是以立法保护为核心的保护体系。这里所说的“立法保护”中的“法”不仅仅包括目前已经颁布的一系列相关的法律、法规及相关司法解释，还包括我国参加签署的一些国际条约和公约，可以说已经建立起一套较为完整的知识产权法律制度。在立法保护的前提下，根据法律的授权，我国文化产业知识产权的保护体系还应该包括司法保护（可通过民事诉讼、刑事诉讼来予以保护）、行政保护（包括行政管理、行政执法、行政服务等）以及权利人的自我保护。

1. 国内立法保护

1979 年，我国开始筹划建立知识产权保护制度。1982 年出台的《中华人民共和国商标法》是我国第一部知识产权法律，标志着我国的知识产权保护制度开始建立。1984 年《中华人民共和国专利法》、1990 年《中华人民共和国著作权法》的推出，标志着我国知识产权保护制度的初步形成。除了专门的法律，1986 年颁布的《中华人民共和国民法通则》中明文规定了对知识产权的保护。此后，1991 年颁布《计算机软件保护条例》；1993 年颁布《中华人民共和国反不正当竞争法》和《中华人民共和国消费者权益保护法》，开始明文保护商业秘密与商业标识；1995 年颁布《知识产权海关保护条例》；1997 年颁布《植物新品种保护条例》；1997 年修订后的《中华人民共和国刑法》还列有专章，规定了对严重侵犯商标权、侵犯版权、侵害商业秘密及假冒他人专利者进行刑事制裁。至此，我国国内知识产权保护的法律体系中的基本法律、法规已经具备了。之后全国人大在 1993 年及 2001 年两次修订《商标法》，2001 年修订了《著作权法》，

1992年和2000年两次修订《专利法》；2001年国务院公布了新的《计算机软件保护条例》，并于同年发布《反倾销条例》《集成电路布图设计保护条例》《技术进出口管理条例》；2003年国务院修改了《知识产权海关保护条例》，2004年颁布《著作权集体管理条例》，2006年颁布了《信息网络传播权保护条例》；等等。

2. 国际条约和公约保护

目前，我国已加入了《建立世界知识产权组织公约》《保护工业产权巴黎公约》《集成电路知识产权条约》《商标国际注册马德里协定》《商标国际注册马德里协定有关议定书》《保护文学艺术作品伯尔尼公约》《世界版权公约》《保护录音制品制作者防止未经许可复制其录音制品公约》《专利合作条约》《商标注册用商品和服务分类协定》《国际承认用于专利程序的微生物保存条约》《工业品外观设计国际分类协定》《专利国际分类协定》《保护植物新品种国际公约》《与贸易有关的知识产权协议》《世界知识产权组织版权条约》《世界知识产权组织表演和录音制品公约》等国际公约，也积极参与其他公约的制定与修改，积极致力于促进全球知识产权法律制度的完善。我国的知识产权立法已经基本上达到了世界贸易组织《与贸易有关的知识产权协议》的基本要求。我国文化产业的知识产权保护是以国家知识产权保护制度为基础的特别保护制度，就是以上述这些国际公约、法律、法规及其相关司法解释为基础的文化产业知识产权保护体系。

3. 自我保护

在文化产业各行业中，知识产权纠纷涉及的当事人不仅仅包括权利人和侵权人，有时还包括第三方服务提供方；尤其是在网络知识产权侵权问题中，网络服务提供方是其中不可或缺的当事人。因此在文化产业知识产权保护的自我保护主体中也应该包括第三方服务提供方。权利人和第三方服务提供方应提高自我保护意识，熟悉国际知识产权规则，正确地运用法律，并积极采取相应措施。自我保护一方面体现为技术层次上的保护，即应该制定相应的技术标准，包括技术开发标准、技术应用标准、技术推广标准、技术安全标准、反侵权与偷盗技术标准；另一方面体现为行为标准上的保护，包括服务提供方的行为标准、服务接受方的行为标准及相关人的行为标准等。随着权利人自我保护意识的不断提高，文化产业的自我保护将成为文化产业知识产权保护的主要力量。

三、我国文化产业知识产权管理的任务

首先，提高全民自觉保护知识产权的意识，把知识产权战略放在重要位置。当自己的合法权益受到侵犯，或者他人滥用权利影响到自己的利益时，应立即主张排除他人的妨害。同时，要尊重并保护他人的知识产权利益，不能随意侵害他人的知识产权。

其次，加快文化体制改革和机制创新步伐，构造适应我国现实需要的自主创新模式。形成文化产业创新机制，充分利用知识产权优势，为我国顺利实现经济转型和科学发展提供强有力的科技、经济、文化、智力和人才支撑。

再次，注重国际化与本土化相结合，促进我国文化产业知识产权保护与发展需求之间的平衡。为了维护国家的文化安全，保护民族利益，我国对民族文化产业实行政策扶持，避免片面追求与国际接轨。因此在具体制定和修订知识产权法时，既要考虑对权利持有人合法权益的保护，保持与国际知识产权保护趋势的一致，又要加强对国际技术市场的开拓和利用，推进知识产权法向有利于民族文化产业发展、有利于扩大对外交流的方向发展。

最后，进一步完善我国知识产权法制建设，为文化产业的发展提供更强有力的保障。

第五节　投融资管理

投融资管理是指在资源配置过程中，对投融资的决策、投资的筹措和使用等投融资活动进行的管理。

长期以来，我国的投融资管理是指政府为实现一定的产业政策和财政政策目标，通过国家信用方式把各种闲散资金，特别是民间的闲散资金集中起来，统一由财政部门掌握和管理，并根据经济和社会发展计划，采用直接或间接贷款方式，支持企业或事业单位发展生产和事业的一种资金活动。这种投融资是一种政策性投融资，不以营利为直接目的。它不同于一般的财政投资，也不同于一般的商业性投资，而是介于两者之间的一种新型的政府投资方式。随着经济体制改革的深入，尤其是社会主义市场经济体制确立之后，我国的投融资体制发生了很大变化。除了上述的政府政策性投融资外，以营利为直接目的的企业成为投融资的主体。企业的投融资

是企业的财务行为，以实现企业的财务管理目标为基本前提，其决策就是企业的财务战略。

文化产业的投融资有政府的投融资行为在内，但更主要的是文化企业的投融资活动，尤其是近年来国家将公益性的文化事业和经营性的文化产业、文化事业单位和文化企业单位明确界定并区分之后。本节关于文化产业投融资管理的论述，就是以文化企业的投融资为主展开的。

一、文化产业投资管理

（一）文化产业投资的概念

投资（Investment）是指投资者当期投入一定数额的资金而期望在未来获得回报的行为。相较于投机而言，投资是为了在未来一定时间段内获得某种比较持续稳定的收益，是未来收益的累积。按投资主体的不同，投资可分为国家或政府机构投资、经济实体投资和个人投资等。

在市场经济体制改革以前，我国所有行业的投资基本上都属于国家投资，尤其是文化行业。随着经济体制改革的不断深化，目前我国的投资主体呈多元化趋势，不同的投资主体的投资重点和目的也不相同。政府投资一般主要用于基础性和公益性行业。中央政府投资的重点一般为公用事业、基础设施、基础工业、极少数大型骨干企业和国防、航天、高新技术等战略产业，以社会公平、稳定、就业为目的；地方政府投资主要用于区域性公用事业、基础设施、教育、卫生、社会福利等方面；企业作为独立的经济实体，主要进行行业性投资，以利润最大化为目标，根据市场需求和企业更新技术、改进工艺等要求，进行投资活动；个人投资具有范围广、数额小、灵活性强等特点，从自身利益出发，以资金的增殖为目的；外国投资指外国政府、金融机构、企业和个人对我国进行的直接投资，包括外商独资、合资和合作经营等，也是以资金的增殖和利润最大化为目标。不同的投资主体既可单独投资，又可以联合投资，由此构成了我国有机的多元化的多层次的投资体系。

文化产业投资作为一种行业性的投资活动，企业在其中占据主导地位。文化企业作为独立的经济实体，以追求利润最大化为目标，对文化产业各行业进行投资。文化产业投资也是一个货币转化为资本的过程。

（二）文化产业投资的分类

与其他类型的投资一样，文化产业的投资活动也可按不同的标准进行分类。

根据投资与企业生产经营的关系，可分为直接投资和间接投资两类。直接投资一般指对经营资产的投资，是指把资金投放于生产经营性资产，以便获取利润的投资。间接投资又称证券投资，是指把资金投放于股票或债券等证券类金融资产，以便取得股利或利息收入的投资。

根据投资回收时间的长短，可分为短期投资和长期投资两类。短期投资又称流动资产投资，是指能够并且也准备在一年以内收回的投资。长期投资则是指一年以上才能收回的投资。

根据投资的方向，可分为对内投资和对外投资两类。对内投资又称内部投资，是指把资金投在企业内部，购置各种生产经营用资产的投资，包括购建固定资产、无形资产和其他长期资产，为对内扩大再生产奠定基础。对外投资是指企业以现金、实物、无形资产等方式或者以购买股票、债券等有价证券方式向其他单位的投资，是为了对外扩张。

根据投资的形态，可分为无形资产投资和有形资产投资。无形资产投资是指投资方以拥有的智力（创意）、专利权、非专利技术、品牌与商标权等作为投资物进行的投资。无形资产投资不具有投资实体，投资回收期长，投资风险小，投资回报率高。无形资产投资应按双方同意接受的数额确定无形资产的价值，还应有必要的文件作为处理依据。以无形资产进行投资，其投资额度按我国现行财务制度规定，不得超过企业注册资金的20%；特殊情况需要超过20%的，应当经有关部门审查批准，但最高不超过30%。企业收到无形资产投资时，借记“无形资产”账户，贷记“实收资本”账户。有形资产投资是指以资金和实物资产形式进行的资产投资。有形资产投资具有投资实体，投资金额大，投资回收期长，投资风险小，投资回报率低。在文化产业投资中，以无形资产方式进行投资的情况比较普遍。

（三）文化产业投资的特点

文化产业投资与其他产业相比，有以下特点：

一是投资目的的复杂多样性。总体上说，文化产业投资的目的都是为了获得投资收益。但具体到文化企业，其每项投资总是按照各个相对独立的投资项目进行的，具体每项投资的直接目的也是有区别的。而且文化产业的精神产品属性与教化功能，使文化产业投资的目的更加多样化，如：为扩充现有产品（服务）和现有市场规模或开发新产品、开辟新市场所进行的扩充型投资（又称实现资本转移型投资）；为增强自身竞争能力、形成稳定的原料供应基地和提高市场占有率甚至控制市场所进行的获得其他企业部分或全部经营控制权的投资；为维持现有规模效益所进行的更新投资；为提高产品（服务）质量、降低单位成本而进行的技术或设备重置型投资；为分散和降低经营风险所进行的投资；为承担社会义务所进行的义务性投资；等等。

二是投资的高收益性。文化产业投资的回报链条长，文化产品的价值可以反复得到体现，投资收益可以延伸。文化投资的回报可以通过分段转让和销售而逐步获得。如一部动漫作品的成功，不仅会带来直接的收益，还可以延伸产业链，将卡通形象作为品牌开发，经营衍生产品。文化产业内部的不同行业相互渗透、交叉、融合已经成为发展趋势，有利于企业实施组合投资策略。而与传统文化产业相比，现代文化产业所涉及的领域更为广泛。文化产业与IT业、通讯业相互依托，创意与信息技术相结合，协调发展，拓展了文化产业原有的投资领域，并逐步成为服务产业的核心组成部分。

美国著名投资银行摩根士丹利发布的全球投资报告称，在20世纪90年代全球11种主要产业中，大众传媒业的企业投资回报率大大超过了医药、银行、电力、能源、建筑、化工等行业，收回全部成本的平均年限只有8年；传媒公司在资本市场上的平均利润率更高，高出其他行业上市公司的平均利润率20%以上。而且文化产业是一个高增长的行业，其产值每年均以2位数的增速增长。

三是投资的高风险性。文化产业投入较高，影响投资收益的不确定因素较多，投资回收期较长，投资风险较大。文化企业的价值由其拥有的文化创意产品及团队决定，而影响文化创意产品价值的因素众多，不确定性很大。首先是消费者对创意产品的价值认识有一个过程，尤其是具有创新意义的作品，人们对其价值的认识有一个较长的过程，这一过程就会带来一定的风险。同时，文化创意产品具有需求的不确定性。一般的工业产品如电视机、冰箱等因其使用功能明确，相对容易预测其需求。而文化创意产品重在观念价值和精神需求，不是生活必需消费品，这类产品的市场需求比较难以预测。而且文化创意产品主要以符号体现其价值，比较显性，和新技术产品相比更容易被仿制，因此在现代技术水平下，其传播的代价也不高。电影、音乐、美术作品在现代技术条件下都是一串数字符号，复制、传播都很方便，成本也很低。如果没有完善的保密制度和保密环境，以及严格的知识产权保护制度，则创意容易被他人剽窃、复制，创意的原创人员就得不到应有的回报。

以影视制作为例，前期需要大量的启动资金，但影响投资回收的不确定因素较多。从产品制作到市场发行、票房及广告收入等，在各个环节都存在一定的风险。如电影《阿凡达》的制作花费了3亿美元的成本，整个拍摄制作过程长达12年，使用无数电脑特技加工合成，而成品《阿凡达》电影光盘的复制成本微不足道。此外，文化产业投资过程中先期投入的资金并不能产生集聚效益，往往处在投资收益率曲线的最低点；尤其是用于形成固定资产的文化基本建设投资，投资回收期更长，且投资回报依赖于市场化运作。在中国电影市场中，每年约有100至120部电影能上院线，其中，赚钱的不到30%。世界各地电影市场的状况也大致如此。

正是文化产业投资的这种高收益、高风险和复杂多样性的特点，对投资者提出了更高的要求，要求投资者具备文化项目的评估能力、经营能力，同时具备一定的风险承担能力。

四是投资时机的选择性。投资收益是在未来才能获得的，最终能够取得多少收益，会受到时间、地点、条件、环境等各种因素的限制，事先难以准确把握。而市场是在信息不充分状况下的多重博弈，每一轮博弈的结果都是社会财富在投资者中的转移，市场机制和博弈格局决定了利益的最终流向。因此投资并不是随便进行的，只有客观上存在投资的有利条件时，投资时机才能真正到来。

（四）文化产业投资管理的基本原则与程序

1. 投资管理的基本原则

一是市场调查原则。不断变化和发展的市场产生出一个又一个新的投资机会，投资机会是企业投资活动的起点，也是企业投资决策的关键。财务管理人员必须认真进行市场调查和市场分析，寻找投资机会，并要从动态的角度，及时捕捉并正确把握投资机会。

二是科学决策原则。在市场经济条件下，企业的投资都会面临一定的风险，为了保证投资决策的正确有效，必须按科学的投资决策程序，认真进行投资项目的可行性分析。投资项目可行性分析的主要任务是对投资项目技术上的可行性和经济上的有效性进行论证，运用各种方法计算出有关指标，以便合理确定不同项目的优劣，选择最佳投资方案。

三是资金供应原则。文化产业的投资项目，特别是大型投资项目，建设工期长，所需资金多，一旦开工，就必须有足够的资金来支持。因此，在投资项目上马之前，必须科学预测投资所需资金的数量和时间，采用适当的方法，及时足额地筹措资金，保证投资项目的资金供应，以确保项目顺利完成，并尽快产生投资效益。

四是投资风险原则。收益与风险是共存的。一般而言，收益越大，风险也越大，收益的增加是以风险的增大为代价的；而风险的增大将会引起企业价值的下降，不利于财务目标的实现。企业在进行投资时，必须认真分析风险和收益的关系，在考虑收益的同时认真考虑风险。只有在收益和风险达到比较好的均衡时，才有可能不断增加投资效益，实现财务管理的目标。

2. 投资管理的程序

文化产业投资的主体是文化企业，文化企业投资的程序主要包括以下步骤：

一是确定投资目标。投资目标是投资决策的出发点和归宿。确定投资目标就是要弄清这项投资究竟要解决什么问题。例如，在企业投资产品生产方面，有新产品的研制和开发的问题、生产效率如何提高的问题、生产设备如何充分利用的问题、生产的工艺技术如何革新的问题等；在固定资产投资方面，有固定资产的新建、扩建、更新等问题。但不论如何，投资目标应具体、明确，并力求目标数量化。要在把握良好投资机会的情况下，根据企业的长远发展战略、中长期投资计划和投资环境的变化来确定投资目标。

二是搜集信息，提出可行的备选方案。这是投资决策的重要环节，也是做出科学投资决策的基础和保证。搜集信息就是针对投资目标，广泛搜集尽可能多的、对投资目标有影响的各种可计量和不可计量的信息资料，作为投资决策的根据。对于搜集的各种信息，要善于鉴别，进行必要的加工延伸。而且信息的搜集工作，往往要反复进行，贯穿于各步骤之间。在尽可能充分掌握相关信息的基础上，针对投资目标提出若干可行的方案。所谓可行，是指具备政策上的合理性、技术上的先进性、市场上的适用性和资金上的可能性。名个备选方案都要注意实事求是，量力而行，务求使企业现有的人力、物力和财力资源都能得到合理、有效的配置和使用。

三是评价投资方案的可行性，确定最优方案。在评价投资项目的环境、市场、技术和生产可行性的基础上，对投资可行性做出总体评价。再通过把各个备选方案的可计量资料分别归类，系统排列，选择适当的专门方法，建立数学模型对各方案的现金流量进行计算、比较和分析，根据经济效益的大小，对备选方案做出初步的判断和评价。在可行性评价的基础上，对可供选择的多个投资方案进行比较和选择。充分考虑各种不可计量因素的影响，例如，针对国际、国内政治经济形势的变动，以及人们心理、习惯、风俗等因素的改变，进行定性分析。把定量分析和定性分析结合起来，通盘考虑，权衡利害得失，并根据各方案提供的经济效益和社会效益的高低进行综合判断，最后筛选出最优方案。

四是投资方案的执行，即投资行为的具体实施。

五是投资方案实施的反馈和再评价。投资方案的执行是投资决策的初步目的，也是检验所做的投资决策是否正确合理的客观依据。当筛选出的最优方案付诸实施以后，还需对投资方案的执行情况进行跟踪评估，借以发现投资方案中存在的问题；然后再通过信息反馈，纠正偏差；一旦出现新的情况，就要随时根据变化的情况做出新的评价和调整，以保证投资目标的最终实现。

二、文化产业融资管理

（一）文化产业融资的概念

融资（Financing），根据《新帕尔格雷夫经济学大辞典》的解释，是指为支付超过现金的购货款而采取的货币交易手段，或为取得资产而集资所采取的货币手段。

广义的融资是指资金在持有者之间的流动过程，是当事人通过各种方式到金融市场上筹措或贷放资金的一种以余补缺的经济行为，包括资金的融入（资金的来源）和融出（资金的运用），是一种货币的借贷和资金的有偿筹集活动。通过资金从持有者向需求者流动的形式，不同经济主体之间形成资金调节，从而达成资金的有效使用。

狭义的融资只指资金的融入，是指企业资金筹集的行为与过程。企业根据自身的生产经营状况、资金拥有状况，以及公司未来经营发展的需要，通过科学的预测和决策，采用一定的方式，从一定的渠道向金融机构、金融中介机构或企业的投资者和债权人筹集资金，组织资金的供应，以保证公司正常生产需要和经营管理活动需要的业务行为。融资是社会化大生产条件下社会经济实体之间进行余缺调剂的有效途径和手段。我们这里所讲的文化产业融资，就是从狭义融资的角度展开的，是指文化企业为了经营发展需要，通过一定的渠道向金融机构、金融中介机构或企业的投资者和债权人筹集资金的行为。

文化产业的融资管理就是规范文化企业与文化项目的融资行为，降低资本成本，减少融资风险，提高融资效率。

（二）融资渠道与融资方式

文化企业的资金来源主要包括内源融资和外源融资两个渠道。内源融资主要是指企业的自有资金和在生产经营过程中的资金积累部分；外源融资即企业的外部资金来源部分，包括直接融资和间接融资。

直接融资是指不经过任何金融中介机构，而由资金短缺方直接与资金盈余方协商进行的融资活动，或通过有价证券及合资等方式进行的资金融通，如企业债券、股票、合资合作经营、企业内部融资等，其融通的资金直接用于生产、投资和消费。最典型的直接融资就是公司通过发行股票上市进行的股权融资，股权融资具有长期性、不可逆性、无负担性的特点。间接融资是指以金融机构为媒介进行的债权融资活动，如银行信贷、非银行金融机构信贷、委托贷款、融资租赁、项目融资贷款等，也称债务融资。

直接融资方式的优点是资金流动比较迅速，成本低，受法律限制少；缺点是对交易双方筹资与投资技能要求高，而且有的要求双方会面才能成交。相对于直接融资，间接融资可以充分利用规模经济，降低成本，分散风险，实现多元化负债。但直接融资又是发展现代化大企业、筹措资金必不可少的手段，故两种融资方式不能偏废。

随着技术的进步和生产规模的扩大，单纯依靠内部融资已经很难满足企业的资金需求，外部融资已经成为企业获取资金的重要方式。目前比较常用的外部融资方式有以下几种：

一是资产融资。就是用公司拥有的资产作基础的融资方案，这是目前欧美中小企业重要的融资方法，可以筹来短期、中期甚至长期的资金。具体来说，中、长期资金可以用公司拥有的固定资产，以分期付款、租赁、售后租回或整体性投资等方式筹集款项。短期资金，基本上以发票贴现或者应收款项、存货循环贷款为主。

二是政府支持。经济发达国家文化企业最常用外部融资方式的就是政府担保贷款。2010 年国家九部委发布了《关于金融支持文化产业振兴和发展繁荣的指导意见》，金融支持文化产业发展的力度明显加大。中共十七届六中全会在论述加快文化产业发展时提出，以金融创新支持区域文化产业跨越式发展。如何充分利用这些优惠政策，是文化企业解决资金缺乏的一个渠道。目前金融系统已经探索出文化产业发展扶持基金模式、中小企业文化创意贷款模式和文化产业融资服务对接平台模式，对重点文化产业项目进行支持。

三是风险基金。风险基金在国外比较普遍，在中国起步较晚，20 世纪 80 年代末才出现。风险基金一般投资于处于开创阶段的、有良好市场和产品前景的企业，是处于开创阶段的文化创意产业的主要资金来源。

四是直接上市融资。股票上市可以在国内，也可选择境外，可以在主板上市也可以在高新技术企业板块。截至 2012 年 1 月，全国累计已有 77 家文化企业成功上市融资。

五是租赁融资。具体有营业租赁、金融租赁、分期付款、售后租回等方式。租赁的方式减轻了由设备改造带来的资金周转压力，避免支付大量现金。租金的支付可以在设备的使用寿命内分期摊付而不是一次性偿还，使得企业不会因此产生资金周转困难。

六是民营资本与外商投资。以前在我国，民营资本及外商投资文化产业受到的限制较多，投资规模较小。2005 年颁布的《国务院关于非公有资本进入文化产业的若干决定》和 2006 年 10 月文化部下发的《关于鼓励、支持和引导非公有制经济发展文化产业的意见》，在市场准入方面对民营资本、外商投资做了明确的规定，对非公有资本进入文化领域做了具体规定，把放开投资准入门槛与规范监管结合起来。同时也进一步明确了非公有资本进入文化产业的具体途径，既可以采取增量投资的方式，也可以对国有文化单位进行参股改造。

（三）融资战略与融资原则

融资战略是指文化企业为了有效地支持投资所采取的融资组合。融资战略是文化企业财务战略的重要组成部分。融资战略选择不仅直接影响文化企业的获利能力，而且还影响企业的偿债能力和财务风险。

确定正确的融资战略，可以降低企业的融资成本，实现企业的理财目标，提高企业的经济效益。因此，分析融资环境，选择合适的融资方式，充分衡量融资成本和融资风险，实现融资结构的最优化，成为文化企业融资战略研究的重点。

融资策略是企业在筹资决策中采用的安排长短期资金比例的策略。企业首先要根据商业环境确定自己的业务发展战略，然后再确定融资决策和资本结构管理的具体原则和标准。

在现实金融市场环境下，融资决策和资本结构管理策略的基本思想可以概括为：根据金融市场有效性状况，利用税法等政策环境，借助高水平的财务顾问，运用现代金融原理和金融工程技术，进行融资产品创新。

文化企业融资决策和资本结构管理需要按照自身的业务战略和竞争战

略，从可持续发展和股权资本长期增值角度来考虑。其基本原则为：融资产品的现金流出期限结构要求及法定责任必须与企业预期现金流入的风险相匹配；平衡当前融资与后续持续发展融资需求，维护合理的资信水平，保持财务灵活性和持续融资能力；在满足上述两大条件的前提下，尽可能降低融资成本。

融资工具不同，现金流出期限结构要求及法律责任就不同，对企业经营的财务弹性、财务风险、后续投资融资约束和资本成本也不同。对企业来说，与股权资本相比，债务资本具有三个主要特点：首先，债务资本的还本付息现金流出期限结构要求固定而明确，法律责任清晰，因此，它缺乏弹性；其次，债务资本收益固定，债权人不能分享企业投资于较高风险的投资机会所带来的超额收益；再次，债务利息在税前列支，在会计账面盈利的条件下，可以减少纳税。尽管融资决策和资本结构管理的基本原则对所有企业都是一致的，但在实际中，由于各个文化企业产品市场的竞争结构不同，企业所处的成长阶段、业务战略和竞争战略有别，在融资方式与资本结构方面也必然存在差异。因此，必须按照自身的业务战略和竞争战略做出合理的融资决策，选择适合自己企业特点的融资工具。

（四）解决我国文化产业融资难的措施

文化产业的发展需要政府、文化企业等各方共同努力，改善文化产业发展的市场环境，并采取积极措施鼓励、支持和吸引各类资本流向文化产业。

首先，政府应进一步加强对文化产业发展的总体规划和宏观调控，加大对文化基础设施的财政投入，夯实文化产业发展的基础。在配套政策方面，政府应通过对文化产业减免税收等优惠政策，鼓励社会资本进入文化产业，积极培育多元化文化产业市场融资主体，并通过金融创新为文化企业拓宽融资渠道。

其次，深化体制改革，充分利用资本市场的投融资平台和结构调整功能，继续积极推进有条件的文化企业在境内外上市融资，鼓励有条件的企业通过股份制改造、股权收购、股权置换等多种方式进入资本市场。

第三，积极推动金融创新，探讨适合文化产业的融资模式。加强信用制度建设，建立无形资产质押模式，完善信用担保体系和资信评估体系，围绕专利权、著作权、销售合同及相应的现金流探讨适合文化产业的融资模式，引导银行贷款资金支持文化产业。

第四，加强产业基金的运作。文化产业基金可以把分散的资金和资源集中起来，发挥资金的规模效应。同时产业基金了解文化行业和文化市场现状，熟悉政策，能够有效地规避风险、分散风险。

第五，在保障国家文化安全的前提下，进一步降低市场准入门槛，放宽民间资本进入文化产业的限制，吸引和鼓励民间资本以直接投资、间接投资、项目融资、兼并收购等形式进入文化行业，给予民营企业、国有企业相同的政策待遇，积极培育多元的文化产业市场主体。完善市场机制，营造一个公平的环境，促进文化产业的市场竞争。加大对民营中小文化企业的支持力度，对于原创性、创新性、实验性项目，国家应给予资金资助或政策支持。

第六，加强文化产业的监管，创造良好的发展环境。进一步完善文化产业监管体系，加强对文化市场的稽查工作，严厉打击走私、盗版、色情、淫秽制品，切实保护知识产权及相关权益，保障投资者获得应有的收益，降低文化产业融资的风险，从而吸引社会资本进入文化产业。

第六节　文化品牌管理

一、品牌与品牌管理

（一）品牌与文化品牌

品牌是用以识别品牌拥有者的产品或服务，并使之与竞争对手的产品或服务区别开来的商业名称、术语、象征、记号、设计及其组合，是品牌拥有者竞争力的总和。品牌是一种无形资产，从广义上来讲，它是品牌拥有者一切有形资产和无形资产总和的积淀与全息浓缩，是品牌主体与客体、品牌主体与社会及消费者相互作用的产物。从狭义上来讲，品牌只是围绕在产品或服务上的系列意识与预期，是区别品牌拥有者与竞争对手的产品或服务的综合象征。品牌最持久的含义和实质是其独特的价值、文化和个性。

对于品牌拥有者来说，品牌是能带来溢价、产生增值的一种无形的资产；对于消费者来说，品牌是消费者对于某商品或商品系列产生的主观印象，体现客户对品牌的认知度和忠诚度，并使得消费者在选择该商品时产生购买偏好。

对于很多企业尤其是中小型企业来说，品牌的内涵在一定程度上反映了企业文化。所以，对这类型的企业来说，品牌不仅是对外销售的利器，也是对内管理的道德力量。在营销中，品牌是唤起消费者重复消费的最原始动力，是消费市场上的灵魂。没有品牌，企业就没有灵魂；没有品牌，企业就失去生命力。

在《牛津大辞典》里，品牌被解释为“用来证明所有权，作为质量的标志或其他用途”，即用以区别和证明品质。随着时间的推移，商业竞争格局以及零售业形态不断变迁，品牌承载的含义也越来越丰富。作为商品经济时代的商业用语，品牌代表着特定商品的属性、特定的利益和价值感，还负载着特定的文化个性和受法律保护的专用权。

当前，品牌已经成为品牌拥有者综合品质的体现和代表，是人们对品牌拥有者及其产品、售后服务、文化价值的一种总体评价和认知。当人们想到某一品牌的同时总会和时尚、文化、价值联想到一起。当品牌文化被市场认可并接收后，品牌才产生其市场价值。

品牌依据不同的标准可以划分为不同的种类：依据品牌的知名度和辐射区域，可以分为地区品牌、国内品牌、国际品牌、全球品牌；依据产品生产经营的所属环节，可以分为制造商品牌和经营商品牌；依据品牌的来源，可以分为自有品牌、外来品牌和嫁接品牌；依据产品品牌针对国内市场还是国际市场，可以分为内销品牌和外销品牌；依据品牌的本体特征，可分为个人品牌、企业品牌、城市品牌、国家品牌、国际品牌；依据品牌产品的所属行业，可分为家电品牌、食品饮料品牌、日用化工品牌、汽车机械品牌、商业品牌、服务品牌、服装品牌、文化品牌等等。

作为品牌中的一个类别，文化品牌的意义也有广义和狭义之分。广义的文化品牌应是文化品牌拥有者积淀的一切有形资产和无形资产总和的全息浓缩。狭义的文化品牌则是区别品牌拥有者与竞争对手的文化产品或服务的综合象征，是文化品牌拥有者或经营者对交付给文化消费者的文化产品和服务的承诺。

（二）品牌管理

品牌管理是指管理者为培育品牌资产而开展的以消费者为中心的规划、传播、提升和评估等一系列战略决策和策略执行活动，是建立、维护、巩固品牌和不断积累、丰富和完善品牌资产的过程。对于文化企业来讲，品牌管理就是文化企业管理者针对企业产品和服务的品牌，综合地运用企业资源，通过计划、组织、实施、控制等手段来实现企业品牌战略目标的经营管理过程。品牌管理可以有效监管控制品牌与消费者之间的关系，最终形成品牌的竞争优势，使企业行为更忠于品牌核心价值与精神，从而使品牌保持持续竞争力。

据著名品牌战略专家翁向东总结，要高效创建强势大品牌，关键是围绕以下四个步骤做好企业的品牌管理工作：

一是规划以核心价值为中心的品牌识别系统。进行全面科学的品牌调研与诊断，充分研究市场环境、目标消费群与竞争者，为品牌战略决策提供翔实、准确的信息导向；在品牌调研与诊断的基础上，提炼高度差异化、清晰明确、易感知、有包容性和能触动感染消费者内心世界的品牌核心价值；规划以核心价值为中心的品牌识别系统，基本识别与扩展识别是核心价值的具体化、生动化，使品牌识别与企业营销传播活动的对接具有可操作性；以品牌识别统率企业的营销传播活动，使每一次营销传播活动都演绎传达出品牌的核心价值、品牌的精神与追求，确保企业的每一份广告投入都为品牌做加法，都为提升品牌资产做累积；制定品牌建设的目标，即品牌资产提升的目标体系。

二是优选品牌化战略与品牌架构。品牌管理中很重要的一项工作是规划科学合理的品牌化战略与品牌架构。在单一产品的格局下，营销传播活动都是围绕提升同一个品牌的资产而进行的；而产品种类增加后，就面临着很多难题：究竟是进行品牌延伸让新产品沿用原有品牌，还是采用一个新品牌？原有品牌与新品牌、企业总品牌与各产品品牌之间的关系该如何协调？

在掌握各种品牌化战略模式的规律，并深入研究企业的财力、规模与发展阶段、产品特点、消费者心理、竞争格局与品牌推广能力等实际情况的基础上，按成本低又有利于企业获得较好的销售业绩、利润与培育强势大品牌的战略目标，优选出科学高效的品牌化战略模式。

三是进行理性的品牌延伸扩张。创建强势大品牌的最终目的是为了持续获取较好的销售利润。由于无形资产的重复利用是不需成本的，只要有科学的态度与高超的智慧来规划品牌延伸战略，就能通过理性的品牌延伸与扩张，充分利用品牌资源这一无形资产，实现企业的跨越式发展。因此，品牌战略的重要内容之一就是对品牌延伸的各个环节进行科学的前瞻性规划，包括提炼具有包容力的品牌核心价值、预埋品牌延伸的管线、抓住时机进行品牌延伸扩张、有效回避品牌延伸的风险、强化品牌的核心价值与主要联想、提升品牌资产、在品牌延伸中成功推广新产品等等。

四是科学地管理各项品牌资产。品牌的维持是个很艰难的过程，也是品牌管理的重点。要创建具有鲜明的核心价值与个性、丰富的品牌联想、高品牌知名度、高溢价能力、高品牌忠诚度和高价值感的强势大品牌，累积丰厚的品牌资产。首先，要完整理解品牌资产的构成，透彻理解品牌资产各项指标如知名度、品质认可度、品牌联想、溢价能力、品牌忠诚度的内涵及相互之间的关系。在此基础上，结合企业的实际，制定品牌建设所要达到的品牌资产目标，使企业的品牌创建工作有一个明确的方向，做到有的放矢并减少不必要的浪费。其次，围绕品牌资产目标，创造性地策划低成本提升品牌资产的营销传播策略。同时，要不断检核品牌资产提升目标的完成情况，调整下一步的品牌资产建设目标与策略。

二、品牌管理的要素与价值法则

（一）品牌管理的要素

品牌管理的要素主要有以下四个方面。

一是建立卓越的信誉。因为信誉是品牌的基础，没有信誉的品牌几乎没有办法去竞争。中国加入 WTO 后很多“洋品牌”同中国本土品牌竞争的热点就是信誉。“洋品牌”多年来在全球形成的规范的管理和经营体系，使得消费者对其品牌的信赖度的肯定远超过本土的品牌。本土的企业同跨国品牌竞争的起点是开始树立信誉；不是依靠炒作，而要依靠提升管理的水平和质量控制的能力、提高客户满意度和提升团队的素质来建立信誉。中国企业必须马上开始研究客户需求的变化，并不断创新出可以满足他们不同需求的有个性化功能的产品和服务。未来的品牌竞争将是靠速度决定胜负的。只有在第一时间了解到市场变化和客户消费习惯变化的品牌，才可能以最快的速度调整战略来适应变化的环境并最终占领市场。

二是争取广泛的支持。没有企业价值链上所有层面的全力支持，品牌是不容易维持的。除了客户的支持外，来自政府、媒体、专家、权威人士及经销商等的支持也同样重要。有时候，还需要名人的支持并利用他们的效应增加品牌的信誉度。

三是建立亲密的关系。由于客户需求的动态变化和取得信息的机会不断增加，为客户提供个性化和多元化的服务已成为争取客户的唯一途径。只有那些同客户建立了紧密的长期关系的品牌才会是最后的胜利者。所以国内外的品牌现在都不遗余力地想办法同客户建立直接的联系并保持客户的忠诚度。

四是增加亲身体验的机会。客户购买的习惯发生着巨大的变化。光靠广告上的信息就决定购买的机会已经越来越少了。消费者需要在购买前先尝试或体验后再决定是否购买。所以对品牌的维持和推广的挑战就变成了如何让客户在最方便的环境下，不需要花费太多时间、精力就可以充分了解产品或服务的质量和功能。这种让客户满意的体验可以增加客户对品牌的信任并引发购买的欲望。

对于包括文化品牌在内的任何品牌而言，衡量品牌要素的指数均可量身裁定，成为专项指数。品牌管理指数包括信誉指数、关系指数、支持指数和亲身体验指数。这些指数可成为品牌评估的基准线，提供跟踪衡量品牌形象变化的依据。

（二）品牌管理的价值法则

一是最优化的管理。遵循这一法则的企业追求的是优化的管理和运营，它提供中等水平的产品和服务并以最好的价钱和最方便的手段呈现给客户。这样的企业不是靠产品的发明或创新或是同客户建立的亲密关系来争取市场的领袖地位的，相反它是靠低廉的价钱和简单的服务来赢得市场、树立品牌的。

二是最优化的产品。遵循这一法则的企业集中精力在产品研发上，并不断推出新一代的产品，他们是市场的领袖。他们对客户的承诺就是不断地为客户提供最好的产品，用新产品或新功能来满足客户对产品新性能要求。产品市场领袖不是靠产品价格而是靠新产品及其实际应用效果树立品牌赢得市场的。

三是亲密的客户关系。遵循这一法则的企业把精力放在如何为特定客户提供所需的服务上，而不是放在满足整个市场的需求上。他们不是追求一次性的交易，而是为了和选择性的客户建立长期、稳定的业务关系。只有在建立了长期、稳定的关系的情况下，才可以了解客户独特的需要，也才可以满足客户的这种特殊需求。

三、品牌管理创新

品牌创新是一项包括产品、组织、技术、价值、文化等多种创新在内的复杂的经济系统工程，它涉及品牌经营活动的程序化和程序化运用。管理是创建品牌的保证，是品牌创新的生命线。管理既高于品牌创新活动，又被包容在这些活动中，贯穿活动的全过程，成为品牌创新的绩效基础。

汤姆·彼得斯和罗伯特·沃特曼说过，在全世界日新月异进步的新时代中，资本力量在经营中的重要性已让位给管理创新。走在时代前列的创新将引导企业走向繁荣。没有管理创新，就是抱着钱袋子，也赶不上时代潮流，注定会成为失败者；而有些公司，虽然没有足够的资本，却依靠管理创新获得了发展。

品牌管理创新的基本要求是管理创新转型、建立现代企业制度、健全激励机制、制定品牌人力资源战略等。在品牌管理创新的实践中，许多跨国企业都取得了宝贵经验，如宝洁公司的品牌经理制就是一次极好的品牌管理创新。品牌经理制就是为每一种品牌设置一个经理，经理必须把产品的全部销售承担起来。这为宝洁品牌的发展奠定了管理的体制基础，也为企业品牌管理带来一股新风。许多著名的跨国企业都先后采用这一制度，极大地提高了品牌的生命力与竞争力。

再如有些企业在品牌创新中引入了危机管理的概念。品牌危机管理就是企业监控、预测品牌的潜在危机，控制危机的发生，以保持或恢复品牌形象的一系列策划与管理活动的总称。品牌危机的发生常常不是突如其来，而是逐步演变而成的。管理者如果保持敏感和警觉，善于收集分析品牌信息，研究危机发生的机制，及时采取对策，就能够将品牌危机消灭在萌芽状态，此乃品牌危机管理的上上之策。

四、政府在文化品牌管理中的作用

（一）政府参与文化品牌管理的必要性

文化产品的特殊性决定了政府在文化品牌管理过程中应该而且必须发挥重要作用。这是因为：

首先，文化产品具有意识形态属性，文化产品和服务会深刻影响人们的思想观念、精神境界，影响其人生观、道德观等观念形态。鉴于文化产品的这一特点，任何国家和地区的政府，对于文化品牌的打造，都会在思想性、价值观等意识形态方面做出相应的规定，并制定一系列带有导向性的政策、法规，对文化品牌进行科学的管理。

其次，文化的教化娱乐特征，决定了文化产业的发展必须把社会效益放在首位，追求社会效益与经济效益的统一，而这离不开政府的引导、管理和监督。大众消费者的认可和积极参与是繁荣文化产业、打造文化品牌的终极动力；要想真正做大、做强文化产业，并充分发挥文化产品和服务的教化娱乐功能，就必须保证文化产业的公共性服务性特征。这决定了政府必须在文化品牌管理过程中发挥主导作用，切实将文化产业发展纳入公益轨道，引导文化企业多打造一些大众喜闻乐见、物美价廉的文化品牌，保障公民文化权利的实现，为文化发展打下坚实的公益平台，实现经济效益和社会效益的双丰收。这些只能通过各级政府的统筹、协调、引导和监督才能实现。

最后，政府积极参与本国或本地区的文化品牌管理，采取有效措施对本土文化品牌进行保护，既是一种长期以来很有影响的理论主张，也是国际通行的一种政策取向。我国文化产业发展刚起步，文化品牌数量少，影响力小，在国内叫得响的文化品牌本来就不多，在国际上叫得响的目前还没有。在文化产业发展和文化品牌建设中，必须要充分发挥各级政府的作用。

（二）政府在文化品牌管理中如何发挥作用

第一，树立正确的品牌意识，并引导文化企业树立正确的品牌意识。在此基础上，研究制定适应现代国际国内竞争的文化名牌发展战略，建立相应的名牌战略组织实施系统和监控系统。结合实际情况，因地制宜，围绕着培育民族文化品牌，研究扶持保护名牌的政策和措施。合理调整产业布局，集中精力有选择地扶持和建立一批文化名牌企业。尤其在一些已经有传统文化品牌优势的地区，政府应积极采取各种扶持和鼓励措施，把传统文化品牌培植成名牌。

第二，加快文化管理体制和文化市场体制改革步伐，建立和完善文化品牌的管理机制。文化企业是文化品牌管理的主体，但目前我国占主导地位的大文化企业几乎全是国有企业。要调动国有文化企业创造名牌、管理维护品牌的积极性，就必须让文化国企真正成为适应市场的独立法人实体和竞争主体。只有这样，文化国企才会有压力和动力，才会真正在提高品牌的知名度、美誉度、市场占有率和市场覆盖率等方面做扎扎实实的工作。同时进一步完善文化市场体系，通过市场优胜劣汰的竞争机制，来锤炼品牌，检验品牌。

第三，为文化品牌管理提供政策和各项实质性的扶持。对于有市场、有效益、产品质量好、能够参与国际国内市场竞争的文化名牌企业和名牌产品，在政策、资金、税收等方面给予优惠。在产业政策上，支持拥有名牌产品的文化企业通过兼并、收购、合并、租赁等方式，组建企业集团；并帮助条件成熟的文化品牌企业实现战略重组和上市，推动文化品牌向集团化、规模化方向发展。在人才方面，协调高校与科研院所的力量，为企业培养和引进高水平、高素质的文化品牌管理人才提供帮助。

第四，建立科学规范的品牌评价体系。借鉴日、韩、德等国家政府组织和参与品牌评价的经验，以政府的信用来提高品牌评选的权威性。对名牌产品实行动态管理，不搞终身制。同时还要构建培育名牌产品的激励机制。在品牌科学评选的基础上，创建重奖名牌的制度，重奖获奖品牌和获奖企业。

第五，加强对文化名牌的宣传推广。充分利用各种渠道，主动地、有计划地向广大消费者宣传和推荐名牌。政府部门具有较高的权威性，对企业的生产行为以及消费者的购买行为都有着巨大的影响。可借鉴发达国家的经验，以立法的形式规定政府机构要优先采购本国商品。通过政府采购活动的示范带动，树立本土名牌产品的形象，扩大名牌产品的影响，唤醒民众以实际行动支持本土名牌的创建和发展。

第六，完善品牌建设的法律法规，加强文化名牌的立法保护。建立健全有利于名牌发展的法律法规，从立法上进一步加强和完善对名牌产品的保护力度和对假冒伪劣的打击力度。借鉴国际上成功的经验，加大司法保护力度，依法惩治假冒伪劣违法犯罪活动。此外，还要加强工商质检等执法部门的执法力度，严格行政执法，加大对侵权的制裁力度，强化对权利人的经济赔偿，从而调动商标被侵权人打击侵权行为的积极性。

当然，政府在充分发挥自身作用的同时，必须明确，文化企业才是文化品牌管理的主体。政府作用的发挥必须严格遵守“到位而不越位”的原则。只有这样，文化品牌的管理才能真正进入良性发展的轨道。

第八章　文化产业分业管理

正如我们在前面多次指出的，文化产业包罗的行业非常多，每个不同的行业都具有不同的特点。但是，从行业管理的角度而言，由于这些行业都属于文化产业的范畴，因而其行业管理的模式也大同小异。本章我们主要选择属于文化产业核心部分且行业管理相对成熟的广播电影电视行业、新闻出版行业和演艺行业等三个行业展开论述。

第一节　广播影视行业管理

广播影视行业包含广播、电影、电视三个行业，三者都属于文化产业中的视听行业。在社会主义市场经济体制和文化产业条件下，它是指围绕三个行业在生产、销售和服务等环节中形成的企业集合。广播电影电视行业管理就是对广播、电影和电视三个行业在行业规划、企业设立以及相关文化产品的生产制作、播放、销售、服务等各个环节的管理。

长期以来，我国广播影视业在计划经济条件下形成了事业产业高度混合的管理体制。各级广播影视机构是新闻宣传单位、事业建设的主体，也是行业管理机关。广播影视既有政治属性，又有经济属性；既要承担社会公共服务，又要提供个性化的市场服务。这种管理体制，对广播电视行业的起步与发展起到了很大的促进作用。但随着我国社会主义市场经济体制的逐步建立，这种事业产业不分的管理体制暴露出越来越多的问题，已经不适应广播影视业发展的要求。近年来，随着文化体制改革的日益深入和广播影视试点改革的逐步展开，广播影视行政管理改革和制度创新得以迅速推进和深化，各方面都取得突破性进展。

目前，我国对广播电影电视行业实行的是市场准入制度。准入制度是指国家机关根据自然人、法人或者其他经济组织的申请，经依法审查，决定是否准许其从事特定活动、确认其资格资质的政府行为。这是我国文化产业行业管理的重要手段之一，也是区别不同国家管理体制的重要要素之一。各国因指导思想不同，准入制度也各具特色，有自由准入制、核准制等多种。我国的文化市场准入制度具有自己的特点，主要是主体资格的限定和程序上的审批制。

一、广播电视行业管理

为了加强广播电视管理，发展广播电视事业，1997年8月1日，国务院第61次常务会议通过了《广播电视管理条例》（以下简称《电视条例》），于1997年9月1日颁布施行。《电视条例》共计6章55条，对国家广播电视行业的发展宗旨、地位、管理体制、《电视条例》的适用范围等都做出了明确的规定。

《电视条例》明确指出我国广播电视行业的管理体制是：国务院广播电视行政部门负责全国的广播电视管理工作；县级以上地方人民政府广播电视行政部门或机构负责本行政区域内的广播电视管理工作；全国性广播电视行业的社会团体按照其章程，实行自律管理，并在国务院广播电视行政部门的指导下开展活动。在中华人民共和国境内设立广播电台、电视台和采编、制作、播放、传输广播电视节目等活动，都必须按照条例的要求进行管理。

（一）业务许可制度

《电视条例》第10条明确规定，我国对广播电台、电视台的设立实行业务许可制度。广播电台、电视台由县、不设区的市以上人民政府广播电视行政部门设立，其中教育电视台可以由设区的市、自治州以上人民政府教育行政部门设立。其他任何单位和个人不得设立广播电台、电视台。国家禁止设立外资经营、中外合资经营和中外合作经营的广播电台、电视台。

1. 设立条件

《电视条例》规定，设立广播电台、电视台，应当具备下列条件：

①有符合国家规定的广播电视专业人员；②有符合国家规定的广播电视技术设备；③有必要的基本建设资金和稳定的资金保障；④有必要的场所。

审批设立广播电台、电视台，除依照上述条件外，还应当符合国家的广播电视建设规划和技术发展规划。

2. 审批程序

《电视条例》规定：中央的广播电台、电视台由国务院广播电视行政部门设立；地方设立广播电台、电视台的，由县、不设区的市以上地方人民政府广播电视行政部门提出申请，本级人民政府审查同意后，逐级上报，经国务院广播电视行政部门审查批准后，方可筹建。中央的教育电视台由国务院教育行政部门设立，报国务院广播电视行政部门审查批准；地方设立教育电视台的，由设区的市、自治州以上地方人民政府教育行政部门提出申请，征得同级广播电视行政部门同意并经本级人民政府审查同意后，逐级上报，经国务院教育行政部门审核，由国务院广播电视行政部门审查批准后，方可筹建。

3. 审查与批复

《电视条例》规定，经批准筹建的广播电台、电视台，应当按照国家规定的建设程序和广播电视技术标准进行工程建设。建成的广播电台、电视台，经国务院广播电视行政部门审查符合条件的，发给广播电台、电视台许可证。广播电台、电视台应当按照许可证载明的台名、台标、节目设置范围和节目套数等事项制作、播放节目。

4. 审批方面的其他规定

①分支机构的设立

《电视条例》规定，乡、镇设立广播电视站的，由所在地县级以上人民政府广播电视行政部门负责审核，并按照国务院广播电视行政部门的有关规定审批；机关、部队、团体、企事业单位设立有线广播电视站的，按照国务院有关规定审批。

②变更和注销登记

《电视条例》规定，广播电台、电视台变更台名、台标、节目设置范围或者节目套数的，应当经国务院广播电视行政部门批准。广播电台、电视台终止，应当按照原审批程序申报，其许可证由国务院广播电视行政部门收回；广播电台、电视台因特殊情况需要暂时停止播出的，应当经省级以上人民政府广播电视行政部门同意；未经批准，连续停止播出超过30日的，视为终止，应当依照条例规定办理有关手续。

③其他

广播电台、电视台不得出租、转让播出时段。

（二）广播电视传输覆盖网管理

《电视条例》规定，国务院广播电视行政部门应当对全国广播电视传输覆盖网按照国家的统一标准实行统一规划，并实行分级建设和开发。县级以上地方人民政府广播电视行政部门应当按照国家有关规定，组建和管理本行政区域内的广播电视传输覆盖网。组建广播电视传输覆盖网，包括充分利用国家现有的公用通信等各种网络资源，应当确保广播电视节目传输畅通和传输质量。

1. 审批管理

《电视条例》规定，国务院广播电视行政部门负责指配广播电视专用频段的频率，并核发频率专用指配证明。设立广播电视发射台、转播台、微波站、卫星上行站，应当按照国家有关规定，持国务院广播电视行政部门核发的频率专用指配证明，向国家的或者省、自治区、直辖市的无线电管理机构办理审批手续，领取无线电台执照。

2. 运营管理

《电视条例》规定，广播电视发射台、转播台应当按照国务院广播电视行政部门的有关规定发射、转播广播电视节目。广播电视发射台、转播台经核准使用的频率、频段不得出租、转让，已经批准的各项技术参数不得擅自变更，不得擅自播放自办节目和插播广告。

广播电视传输覆盖网的工程选址、设计、施工、安装，应当按照国家有关规定办理，并由依法取得相应资格证书的单位承担；广播电视传输覆盖网的工程建设和使用的广播电视技术设备，应当符合国家标准、行业标准。工程竣工后，由广播电视行政部门组织验收，验收合格的，方可投入使用。

区域性有线广播电视传输覆盖网，由县级以上地方人民政府广播电视行政部门设立和管理。区域性有线广播电视传输覆盖网的规划、建设方案，由县级人民政府或者设区的市、自治州人民政府的广播电视行政部门报省、自治区、直辖市人民政府广播电视行政部门批准后实施，或者由省、自治区、直辖市人民政府广播电视行政部门报国务院广播电视行政部门批准后实施。同一行政区域只能设立一个区域性有线广播电视传输覆盖网。有线电视站应当按照规划与区域性有线电视传输覆盖网联网。未经批准，任何单位和个人不得擅自利用有线广播电视传输覆盖网播放节目。

3. 卫星空间资源的管理和使用

《电视条例》规定，传输广播电视节目的卫星空间段资源的管理和使用，应当符合国家有关规定。广播电台、电视台利用卫星方式传输广播电视节目，应当符合国家规定的条件，并经国务院广播电视行政部门审核批准；安装和使用卫星广播电视地面接收设施，应当按照国家有关规定向省、自治区、直辖市人民政府广播电视行政部门申领许可证；进口境外卫星广播电视节目解码器、解压器及其他卫星广播电视地面接收设施，应当经国务院广播电视行政部门审查同意。禁止任何单位和个人侵占、哄抢或者以其他方式破坏广播电视传输覆盖网的设施。任何单位和个人不得侵占、干扰广播电视专用频率，不得擅自截传、干扰、解扰广播电视信号。县级以上人民政府广播电视行政部门应当采取卫星传送、无线转播、有线广播、有线电视等多种方式，提高农村广播电视覆盖率。

（三）广播电视节目管理

1. 节目制作管理

《电视条例》规定，广播电视节目由广播电台、电视台和省级以上人民政府广播电视行政部门批准设立的广播电视节目制作经营单位制作。设立电视剧制作单位，应当经国务院广播电视行政部门批准，取得电视剧制作许可证后，方可制作电视剧。电视剧的制作和播出管理办法，由国务院广播电视行政部门规定。

2. 节目播放管理

①节目播放范围规定。《电视条例》规定，广播电台、电视台应当按照国务院广播电视行政部门批准的节目设置范围开办节目，不得播放未取得广播电视节目制作经营许可的单位制作的广播电视节目。教育电视台应当按照国家有关规定播放各类教育教学节目，不得播放与教学内容无关的电影、电视片。地方广播电台、电视台或者广播电视站，应当按照国务院广播电视行政部门的有关规定转播广播电视节目；乡、镇设立的广播电视站不得自办电视节目。广播电台、电视台应当按照节目预告播放广播电视节目；确需更换、调整原预告节目的，应当提前向公众告示。播放广告，不得超过国务院广播电视行政部门规定的时间，并应当播放公益性广告。广播电台、电视台应当使用规范的语言文字，应当推广全国通用的普通话。广播电视新闻应当真实、公正。国务院广播电视行政部门在特殊情况下，可以做出停止播出、更换特定节目或者指定转播特定节目的决定。

②节目播前审查。《电视条例》规定，广播电台、电视台对其播放的广播电视节目内容，应当依照该条例第 32 条的规定进行播前审查，重播重审。禁止制作、播放载有下列内容的节目：一是危害国家的统一、主权和领土完整的；二是危害国家的安全、荣誉和利益的；三是煽动民族分裂，破坏民族团结的；四是泄露国家秘密的；五是诽谤、侮辱他人的；六是宣扬淫秽、迷信或者渲染暴力的；七是法律、行政法规规定禁止的其他

内容。

3. 涉外节目的管理

《电视条例》规定，用于广播电台、电视台播放的境外电影、电视剧，必须经国务院广播电视行政部门审查批准。用于广播电台、电视台播放的境外其他广播电视节目，必须经国务院广播电视行政部门或者其授权的机构审查批准。根据原国家广播电影电视总局（以下称广电总局）2004 年 6 月 15 日发布、2004 年 10 月 23 日起施行的《境外电视节目引进、播出管理规定》，广电总局负责境外影视剧引进和以卫星传送方式引进境外其他电视节目的审批工作，省级广播电视行政部门负责本辖区内境外影视剧引进的初审工作和其他境外电视节目引进的审批和播出监管工作，地（市）级广播电视行政部门负责本辖区内播出境外电视节目的监管工作。引进境外影视剧和以卫星传送方式引进其他境外电视节目，由广电总局指定的单位申报，由引进单位向省级广播电视行政部门提出申请；题材涉及重大、敏感内容的，由省级广播电视行政部门报广电总局审批。

广播电台、电视台播放境外广播电视节目的时间与广播电视节目总播放时间的比例，由国务院广播电视行政部门规定。根据 2004 年广电总局发布的《境外电视节目引进、播出管理规定》，各电视台每天所播出的境外影视剧不得超过当天影视剧总播出时间的 25%，其中黄金时间（19 时至 22 时）不得播出境外影视剧。广播电台、电视台以卫星等传输方式进口、转播境外广播电视节目，必须经国务院广播电视行政部门批准。

向境外提供的广播电视节目，应当按照国家有关规定向省级以上人民政府广播电视行政部门备案。

4. 其他

《电视条例》规定，举办国际性、全国性的广播电视节目交流、交易活动，应当经国务院广播电视行政部门批准，并由指定的单位承办。举办区域性广播电视节目交流、交易活动，应当经举办地的省、自治区、直辖市人民政府广播电视行政部门批准，并由指定的单位承办。未经批准，任何单位和个人不得举办广播电视节目的交流、交易活动。对享有著作权的广播电视节目的播放和使用，依照《中华人民共和国著作权法》的规定办理。

《广播电视管理条例》的发布与实施，无疑对我国广播电视事业健康有序发展产生了深远影响。不过，应该指出的是，《广播电视管理条例》正式实施至今，已经过去十几年了，至今没有修订和更新。保持国家法律法规的相对稳定性，是必须的。但在国家文化体制改革不断深入、文化产业发展日新月异的今天，根据出现的新情况、新问题和新需要，定期进行修订，也是十分必要的，这也是保持法律法规权威性、适应性的重要环节。

二、电影行业管理

我国目前对电影行业的管理，是按2001年12月12日国务院第50次常务会议通过并予公布的《中华人民共和国电影管理条例》(2002年2月1日起施行，以下简称《电影条例》)进行的。《电影条例》共计8章68条，对国家电影行业的发展宗旨、管理体制、《电影条例》的适用范围等都做出了明确的规定。

(一) 业务许可制度

《电影条例》规定，国家对电影摄制、进口、出口、发行、放映和电影制片公映实行许可制度。未经许可，任何单位和个人不得从事电影片的摄制、进口、发行、放映活动，不得进口、出口、发行、放映未取得许可证的电影片。依照本条例发放的许可证和批准文件，不得出租、出借、出售或者以其他任何形式转让。

1. 电影制片单位审批

①设立条件。《电影条例》规定，设立电影制片单位，应当具备下列条件：一是有电影制片单位的名称、章程；二是有符合国务院广播电影电视行政部门认定的主办单位及其主管机关；三是有确定的业务范围；四是有适应业务范围需要的组织机构和专业人员；五是有适应业务范围需要的资金、场所和设备；六是法律、行政法规规定的其他条件。审批设立电影制片单位，除依照上述条件外，还应当符合国务院广播电影电视行政部门制定的电影制片单位总量、布局和结构的规划。

②审批程序。申请设立电影制片单位，由所在地省、自治区、直辖市人民政府行业部门审核同意后，报国务院广播影视行政部门审批。申请书应当载明下列内容：一是电影制片单位的名称、地址和经济性质；二是电影制片单位的主办单位的名称、地址、性质及其主管机关；三是电影制片单位的法定代表人的姓名、住址、资格证明文件；四是电影制片单位的资金来源和数额。

③批复。《电影条例》规定，国务院广播电影电视行政部门应当自收到设立电影制片单位的申请书之日起90日内，做出批准或者不批准的决

定，并通知申请人。批准的，由国务院广播电影电视行政部门发给《摄制电影许可证》，申请人持《摄制电影许可证》到国务院工商行政管理部门办理登记手续，依法领取营业执照；不批准的，应当说明理由。电影制片单位以其全部法人财产，依法享有民事权利，承担民事责任。

④变更与终止

电影制片单位变更、终止，应当报国务院广播电影电视行政部门批准，并依法到原登记的工商行政管理部门办理变更登记或者注销登记。

《电影条例》还规定，电影制片单位以外的单位经批准后也可独立摄制电影片，但须报国务院广播电影电视行政部门批准，并持批准文件到工商行政管理部门办理相应的登记手续；还应当事先到国务院广播电影电视行政部门领取一次性《摄制电影片许可证（单片）》，并参照电影制片单位享有权利、承担义务。具体办法由国务院广播电影电视行政部门制定。

2. 电影发行、放映单位管理

《电影条例》对电影发行单位、电影放映单位的审批也有严格的规定与程序。但相比电影制片单位而言，要求要宽松很多。从审批程序来讲，除设立跨省、自治区、直辖市的电影发行单位，需向国务院广播电影电视行政部门提出申请外，一般设立电影发行单位，向所在地省、自治区、直辖市人民政府影视行政部门提出申请即可。

设立电影放映单位，就更加宽松，只需向所在地县或者社区的市人民政府影视行政部门提出申请即可。而申请从事农村 16 毫米电影片发行、放映业务的单位或者个人，直接到所在地工商行政管理部门办理登记手续，并向所在地县级人民政府电影行政部门备案即可。

电影发行单位、电影放映单位变更业务范围，或者兼并其他电影发行单位、电影放映单位，或者因合并、分立而设立新的电影发行单位、电影放映单位，或改建、拆除电影院和放映设施，或变更名称、地址、法定代表人或者主要负责人，或者终止电影发行、放映经营活动的，都要到原登记的工商行政管理部门办理变更登记或者注销登记，并向原审批的电影行政部门备案。

《电影条例》规定，国家鼓励企业、事业单位和其他社会组织以及个人以资助、投资的形式参与摄制电影片，允许以中外合资或者中外合作的方式建设、改造电影院。

（二）电影制片管理

1. 业务范围

《电影条例》规定，电影制片单位可以从事下列活动：一是摄制电影片；二是按照国家有关规定制作本单位摄制的电影片的复制品；三是按照国家有关规定在全国范围发行本单位摄制并被许可公映的电影片及其复制品；四是按照国家有关规定出口本单位摄制并被许可公映的电影片及其复制品。此外还明确规定，电影制片单位对其摄制的电影片依法享有著作权。

2. 中外合作制片管理

《电影条例》规定，电影制片单位经国务院广播电影电视行政部门批准，可以与境外电影制片者合作摄制电影片；电影制片单位和持有《摄制电影片许可证（单片）》的单位经国务院广播电影电视行政部门批准，也可以到境外从事电影片摄制活动。但其他单位和个人不得与境外电影制片者合作摄制电影片，境外组织或者个人也不得在中华人民共和国境内独立从事电影片摄制活动。

中外合作摄制电影片，应当由中方合作者事先向国务院广播电影电视行政部门提出立项申请。国务院广播电影电视行政部门征求有关部门的意见后，经审查符合规定的，发给申请人一次性《中外合作摄制电影片许可证》。申请人取得《中外合作摄制电影片许可证》后，应当按照国务院广播电影电视行政部门的规定签订中外合作摄制电影片合同。中外合作摄制电影片需要进口设备、器材、胶片、道具的，中方合作者应当持国务院广播电影电视行政部门的批准文件到海关办理进口或者临时进口手续。境外电影制片者同中方合作者合作或者以其他形式在中华人民共和国境内摄制电影片，应当遵守中华人民共和国的法律、法规，尊重中华民族的风俗、习惯。

3. 洗印管理

《电影条例》规定，电影洗印单位不得洗印加工未取得《摄制电影许可证》或者《摄制电影片许可证（单片）》的单位摄制的电影底片、样片，不得洗印加工未取得《电影片公映许可证》的电影拷贝。电影洗印单位接受委托洗印加工境外的电影底片、样片和电影拷贝的，应当事先经国务院广播电影电视行政部门批准，并持批准文件依法向海关办理有关进口手续；洗印加工的电影底片、样片和电影片拷贝必须全部运输出境。中外合作摄制的电影片，电影底片、样片的冲洗及后期制作，应当在中华人民共和国境内完成。有特殊技术要求确需在境外完成的，应当单项申请，报经国务院广播电影电视行政部门批准后，按照批准文件载明的要求执行。

（三）电影审查制度

《电影条例》规定，国家实行电影审查制度。审查要经过初审和终审两个环节。电影制片单位负责电影剧本投拍和电影片出厂前的初审，并报电影审查机构备案；电影审查机构负责对报备案的电影剧本进行终审，发现有禁止内容的，应当及时通知电影制片单位不得投拍。电影制片单位应当在电影片摄制完成后、电影进口经营单位应当在办理电影片临时进口手续后，报请电影审查机构审查。审查合格的，由国务院广播电影电视行政部门发给《电影片公映许可证》，《电影片公映许可证》证号应印制在该电影片拷贝第一本片头处。审查不合格，可修改报送复审；复审合格的，由国务院广播电影电视行政部门发给《电影片公映许可证》。

《电影条例》规定，电影技术质量应当符合国家标准。电影片禁止载有下列内容：一是反对宪法确定的基本原则的；二是危害国家统一、主权和领土完整的；三是泄露国家秘密、危害国家安全或者损害国家荣誉和利益的；四是煽动民族仇恨、民族歧视，破坏民族团结，或者侵害民族风俗、习惯的；五是宣扬邪教、迷信的；六是扰乱社会秩序，破坏社会稳定的；七是宣扬淫秽、赌博、暴力或者教唆犯罪的；八是侮辱或者诽谤他人，侵害他人合法权益的；九是危害社会公德或者民族优秀文化传统的；十是有法律、行政法规和国家规定禁止的其他内容的。

未经国务院广播电影电视行政部门的电影审查机构（以下简称电影审查机构）审查通过的电影片，不得发行、放映、进口、出口。

（四）电影进出口管理

1. 电影进口管理

《电影条例》规定，电影进口业务也实行许可制度，由国务院广播电影电视行政部门指定电影进口经营单位经营；未经指定，任何单位或者个人不得经营电影进口业务。进口供公映的电影片，进口前应当报送电影审查机构审查。报送审查的电影片，由指定的电影进口经营单位持国务院广播电影电视行政部门的临时进口手续，经电影审查机构审查合格并发给《电影片进口批准文件》后，由电影进口经营单位持进口批准文件到海关办理进口手续。如果进口的是供科学研究、教学参考的专题片，进口单位还应当报经国务院有关行政主管部门审查批准，持批准文件到海关办理进口手续，并向国务院广播电影电视行政部门备案；但不得以科学研究、教学的名义进口故事片。中国电影资料馆进口电影资料片，可以直接到海关办理进口手续，但要按季度向国务院广播电影电视行政部门备案。任何单位或者个人不得进口未经国务院广播电影电视行政部门审查合格的电影片。此外还规定，电影进口经营单位应当在取得电影作品著作权人使用许可后，在许可的范围内使用电影作品；未取得使用许可的，任何单位和个人不得使用进口电影作品。

2. 电影出口管理

《电影条例》规定，电影制片单位出口本单位制作的电影片的，应当持《电影片公映许可证》到海关办理电影片出口手续；出口中外合作摄制的电影片或电影片素材的，中方合作者应当持《电影片公映许可证》或国务院广播电影电视行政部门的批准文件到海关办理出口手续。中方协助摄制电影片或者电影片素材出境的，中方协助者应当持国务院广播电影电视行政部门的批准文件到海关办理出境手续。

3. 涉外电影展（节）管理

《电影条例》规定，举办中外电影展、国际电影节，或提供电影片参加境外电影展、电影节等，应当报国务院广播电影电视行政部门批准。参加中外电影展、电影节的电影片，须报国务院广播电影电视行政部门审查批准。参加境外电影展、电影节的电影片经批准后，参展者应当持国务院广播电影电视行政部门的批准文件到海关办理电影片临时出口手续。参加在中国境内举办的中外电影展、国际电影节的境外电影片经批准后，举办者应当持国务院广播电影电视行政部门的批准文件到海关办理临时进口手续。

（五）电影发行和放映

电影片依法取得国务院广播电影电视行政部门发给的《电影片公映许可证》后，方可发行、放映。已经取得《电影片公映许可证》的电影片，国务院广播电影电视行政部门在特殊情况下可以做出停止发行、放映或者经修改后方可发行、放映的决定。利用电影片制作音像制品的，应当遵守国家有关音像制品管理的规定。放映电影片，应当符合国家规定的国产电影片与进口电影片放映的时间比例。放映单位年放映国产电影片的时间不得低于年放映电影片时间总和的三分之二。

（六）电影事业发展专项资金

《电影条例》规定，国家建立电影事业发展专项资金，并采取其他优惠措施，支持电影事业的发展。电影事业发展专项资金扶持、资助下列项目：一是国家倡导并确认的重点电影片的摄制和优秀电影剧本的征集；二是重点制片基地的技术改造；三是电影院的改造和放映设施的技术改造；

四是少数民族地区、边远贫困地区和农村地区的电影事业的发展；五是需要资助的其他项目。同时，国家鼓励、扶持科学教育片、纪录片、美术片及儿童电影片的制作、发行和放映；对少数民族地区、边远贫困地区和农村地区发行、放映电影实行优惠政策；对从事农村16毫米电影影片发行、放映业务的单位和个人予以扶持。

第二节　新闻出版业管理

所谓新闻出版业是指与新闻业、出版业及其发行服务相关的行业的总称。按照国家统计局《文化及相关产业分类2012》的规定，我国的新闻出版服务包括新闻服务、出版服务和发行服务三大类，又细分为图书出版发行业、报纸出版发行业、期刊出版发行业、音像制品出版发行业、电子出版物出版发行业及其他出版业等几类。而2011年3月新修订的《出版管理条例》所称的出版活动，“包括出版物的出版、印刷或者复制、进口、发行”；所称的出版物，“是指报纸、期刊、图书、音像制品、电子出版物等”。据此，我们可以将新闻出版业界定为：从事报纸、期刊、图书、音像制品、电子出版物等的出版、印刷或者复制、进口、发行等所有出版活动的总称。

人们习惯上常用新闻传媒行业的概念，所谓新闻传媒行业是由报社、通讯社、广播电台、电视台、新闻期刊社、新闻电影制片厂等新闻机构及其运用传播媒介进行的各项新闻活动的总称。可见新闻出版行业与新闻传媒行业互有交叉。

与新闻传媒业一样，新闻出版行业也负载着意识形态、文化、信息、社会服务等多种功能，是信息社会的核心领域之一。新闻出版业也具有双重属性：作为具有意识形态的精神产品生产者，它属于上层建筑范畴；作为向大众提供信息的载体，又从属于信息产业。这在西方发达国家已经是一个共识。与之相适应，新闻出版行业也具有两种功能，即喉舌功能和产业功能。作为喉舌，它具有宣传作用，并可以引导舆论导向，使之符合统治阶级的利益；作为产业，它可以让公众、消费者了解商品和服务，塑造企业良好的形象，实现盈利。

长期以来，我国把新闻出版的喉舌功能作为其唯一重要的功能，报刊与广播、电视等大众传媒被作为党和国家的重要喉舌，其意识形态属性一直被放在最突出的地位。随着文化体制改革和市场经济的逐步深化，新闻出版业的产业属性也逐步得到国家重视。早在1996年，江泽民同志在视察《人民日报》时就指出："过去我们的传媒只讲宣传，如今在市场经济条件下，新闻传媒既要宣传，又要经营。"我国新闻出版业在发挥喉舌功能的同时，开始进行产业化、市场化经营的探索，其产业属性逐渐得到发挥。

新闻出版行业管理就是对报社、通讯社、期刊社、出版社以及音像制品、电子出版物等的出版发行机构及其进行的各项活动的管理。我国对新闻出版业的规范管理，主要是按照《出版管理条例》以及国家新闻出版总署等部门颁发的《图书出版管理规定》《报纸出版管理规定》《期刊出版管理规定》《电子出版物出版管理规定》《音像制品出版管理规定》《出版物市场管理规定》等规范性文件来进行的。其中《出版管理条例》由2001年12月12日国务院第50次常务会议通过，2001年12月25日由国务院颁布，共计7章68条，自2002年2月1日起施行。2011年3月16日，国务院第147次常务会议通过《国务院关于修改〈出版管理条例〉的决定》，新修改的《出版管理条例》2011年3月19日公布，共计9章74条，自公布之日起施行。本节关于新闻出版业管理的论述，就是以新修改的《出版管理条例》为依据展开的。

一、我国新闻出版业的管理体制

《出版管理条例》对我国新闻出版业管理的指导思想、原则、目标及管理体制都做了规定，明确提出，新闻出版业管理的目的就是发展和繁荣有中国特色社会主义出版产业和出版事业，保障公民依法行使出版自由的权利，促进社会主义精神文明和物质文明建设。在此将旧版《出版管理条例》中的"出版事业"改为"出版产业和出版事业"，并强调，从事出版活动，"应当将社会效益放在首位，实现社会效益与经济效益相结合"，强调了"出版产业"应该注重"经济效益"。

《出版管理条例》明确规定，国务院出版行政主管部门负责全国的出版活动的监督管理工作，并负责制定全国出版单位总量、结构、布局的规划，指导、协调出版产业和出版事业发展。国务院其他有关部门按照国务院规定的职责分工，负责有关的出版活动的监督管理工作。县级以上地方各级人民政府负责出版管理的部门（以下简称出版行政主管部门）负责本行政区域内出版活动的监督管理工作。县级以上地方各级人民政府其他有关部门在各自的职责范围内，负责有关的出版活动的监督管理工作。出版行业的社会团体按照其章程，在出版行政主管部门的指导下，实行自律管理。出版单位的主办单位及其主管机关对所属出版单位出版活动负有直接管理责任，并应当配合出版行政主管部门督促所属出版单位执行各项管理规定。

《出版管理条例》还规定了出版行政主管部门应履行的职责：一是对出版物的出版、印刷、复制、发行、进口单位进行行业监管，实施准入和退出管理；二是对出版活动进行监管，对违反该条例的行为进行查处；三是对出版物内容和质量进行监管；四是根据国家有关规定对出版从业人员进行管理。另外，还要根据有关规定和标准，对出版物的内容、编校、印刷或者复制、装帧设计等方面质量实施监督检查。

出版物的出版、印刷或者复制、发行和进口经营单位不再具备行政许可的法定条件的，由出版行政主管部门责令限期改正；逾期仍未改正的，由原发证机关撤销行政许可。

二、业务许可制度

与广播影视业的管理一样，我国对新闻出版业实行的也是准入制度。市场准入作为我国管理新闻出版业的重要手段之一，主要特点是主体资格的限定和程序上的审批制。但比起广播影视业的市场准入，新闻出版业的市场准入制度要宽松很多。

《出版管理条例》规定，报纸、期刊、图书、音像制品和电子出版物等应当分别由报社、期刊社、图书出版社、音像出版社和电子出版物出版社等出版单位出版。法人出版报纸、期刊，不设立报社、期刊社的，其设立的报纸编辑部、期刊编辑部视为出版单位。国家允许设立从事图书、报纸、期刊、电子出版物发行业务的中外合资经营企业、中外合作经营企业、外资企业。

（一）出版单位的设立条件

《出版管理条例》规定，设立报社、期刊社、图书出版社、音像出版社和电子出版物出版社等出版单位，应当具备下列条件：一是要有出版单位的名称、章程；二是要有符合国务院出版行政主管部门认定的主办单位及其主管机关；三是要有确定的业务范围；四是要有 30 万元以上的注册资本和固定的工作场所；五是要有适应业务范围需要的组织机构和符合国家规定的资格条件的编辑出版专业人员；六是法律、行政法规规定的其他条件。

审批设立出版单位，除依照上述条件外，还应当符合国家关于出版单位总量、结构、布局的规划。

（二）审批程序

《出版管理条例》规定，设立出版单位，由其主办单位向所在地省、自治区、直辖市人民政府出版行政主管部门提出申请；省、自治区、直辖市人民政府出版行政主管部门审核同意后，报国务院出版行政主管部门审批。设立的出版单位为事业单位的，还应当办理机构编制审批手续。

设立出版单位的申请书应当载明下列事项：①出版单位的名称、地址；②出版单位的主办单位及其主管机关的名称、地址；③出版单位的法定代表人或者主要负责人的姓名、住址、资格证明文件；④出版单位的资金来源及数额。设立报社、期刊社或者报纸编辑部、期刊编辑部的，申请书还应当载明报纸或者期刊的名称、刊期、开版或者开本、印刷场所。

申请书应当附具出版单位的章程和设立出版单位的主办单位及其主管机关的有关证明材料。

（三）审查与批复

《出版管理条例》规定，国务院出版行政主管部门应当自受理设立出版单位的申请之日起60日内，做出批准或者不批准的决定，并由省、自治区、直辖市人民政府出版行政主管部门书面通知主办单位；不批准的，应当说明理由。

设立出版单位的主办单位应当自收到批准决定之日起60日内，向所在地省、自治区、直辖市人民政府出版行政主管部门登记，领取出版许可证。出版单位领取出版许可证后，属于事业单位法人的，持出版许可证向事业单位登记管理机关登记，依法领取事业单位法人证书；属于企业法人的，持出版许可证向工商行政管理部门登记，依法领取营业执照。

报社、期刊社、图书出版社、音像出版社和电子出版物出版社等应当具备法人条件，经核准登记后，取得法人资格，以其全部法人财产独立承担民事责任。视为出版单位的报纸编辑部、期刊编辑部不具有法人资格，其民事责任由其主办单位承担。

（四）审批方面的其他规定

《出版管理条例》规定，出版单位变更名称、主办单位或者其主管机关、业务范围、资本结构，合并或者分立，设立分支机构，出版新的报纸、期刊，或者报纸、期刊变更名称的，应当依照条例规定办理审批手续。出版单位属于事业单位法人的，还应当持批准文件到事业单位登记管理机关办理相应的登记手续；属于企业法人的，还应当持批准文件到工商行政管理部门办理相应的登记手续。

出版单位中止出版活动的，应当向所在地省、自治区、直辖市人民政府出版行政主管部门备案并说明理由和期限；出版单位中止出版活动不得超过 180 日。图书出版社、音像出版社和电子出版物出版社自登记之日起满 180 日未从事出版活动的，报社、期刊社自登记之日起满 90 日未出版报纸、期刊的，由原登记的出版行政主管部门注销登记，并报国务院出版行政主管部门备案。但因不可抗力或者其他正当理由发生前列情形的，出版单位可以向原登记的出版行政主管部门申请延期。

出版单位终止出版活动的，由主办单位提出申请并经主管机关同意后，由主办单位向所在地省、自治区、直辖市人民政府出版行政主管部门办理注销登记，并报国务院出版行政主管部门备案。出版单位属于事业单位法人的，还应当持批准文件到事业单位登记管理机关办理注销登记；属于企业法人的，还应当持批准文件到工商行政管理部门办理注销登记。

另外，《出版管理条例》还规定，出版单位不得向任何单位或者个人出售或者以其他形式转让本单位的名称、书号、刊号或者版号、版面，并不得出租本单位的名称、刊号。出版单位应当按照国家有关规定向国家图书馆、中国版本图书馆和国务院出版行政主管部门免费送交样本。

（五）出版物的印刷或者复制和发行的审批

《出版管理条例》规定，从事出版物印刷或者复制业务的单位，应当向所在地省、自治区、直辖市人民政府出版行政主管部门提出申请，经审核许可，并依照国家有关规定到工商行政管理部门办理相关手续后，方可从事出版物的印刷或者复制。未经许可并办理相关手续的，不得印刷报纸、期刊、图书，不得复制音像制品、电子出版物。

印刷或者复制单位经所在地省、自治区、直辖市人民政府出版行政主管部门批准，可以承接境外出版物的印刷或者复制业务。但是，委托印刷或者复制的出版物的内容，应当经省、自治区、直辖市人民政府出版行政主管部门审核。委托人还要持著作权人授权书向著作权行政管理部门登记。印刷或者复制的境外出版物必须全部运输出境，不得在境内发行。还要留存一份承接的出版物样本 2 年内备查。

从事出版物总发行业务的单位，经所在地省、自治区、直辖市人民政府出版行政主管部门审核后，报国务院出版行政主管部门批准。从事出版物批发业务的单位，须经省、自治区、直辖市人民政府出版行政主管部门审核许可。从事出版物零售业务的单位和个体工商户，须经县级人民政府出版行政主管部门审核许可。从事出版物连锁经营业务的单位，应当经其总部所在地省、自治区、直辖市人民政府出版行政主管部门批准；跨省或者在全国范围内经营的，应当经其总部所在地省、自治区、直辖市人民政府出版行政主管部门审核后，报国务院出版行政主管部门批准。从事出版物发行业务（包括通过互联网等信息网络从事出版物发行业务）的单位和个体工商户经出版行政主管部门批准、取得《出版物经营许可证》，并向工商行政管理部门依法领取营业执照后，方可从事出版物发行业务。出版单位可以发行本出版单位出版的出版物，但不得发行其他出版单位出版的出版物。

三、出版物的出版管理

《出版管理条例》规定，合法出版物受法律保护，任何组织和个人不得非法干扰、阻止、破坏出版物的出版。出版单位实行编辑责任制度，保障出版物刊载的内容符合该条例的规定。

任何出版物不得含有下列内容：①反对宪法确定的基本原则的；②危害国家统一、主权和领土完整的；③泄露国家秘密、危害国家安全或者损害国家荣誉和利益的；④煽动民族仇恨、民族歧视，破坏民族团结，或者侵害民族风俗、习惯的；⑤宣扬邪教、迷信的；⑥扰乱社会秩序，破坏社会稳定的；⑦宣扬淫秽、赌博、暴力或者教唆犯罪的；⑧侮辱或者诽谤他人，侵害他人合法权益的；⑨危害社会公德或者民族优秀文化传统的；⑩有法律、行政法规和国家规定禁止的其他内容的。另外，以未成年人为对象的出版物不得含有诱发未成年人模仿违反社会公德的行为和违法犯罪行为的内容，不得含有恐怖、残酷等妨害未成年人身心健康的内容。

出版物必须按照国家的有关规定载明作者、出版者、印刷者或者复制者、发行者的名称、地址，书号、刊号或者版号，在版编目数据，出版日期、刊期以及其他有关事项。出版物的规格、开本、版式、装帧、校对等必须符合国家标准和规范要求，保证出版物的质量。出版物使用语言文字必须符合国家法律规定和有关标准、规范。

《出版管理条例》还专门对中小学教科书的出版、发行做了规定，中小学教科书由国务院教育行政主管部门审定；其出版、发行单位应当具有适应教科书出版、发行业务需要的资金、组织机构和人员等条件，并取得国务院出版行政主管部门批准的教科书出版、发行资质。纳入政府采购范围的中小学教科书，其发行单位按照《中华人民共和国政府采购法》的有关规定确定。其他任何单位或者个人不得从事中小学教科书的出版、发行业务。

四、出版物的进口管理

《出版管理条例》规定，出版物进口业务，由依照条例设立的出版物进口经营单位经营；其他单位和个人不得从事出版物进口业务。设立出版物进口经营单位，应当向国务院出版行政主管部门提出申请，经审查批准，取得国务院出版行政主管部门核发的出版物进口经营许可证后，持证到工商行政管理部门依法领取营业执照。设立出版物进口经营单位，还应当依照对外贸易法律、行政法规的规定办理相应手续。

设立出版物进口经营单位，应当具备下列条件：一是有出版物进口经营单位的名称、章程；二是有符合国务院出版行政主管部门认定的主办单位及其主管机关；三是有确定的业务范围；四是具有进口出版物内容审查能力；五是有与出版物进口业务相适应的资金；六是有固定的经营场所；七是法律、行政法规和国家规定的其他条件。

出版物进口经营单位变更名称、业务范围、资本结构、主办单位或者其主管机关，合并或者分立，设立分支机构，也应当依照条例的规定办理审批手续，并持批准文件到工商行政管理部门办理相应的登记手续。

出版物进口经营单位进口的出版物，不得含有条例禁止的内容。出版物进口经营单位负责对其进口的出版物进行内容审查。省级以上人民政府出版行政主管部门可以对出版物进口经营单位进口的出版物直接进行内容审查。出版物进口经营单位无法判断其进口的出版物是否含有禁止内容的，可以请求省级以上人民政府出版行政主管部门进行内容审查，但要按照国务院价格主管部门批准的标准交纳费用。国务院出版行政主管部门可以禁止特定出版物的进口。

出版物进口经营单位应当在进口出版物前将拟进口的出版物目录报省级以上人民政府出版行政主管部门备案；省级以上人民政府出版行政主管部门发现有禁止进口的或者暂缓进口的出版物的，应当及时通知出版物进口经营单位并通报海关。对通报禁止进口或者暂缓进口的出版物，出版物进口经营单位不得进口，海关不得放行。

出版物进口经营单位在境内举办境外出版物展览，必须报国务院出版行政主管部门批准。未经批准，任何单位和个人不得举办境外出版物展览。展览的境外出版物需要销售的，应当按照国家有关规定办理相关手续。

第三节　表演艺术业管理

一、演艺业与演艺业管理

（一）演艺业的概念

演艺业是指包括演艺产品的创作、生产、表演、销售、消费及经纪代理、艺术表演场所等配套服务机构在内的行业集合。产业各环节包括文艺表演团体、演出场所、演出中介机构和演出票务等。美国当代表演艺术理论家理查德·斯切奇诺关于表演的定义为“一种个人或者群体的活动，作为向另外的个人或者群体展示的行为”。他认为，表演实际上是表演艺术生产者给观众的一种提供物，换言之就是为消费者创造的艺术价值。

演艺业是人类社会发展史上历史最悠久、积淀最丰厚的艺术行业，也是进入商品社会之后在所有艺术门类中开发最早、影响最大、最具有专业化和市场化特点的艺术行业，属于传统的文化产业。随着社会的进步与经济的发展，演艺与经济的结合愈来愈紧密，目前已经成为现代文化产业体系中的核心产业之一，是现代文化产业链条中最具有多元化发展潜力和产品衍生潜力的原创型行业。演艺业具体包括歌舞、戏剧、相声、魔术、杂技等表演门类。它以视听表演、娱乐服务为基础产品，以舞台表演和现场表演为主要形式，具备社会化服务和商业化盈利的双重属性，是一个创意密集和劳动力密集的产业，也是一项能耗低、可持续发展性强的低碳产业，具有极大的辐射和拉动作用。

（二）我国演艺业的体制改革

长期以来，在计划经济体制下，我国演出活动基本上按照计划来配置资源，进行有计划的生产和有组织的观看。演出单位是事业单位，不以创造产值为目的，造成了政府统包统揽的局面。20 世纪 90 年代以来，随着社会主义市场经济体制的逐步建立和文化产业的兴起，我国打破了计划体制下政府对演艺业统包统揽的局面，在部分演艺行业中实行了市场机制。1993 年，国务院批转了原国家计委《全国第三产业发展规划思路》，明确将文化生产单位划入第三产业。文化生产作为一个产业，写进了我国政府的文件。《文化产业发展第十个五年计划纲要》将演艺业列为主要要发展的行业，并且提出，“十五”期间基本形成文艺演出产业化运行框架，保证文艺演出的收入以年均20%左右的速度持续增长。演艺业逐步融入了文化产业的发展当中。

中共十六大以来，在党中央、国务院的领导下，文化系统推动国有文艺院团体制改革循序渐进，逐步推开。2003年6月，中央召开文化体制改革试点工作会议，全国国有文艺院团体制改革试点工作正式启动；2009年7月，在总结试点工作经验基础上，中宣部、文化部下发《关于深化国有文艺演出院团体制改革的若干意见》，明确“路线图”和“时间表”，改革逐步向纵深拓展；2011年5月，中宣部、文化部下发《关于加快国有文艺院团体制改革的通知》，要求各地在2012年上半年之前完成国有文艺院团体制改革任务；中央和地方共出台了近40个与国有文艺院团改革相关的配套政策，改革进入攻坚克难、全面推进新阶段。

转企改制，是国有文艺院团体制改革的中心环节，也被视作文化体制改革中最难啃的一块硬骨头，涉及面广，影响量大，更牵涉数量众多文化人的身份之变。只能按照区别对待、分类指导的原则，根据国有文艺院团的不同性质和功能，明确不同的改革任务。除中央文化体制改革工作领导小组确定的少数保留事业单位性质的院团，其他国有文艺院团都要转制为企业，并鼓励已列入名单的保留事业单位性质院团转企改制。

按照国家的要求，国有文艺院团转制改革，要严格标准、规范操作，按照现代企业制度要求，完善法人治理结构，建立充分体现艺术规律的经营管理体制。要完成企业工商注册登记，核销事业编制，注销事业单位法人，同职工签订劳动合同，按照企业办法参加社会保险。要把转制改革和资源整合、结构调整结合起来，同城不同层级的同类国有文艺院团，原则上要予以合并。鼓励转制文艺院团以资本为纽带跨区域、跨所有制兼并重组，培育演艺产业的骨干企业和战略投资者。

不具备进入市场条件、不再保留建制的国有文艺院团，可提出注销申请，报同级文化行政部门和编制管理部门批准，依法履行注销手续。地方戏曲、曲艺等国有文艺院团中，演出剧（曲）种属濒危稀有且具有重要文化遗产价值的，经批准可不再保留文艺院团建制，允许其转为公益性的保护传承机构，或将相关保护传承职能连同相关人员、编制和经费转入当地文化馆、群艺馆、艺术院校、艺术研究院所等机构，专门从事研究、传承和展演。

保留事业单位性质的国有文艺院团，要按照“政府扶持、转换机制、面向市场、增强活力”的方针，深化内部机制改革，形成自我发展的活力，在面向市场、服务群众的过程中不断发展壮大。

文化部根据国有院团的不同情况制定了“转制一批、整合一批、撤销一批、划转一批、保留一批”的改革路径，大大减少了改革带来的阵痛。经过数年攻坚，终于圆满完成了既定的任务。统计显示，截至2012年9月，全国文化系统承担改革任务的2102家国有文艺院团中，已有2061家完成改革任务，完成率超过98%。在已完成改革任务的院团中，转企改制院团1249家，占比61%；撤销院团435家，占比21%；划转院团377家，占比18%。杂技、话剧、歌舞类院团基本实现全行业转企改制。

院团改革完全打破了中国演艺业的旧有格局，一个面向市场、面向世界、面向未来的富有竞争力的新格局正在形成。通过改革，全国的演艺企业资源整合力度加大，国有骨干演艺企业不断涌现。各地共组建演艺集团公司60余家，建立起一批演出院线和剧院联盟，加强了全国演出市场的连锁效果和互利关系。中国东方演艺集团有限公司和北京、辽宁、江苏、上海等14个省市组建的省级演艺集团公司，成为演艺市场的中坚力量，其中多家实现注册资本或年收入超亿元。演艺院线同样发展迅速，中演和保利两大全国性的院线极大地整合了国内的演出资源。演艺产业阵营成型，这为国有文艺院团下一步的改革发展奠定了坚实基础。

（三）我国演艺业的管理

演艺业管理是指国家行业行政主管部门或行业自律组织对演艺产业各个分行业、各个环节及其活动的管理。由于演艺业是一个劳动力密集的产业，大多数具有集体协作和创意密集的特点，并以精神产品、个性服务的功能服务和影响着广大消费者，因此，演艺业的管理具有复杂性。

我国的国有文艺演出院团经过体制改革之后，绝大部分改制成了企业，但仍有一小部分被划为事业单位。也就是说，我国的演艺行业管理，应该既包括作为事业单位的这一部分文艺演出院团，也包含国有的文艺演出院团，又包含着上万家民营文艺演出院团，这无疑增加了管理的复杂性。而本节所论述的演艺行业管理，主要是就文化产业角度上的以营利为目的为公众举办的现场文艺表演活动展开的。

目前，我国的经营性的演艺行业管理，基本上是按照2005年3月23日国务院第84次常务会议通过、自2005年9月1日起施行的《营业性演出管理条例》（共6章57条，以下简称《演出条例》）和2009年8月5日文化部部务会议审议通过、自2009年10月1日起施行的《营业性演出管理条例实施细则》（共 6 章 61 条）进行的。

三、营业性演出管理

（一）营业性演出的管理体制

《演出条例》规定，国务院文化主管部门主管全国营业性演出的监督管理工作。国务院公安部门、工商行政管理部门在各自职责范围内，主管营业性演出的监督管理工作。县级以上地方人民政府文化主管部门负责本行政区域内营业性演出的监督管理工作，发挥文化执法机构的作用，并可以聘请社会义务监督员对营业性演出进行监督。县级以上地方人民政府公安部门、工商行政管理部门在各自职责范围内，负责本行政区域内营业性演出的监督管理工作。演出行业协会应当依照章程的规定，制定行业自律规范，指导、监督会员的经营活动，促进公平竞争。

（二）营业性演出团体的设立

《演出条例》规定，设立文艺表演团体，应当有与其演出业务相适应的专职演员和器材设备；设立演出经纪机构，应当有 3 名以上专职演出经纪人员和与其业务相适应的资金。设立文艺表演团体，应当向县级人民政府文化主管部门提出申请；设立演出经纪机构，应当向省、自治区、直辖市人民政府文化主管部门提出申请。经批准的，颁发营业性演出许可证。申请人取得营业性演出许可证后，应当持许可证依法到工商行政管理部门办理注册登记，领取营业执照。设立演出场所经营单位，应当依法到工商行政管理部门办理注册登记，领取营业执照，并依照有关消防、卫生管理等法律、行政法规的规定办理审批手续。演出场所经营单位应当自领取营业执照之日起 20 日内向所在地县级人民政府文化主管部门备案。

文艺表演团体和演出经纪机构变更名称、住所、法定代表人或者主要负责人、营业性演出经营项目，应当向原发证机关申请换发营业性演出许可证，并依法到工商行政管理部门办理变更登记。演出场所经营单位变更名称、住所、法定代表人或者主要负责人，应当依法到工商行政管理部门办理变更登记，并向原备案机关重新备案。

以从事营业性演出为职业的个体演员（以下简称个体演员）和以从事营业性演出的居间、代理活动为职业的个体演出经纪人（以下简称个体演出经纪人），应当依法到工商行政管理部门办理注册登记，领取营业执照，并应当自领取营业执照之日起 20 日内向所在地县级人民政府文化主管部门备案。

《演出条例》规定，外国投资者可以与中国投资者依法设立中外合资经营、中外合作经营的演出经纪机构、演出场所经营单位；不得设立中外合资经营、中外合作经营、外资经营的文艺表演团体，不得设立外资经营的演出经纪机构、演出场所经营单位。

设立中外合资经营的演出经纪机构、演出场所经营单位，中国合营者的投资比例应当不低于51%；设立中外合作经营的演出经纪机构、演出场所经营单位，中国合作者应当拥有经营主导权。

设立中外合资经营、中外合作经营的演出经纪机构、演出场所经营单位，应当通过省、自治区、直辖市人民政府文化主管部门向国务院文化主管部门提出申请；省、自治区、直辖市人民政府文化主管部门出具审查意见报国务院文化主管部门审批。批准的，颁发营业性演出许可证。申请人应当在取得营业性演出许可证后，依照有关外商投资的法律、法规的规定办理审批手续。

香港特别行政区、澳门特别行政区的投资者可以在内地投资设立合资、合作、独资经营的演出经纪机构、演出场所经营单位，香港特别行政区、澳门特别行政区的演出经纪机构可以在内地设立分支机构（2008年7月22日国务院关于修改《营业性演出管理条例》的决定专门对此条款做了修改，此为修改后内容），并应按规定办理审批手续。台湾地区的投资者可以在内地投资设立合资、合作经营的演出经纪机构、演出场所经营单位，但内地合营者的投资比例应当不低于51%，内地合作者应当拥有经营主导权；不得设立合资、合作、独资经营的文艺表演团体和独资经营的演出经纪机构、演出场所经营单位。

（三）营业性演出规范

1. 演出审批管理

《演出条例》规定，文艺表演团体、个体演员可以自行举办营业性演出，也可以参加营业性组台演出。营业性组台演出应当由演出经纪机构举办，但是，演出场所经营单位可以在本单位经营的场所内举办营业性组台演出。演出经纪机构可以从事营业性演出的居间、代理、行纪活动；个体演出经纪人只能从事营业性演出的居间、代理活动。举办营业性演出，应当向演出所在地县级人民政府文化主管部门提出申请。

除演出经纪机构外，其他任何单位或者个人不得举办外国的或者香港特别行政区、澳门特别行政区、台湾地区的文艺表演团体、个人参加的营业性演出。但是，文艺表演团体自行举办营业性演出，可以邀请外国的或者香港特别行政区、澳门特别行政区、台湾地区的文艺表演团体、个人参加。举办外国的或者香港特别行政区、澳门特别行政区、台湾地区的文艺表演团体、个人参加的营业性演出，应当符合下列条件：举办外国的文艺表演团体、个人参加的营业性演出，在非歌舞娱乐场所进行的，演出举办单位应当向国务院文化主管部门提出申请；在歌舞娱乐场所进行的，演出举办单位应当向演出所在地省、自治区、直辖市人民政府文化主管部门提出申请。举办香港特别行政区、澳门特别行政区的文艺表演团体、个人参加的营业性演出，演出举办单位应当向演出所在地省、自治区、直辖市人民政府文化主管部门提出申请；举办台湾地区的文艺表演团体、个人参加的营业性演出，演出举办单位应当向国务院文化主管部门会同国务院有关部门规定的审批机关提出申请。

申请举办营业性演出，提交的申请材料应当包括演出名称、演出举办单位和参加演出的文艺表演团体、演员，演出时间、地点、场次，节目及其视听资料等内容。还应当提交文艺表演团体、演员同意参加演出的书面函件。演出场所经营单位提供演出场地，应当核验演出举办单位取得的批准文件；不得为未经批准的营业性演出提供演出场地。

2. 演出安全管理

演出场所经营单位应当确保演出场所的建筑、设施符合国家安全标准和消防安全规范。演出举办单位在演出场所进行营业性演出，应当核验演出场所经营单位的消防安全设施检查记录、安全保卫工作方案和灭火、应急疏散预案，并与演出场所经营单位就演出活动中突发安全事件的防范、处理等事项签订安全责任协议。在公共场所举办营业性演出，演出举办单位应当依照有关安全、消防的法律、行政法规和国家有关规定办理审批手续，确保安全。

审批临时搭建舞台、看台的营业性演出时，文化主管部门应当核验演出举办单位依法验收后取得的演出场所合格证明，安全保卫工作方案和灭火、应急疏散预案，依法取得的安全、消防批准文件等文件。

演出场所容纳的观众数量应当报公安部门核准；观众区域与缓冲区域应当由公安部门划定，缓冲区域应当有明显标识。演出举办单位应当按照公安部门核准的观众数量、划定的观众区域印制和出售门票。演出场所经营单位应当根据公安部门的要求，配备安全检查设施，并对进入营业性演出现场的观众进行必要的安全检查；观众不接受安全检查的，演出场所经营单位有权拒绝其进入。

3. 演出行为规范

演出举办单位不得以政府或者政府部门的名义举办营业性演出。营业性演出不得冠以“中国”“中华”“全国”“国际”等字样。营业性演出广告内容必须真实、合法，不得误导、欺骗公众。营业性演出不得有条例禁止情形；参加营业性演出的文艺表演团体、主要演员或者主要节目内容等发生变更的，演出举办单位应当及时告知观众并说明理由；演出过程中，除因不可抗力不能演出的外，演出举办单位不得中止或者停止演出，演员不得退出演出；演员不得以假唱欺骗观众，演出举办单位不得组织演员假唱；营业性演出经营主体应当对其营业性演出的经营收入依法纳税，且在支付演员、职员的演出报酬时应当依法履行税款代扣代缴义务；募捐义演的演出收入，除必要的成本开支外，必须全部交付受捐单位；义演举办单位、参加演出的文艺表演团体和演员、职员，不得获取经济利益；任何单位或者个人不得伪造、变造、出租、出借或者买卖营业性演出许可证、批准文件或者营业执照，不得伪造、变造营业性演出门票或者倒卖伪造、变造的营业性演出门票等。

四、“十二五”期间演艺业发展规划目标及措施

文化部2012年2月23日印发的《文化部“十二五”时期文化产业倍增计划》（以下简称《倍增计划》），将“文艺演出院线建设工程”作为“十二五”时期文化产业的九大重点工程之一，要求“打破地域界限、市场分割，降低演出流通成本，推动主要城市演出场所连锁经营，实现演艺产业规模化、集约化和高科技化”，并为我国演艺产业从渠道到产品设定了一系列定性目标。未来几年，计划中文字的落实将成为中国演艺产业能否实现跨越式发展的关键。

《倍增计划》决定，加快剧院、剧场、电子票务等演艺基础设施建设，为扩大演艺消费创造条件。建立演艺产品创作生产补贴机制，扩大原创性演出产品的生产。加快演艺与旅游等相关产业的融合，培育旅游演艺市场，丰富旅游演艺产品，避免同质化。设计开发演艺衍生产品，延伸演艺产业链。

《倍增计划》设定的演艺业发展目标是：“十二五”期间，建设10家左右覆盖全国主要城市的全国性或跨区域的文艺演出院线，打造一批深受人民群众喜爱、久演不衰的精品剧目，形成1至2个国际知名的演艺产业集聚区，大力拓展农村演艺市场，基本满足城乡居民对演艺的消费需求，

为实现从演艺大国到演艺强国的跨越奠定基础。

《倍增计划》提出的主要政策措施是：加快国有文艺院团转企改制的步伐，引导支持民营资本进入演艺领域，着力培育一批有较强竞争力的骨干演艺企业；发展以大型演艺集团为龙头，以中心城市剧场为支点，以二、三线城市剧场为网络的若干个跨区域演出院线；加快演艺基础设施改造更新，重点鼓励生产具有自主知识产权的新型音响、灯光和舞台技术装备；积极推进全国文化票务网络建设，打造文艺演出票务平台；依托各地文化艺术资源，发挥已形成的地方特色演艺品牌的辐射效应，培育民族民间演艺产业群。

《倍增计划》提出，在政策支持方面，研究制定和落实支持演艺产业发展的经济政策。发挥国家各类文化艺术基金的作用，调动国家、社会等各方面力量，推动演艺产品创新，鼓励创作反映现实生活和表现时代精神的优秀舞台作品；鼓励有条件的地方设立“演艺产业发展专项资金”，重点支持演出节目原创、舞台设备更新、剧场建设改造、演出院线建设、出国巡演等；制定完善演艺产业市场准入和退出、市场监管、知识产权保护、从业规范等政策法规。

《倍增计划》无疑为演艺业行业发展和行业管理提出了更高的要求，但从目前来看，实现这一目标的难度不小。

《倍增计划》提出要在未来形成1至2个国际知名的演艺产业集聚区。据粗略统计，全国已建成和正在建设的演艺集聚区有近10个，如北京的天桥演艺区、天坛演艺区、东城区剧场群，上海的现代戏剧谷，天津的盘龙谷，陕西西安的“文艺路演艺一条街”，江苏南京的杨公井演艺文化街区，等等。一个良性的演艺集聚区，除了要有地理优势，要有实力和资金进行运转开发之外，还需要成熟的观众群。然而，部分地方不顾本地演出市场不成熟的实际，也跟风提出建设演艺集聚区，造成重复建设和资源的浪费。因此，对演艺集聚区进行统一的规划和管理的任务非常重。

根据《倍增计划》，“十二五”期间要建设10家左右覆盖全国主要城市的全国性或跨区域的文艺演出院线。和文化产业的大多数门类一样，演艺产业在全国也存在着不均衡的发展：北京、上海两大一线城市演出市场发展已趋于成熟，以广州、成都、深圳等城市为代表的演出市场正在迎头赶上，但具体到广大二、三线城市，他们与发达地区的差距呈现不断拉大之势。因此，建立跨区域乃至全国范围的演出院线，不但是优化演艺资源配置，带动各地文化产业良性发展的希望所在，也将成为扩大文化消费的一项重要举措。

目前国内演出院线主要有保利院线、中演院线、国话院线、苏演院线、大隐院线、万达演出院线、北京儿艺院线和戏逍堂小剧场院线等，但称得上覆盖全国范围的也就保利、中演、国话几家国有演艺院线。比如保利院线目前已有剧院23家，到“十二五”末，有望实现40家左右的规模。然而，以大隐和戏逍堂等为代表的主打亲民票价的民营院线，在扩张过程中都或多或少地遇到了来自资金和政策等方面的困境，亟待在未来几年实现突破。

据统计，目前民营演出团体在整个演出市场中撑起了“半边天”。但相关调研显示，缺钱、缺剧、缺人的多数民营企业更需要专项资金的扶持。早在2009年，文化部就下发了《文化部关于促进民营文艺表演团体发展的若干意见》，要求各级文化行政部门要积极争取设立民营文艺表演团体专项扶持资金，努力协调金融机构为民营文艺表演团体提供贷款，运用扶持资金为民营文艺表演团体提供贷款贴息服务，对优秀民营文艺表演团体实行以奖代补，大力扶持其繁荣发展。

2011年10月，上海市委宣传部和上海市文化广播影视管理局率先在国内设立了专门的民营院团发展专项扶持资金，今后将每年投入一定规模的资金支持民营剧团发展。扶持资金不仅使民营院团“零场租”进驻上海市中心剧场，还资助民营剧团购买、打磨剧本，为民营剧团建立可持续发展的扶持机制。因此，这一扶持资金也被上海的80家民营剧团视作扶持剧团发展的专属“种子基金”。上海经验值得全国各地借鉴。

主要参考文献

1. 王育济、齐勇锋、侯样祥、韩英：《中国文化产业学术年鉴（1979—2002年卷）》，济南，山东大学出版社，2009。

2. 王育济、齐勇锋、侯样祥、韩英：《中国文化产业学术年鉴（2003—2007年卷）》，北京，文化艺术出版社，2008。

3. 王育济、齐勇锋、侯样祥、韩英：《中国文化产业学术年鉴（2008年卷）》，北京，文化艺术出版社，2009。

4. 胡惠林：《文化产业概论》，昆明，云南大学出版社，2005。

5. 胡惠林：《中国文化产业政策文献研究综述》，上海，上海人民出版社，2010。

6. 胡惠林、王婧：《中国文化产业发展指数报告（CCIDI）》，上海，上海人民出版社，2012。

7. 金元浦：《中国文化概论（第二版）》，北京，中国人民大学出版社，2012。

8. 欧阳坚：《文化产业政策与文化产业发展研究》，北京，中国经济出版社，2011。

9. 熊澄宇：《世界文化产业研究》，北京，清华大学出版社，2012。

10. 陈少锋、朱嘉：《中国文化产业十年》，北京，金城出版社，2010。

11. 陈少峰、张立：《文化产业商业模式》，北京，北京大学出版社，2011。

12. 宋培文：《文化产业经营管理成功案例解读》，北京，中国广播电视出版社，2008。

13. 詹成大：《文化创意与传媒产业研究》，北京，中国广播电视出版社，2009。

14. 冯子标、焦斌龙：《分工、比较优势与文化产业发展》，北京，商务印书馆，2005。

15. 赵玉忠：《文化产业经营合同实务》，北京，经济管理出版社，2012。

16. 朱希祥：《文化产业发展与文化市场管理》，上海，华东师范大学出版社，2003。

17. 叶朗：《中国文化产业年度发展报告（2012）》，北京，北京大学出版社，2012。

18. 向勇等：《文化产业应用理论》，北京，金城出版社，2011。

19. 向勇等：《百年文创力——文化创意产业案例集（第一辑）》，北京，北京联合出版公司，2012。

20. 向勇：《面向2020，中国文化产业新十年》，北京，金城出版社，2011。

21. 赵阳、徐宝祥：《文化产业政策与法规》，广州，中山大学出版社，2012。

22. 李思屈等：《中国文化产业政策研究》，杭州，浙江大学出版社，2012。

23. 孙连才：《文化产业教程》，北京，中国传媒大学出版社，2012。

24. 张帆：《文化产业与文化创新》，镇江，江苏大学出版社，2011。

25. 赵晶媛：《文化产业与管理》，北京，清华大学出版社，2010。

26. 徐浩然、雷琛烨：《文化产业管理》，北京，社会科学文献出版社，2006。

27. 魏鹏举：《文化创意产业导论》，北京，中国人民大学出版社，2010。

28. 何敏等：《文化产业政策激励与法治保障》，北京，法律出版社，2011。

29. 顾江：《文化产业经济学》，南京，南京大学出版社，2007。

30. 顾江：《文化产业经典命题100例》，南京，东南大学出版社，2011。

31. 马萱：《我国区域文化产业竞争力研究》，北京，社会科学文献出版社，2011。

32. 李向民、王晨民、成乔明：《文化产业管理概论》，太原，书海出版社，2006。

33. 花建等：《文化产业的集聚发展》，上海，上海人民出版社，2011。

34. 冯子标等：《文化产业运行论》，北京，社会科学文献出版社，2010。

35. 邹广文、徐庆文：《全球化与中国文化产业发展》，北京，中央编译出版社，2006。

36. 郭鉴：《地方文化产业经营》，杭州，浙江大学出版社，2007。

37. 中宣部干部局、中宣部文化体制改革和发展办公室：《德国文化产业概观》，北京，中华书局，2010。

38. 陈鸣：《西方文化管理概论》，太原，书海出版社，2006。

39. 孙萍：《文化管理学》，北京，中国人民大学出版社，2006。

40. 宋培义、卜彦芳、杨强、卢佳编：《媒体战略管理》，北京，北京广播学院出版社，2006。

41. 冯益谦：《涉外文化管理》，广州，华南理工大学出版社，2006。

42. 邱宛华等：《现代文化产业项目管理：如何成功运作大型活动》，北京，机械工业出版社，2004。

43. 李军：《文化产业与文化管理》，北京，经济日报出版社，2005。

44. 孙安民：《文化产业理论与实践》，北京，北京出版社，2005。

45. 胡惠林：《文化产业学》，上海，上海文艺出版社，2006。

46. 胡惠林：《文化政策学》，上海，上海文艺出版社，2003。

47. 黄飚：《文化行政学》，上海，上海文艺出版社，2003。

48. 田川流、何群：《文化管理学概论》，昆明，云南大学出版社，2006。

49. 汤宗舜：《知识产权的国际保护》，北京，人民法院出版社，1999。

50. 郑成思：《知识产权法》，北京，法律出版社，2003。

51. 孙有中等：《美国文化产业》，北京，外语教学与研究出版社，2007。

52. 毕佳、龙志超：《英国文化产业》，北京，外语教学与研究出版社，2007。

53. 张胜冰、徐向昱、马树华：《世界文化产业概要》，昆明，云南大学出版社，2006。

54. 刘宏：《中国传媒的市场对策》，北京，北京广播学院出版社，2001。

55. 花建：《产业界面上的文化之舞》，上海，上海人民出版社，2001。

56. 王育济、张友臣：《文化市场与营销》，天津，南开大学出版社，2008。

57. 宋振春、张友臣：《现代旅游管理学》，青岛，青岛出版社，2005。

58. [西] 米格尔、玛丽亚著，王留栓、徐玲玲译：《中国文化产业综述》，上海，复旦大学出版社，2011。

59. [美] 斯科特著，董树宝、张宁译：《城市文化经济学》，北京，中国人民大学出版社，2010。

60. [英] 吉姆·麦圭根著，何道宽译：《重新思考文化政策》，北京，中国人民大学出版社，2010。

61. [韩] 姜锡一、[中] 赵五星：《韩国文化产业》，北京，外语教学与研究出版社，2009。

62. [美] 大卫·赫斯蒙德夫著，张菲娜译：《文化产业》，北京，中国人民大学出版社，2007。

63. [美] 卢茨厄著，王娟译：《创意产业中的知识产权》，北京，人民邮电出版社，2009。

64. [美] 曼昆著，梁小民译：《经济学原理》，北京，机械工业出版社，2006。

65. [美] 凯文·莱恩·凯勒著，卢泰宏、吴水龙译：《战略品牌管理》，北京，中国人民大学出版社，2009。

66.《中央宣传部、国家广电总局、新闻出版总署关于深化新闻出版影视业改革的若干意见》。

67. 国家统计局：《文化及相关产业分类 2004》《文化及相关产业分类 2012》。

68.《文化产业振兴规划》，北京，人民出版社，2009。

69.《中共中央关于深化文化体制改革推动社会主义文化大发展大繁荣若干重大问题的决定》，北京，人民出版社，2011。

后　　记

这本《文化产业管理学》是在笔者为本科生授课讲稿的基础上形成的。

自2004年教育部批准山东大学设立我国高校第一个文化产业管理专业以来，作为该专业的创建者之一，笔者一直为山东大学文化产业管理专业本科生讲授《文化产业管理学》课程。由于文化产业是一个新兴的产业，文化产业管理是一个新兴学科，《文化产业管理学》并没有现成的教材。在上这门课之初，笔者就有利用自己多年来进行历史学与管理学教学、研究与实践的优势，编写一本体系合理的文化产业管理学教材的想法。但多年过去，虽然有多家出版社约过稿，并已经有同类教材面世，笔者始终认为教材的结构并未成熟，因而一直未能成书。

文化产业管理学作为管理学的一个分支，是管理学基本理论在文化产业管理实践中的应用。目前，管理学已经是一门成熟的学科，但是，文化产业管理有其固有的特殊性。从文化产业的现实发展来看，文化产业管理有着更为广泛的内涵。它不仅包含着对文化企业的管理，还包含着国家对文化产业的宏观管理、对文化产业各行业的管理、对文化项目的管理等等。鉴于企业管理方面的内容大都有专门的管理学课程讲授，本书主要以文化产业管理的基础理论、文化产业行业管理两部分内容为框架展开，围绕文化产业管理的理论与实践，系统地介绍文化产业管理的理论和知识。本书力争以管理学的基本理论为基础，吸收国内外文化产业管理方面的研究成果，结合中国的文化产业管理实践，构建一个符合中国文化产业特色的文化产业管理学体系。

作为一本教材和文化产业管理人员的必读书，针对教材的特点，笔者主要在基础性、应用性、条理性上着力，力求做到结构合理、内容丰富、条理清晰、实用性强，尽量不涉及那些学术上仍存在争议的问题。在具体编写中，则立足于述而不作，以编为主。因此，本书在编写过程中，参考或引用了国内外学者大量的研究成果，对此笔者已在书后的参考文献中注明，在书中不再一一列举。本书非常适合高等院校文化产业管理专业以及传播学、新闻学、文学、广告学、艺术学、旅游学等专业作为教材使用，也可作为文化产业从业人员实用的参考书。但是，文化产业是一个新兴产业，国家的相关产业政策与行业法律法规正在逐步建立与完善之中，现行的行业规范也在不断修订更新。因此，读者在参考本书相关章节时，应该关注国家文化产业行业政策与法律法规的更新情况，并及时按照最新规定做出调整。

从某种意义上说，本书也是集体协作的成果。笔者每年为本科生、研究生授课时，都会收到青年学子对这门课程的意见和建议，这促使笔者每年都会对授课提纲与内容做出相应的修改和调整，从而大大增强了这门课程的科学性和适应性。本书初稿编成后，齐鲁证券公司投行总部的樊黎明、吴科、王越、黄欢、姜红霞诸同仁，友情帮助，抽出宝贵时间为本书审核稿件。虽然说编写出一种好的教材，是一件惠及后学的好事，但由于笔者杂务较多，在时间有限的情况下，受高校现行考评制度的影响，对教材的编写一直重视不够。加之国家不断有关于文化产业方面的新的政策法规出台，致使书稿一拖再拖。如果没有福建人民出版社赖炳伟先生的不断督促，本书很可能近年内仍无法面世。另外，笔者的家人也为此书的成书尽力颇多。在此一并表示衷心感谢！

文化产业管理学科毕竟是一门新兴学科，整个学科都尚处在探索阶段，专业教材的编写也是正在探索和建设的内容之一，因而《文化产业管理学》现有可借鉴的成果很少。加之笔者水平有限，书中难免存在错误和不足，敬请专家和读者批评指正。

张友臣

2012 年 11 月于山东大学

图书在版编目（CIP）数据

文化产业管理学/张友臣编著．—福州：福建人民出版社，2013.9（2017.7 重印）

高等院校文化产业基础教材/王育济，韩英主编

ISBN 978-7-211-06764-0

Ⅰ．①文…　Ⅱ．①张…　Ⅲ．①文化产业—管理—高等学校—教材　Ⅳ．①G114

中国版本图书馆 CIP 数据核字（2013）第 170442 号

文化产业管理学

WENHUA CHANYE GUANLIXUE

作　　者：张友臣

责任编辑：江叔维

出版发行：海峡出版发行集团

福建人民出版社　　　　**电　　话**：0591-87533169(发行部)

网　　址：http://www.fjpph.com　　　　**电子邮箱**：fjpph7211@126.com

地　　址：福州市东水路 76 号　　　　**邮政编码**：350001

经　　销：福建新华发行（集团）有限责任公司

印　　刷：福州万达印刷有限公司

地　　址：福州市仓山区金山大道 618 号橘园洲工业园 19 号楼

开　　本：787 毫米×1092 毫米　1/16

印　　张：15

字　　数：239 千字

印　　数：3001—5000

版　　次：2013 年 9 月第 1 版　　　　2017 年 7 月第 2 次印刷

书　　号：ISBN 978-7-211-06764-0

定　　价：30.00 元

本书如有印装质量问题，影响阅读，请直接向承印厂调换